孔孟以后的孔孟

找寻真实的孔子和孟子

潘铭基 著

团结出版社

© 团结出版社，2024 年

图书在版编目（ＣＩＰ）数据

孔孟以后的孔孟 / 潘铭基著 . -- 北京 : 团结出版社 , 2024. 12.
-- ISBN 978-7-5234-1252-7

Ⅰ. B222.05

中国国家版本馆 CIP 数据核字第 2024R44N51 号

责任编辑：夏明亮
封面设计：萧宇岐

出　　版：团结出版社
　　　　　（北京市东城区东皇城根南街 84 号 邮编：100006）
电　　话：（010）65228880　65244790
网　　址：http://www.tjpress.com
E-mail：zb65244790@vip.163.com
经　　销：全国新华书店
印　　装：北京天宇万达印刷有限公司

开　　本：148mm×210mm　32 开
印　　张：11.75　　　　　　　字　　数：248 千字
版　　次：2024 年 12 月 第 1 版　印　　次：2024 年 12 月 第 1 次印刷

书　　号：978-7-5234-1252-7
定　　价：58.00 元
　　　　　（版权所属，盗版必究）

二十一世纪重读孔孟（简体版序）

孔子与孟子是二千多年前的伟大先哲，二人虽然生活在先秦时代，但是他们予以我们的教诲，却仿如亲耳聆听，如在目前。

生活在二十一世纪的今天，世界多有纷争，难以安定。重读孔孟，我们当然都希望能够还原孔孟，但孔孟早已还原不了，对此苦苦追求也显得不切实际。只要我们认为孔孟的道理对人生有所裨益，那么孔孟便不枉等待了二千多年而隔空为世人传道。

今人常说，现代社会生活节奏急速，面对"文成数万，其指数千"的三坟五典，早已不合时宜。其实，在社交媒体软件所发的一个帖文，比起《论语》的一个章节还要长，与《孟子》某些章节的长度也不遑多让。因此，要挑选二十一世纪最适合今人阅读的中国古籍，《论语》和《孟子》实在是不二之选。

钱穆先生《关于读〈论语〉》说："任何人，倘能每天抽出几分钟时间，不论枕上、厕上、舟车上，任何处，可拿出《论语》，读其一章或二章。整部《论语》，共四百九十八章，但有重复的。有甚多是一句一章，两句一章的。再把读不懂的暂时跳过，至少每年可读《论语》一遍。自二十岁起到六十岁，应可读《论语》四十遍。"又说："若其人生活，和书本文字隔离不太远，能在每星期抽出一小时功夫，应可读《论语》一篇。整部《论语》共二十篇，一年以五十一星期计，两年应可读

《论语》五遍。自二十到六十，应可读《论语》一百遍。"钱先生的要求也不高，只要求每人每天读一至两章《论语》，这是何等卑微的诉求。具体来说，今天是1月1日，我们便开始阅读《论语》的第一章，那便是：

　　子曰："学而时习之，不亦说乎？有朋自远方来，不亦乐乎？人不知，而不愠，不亦君子乎？"

　　一天读的不用多，只要去真切理解此章的真谛，为何要学，如何地习，朋友到来之乐何在，别人不了解何以不愠怒，明白了种种问题，便完成了一章的阅读。一年三百六十五天，《论语》全书合共四百八十六章（据杨伯峻《论语译注》），不消一年半的时间，而每天也不过是花上十分钟，《论语》便真的可以通读一遍了。钱先生说："若使中国人，只要有读中学的程度，每人到六十岁，都读过《论语》四十遍到一百遍，那都成圣人之徒，那时的社会也会彻底变样子。"如此说法，实在是振聋发聩的。在这个看两小时电影也嫌长的时代，YouTube推出了Shorts、Facebook和Instagram皆有Reels、最为国人所知的抖音，大家愿意追看的都是三分钟的短片。可见，现代人的耐性都降低了，三分钟热度不再是贬称，《论语》《孟子》这些语录体的先秦典籍，凭借其篇幅短小，终于也迎来了重新复兴的最佳时机。

　　本书2023年7月在香港商务印书馆出版，收获了读者们的正面评价，为二十一世纪重读孔孟提供了一些不同的角度。是次，蒙团结出版社萧祥剑先生邀请，出版此书的简体版，并补上书末的两篇附录，一是

《孟子的抉择　仁者无所惧》，那是2023年3月14日在香港圣保罗书院的讲座，对象是香港的高中学生。圣保罗书院是我的母校，能够为母校学弟分享一己对孟子的看法，铭感至深，而讲稿由肖冠泽、郭永佳两位学弟笔录并整理，原载校刊《弘道2022-2023》，获授权转载于此。二是《二十一世纪重读孔孟》的讲座纪要，那是2024年5月4日在香港商务印书馆尖沙咀分馆所举行的公开讲座，属于"香港全民阅读日"的活动。讲稿蒙林可淇女士详加整理，在此谨申谢忱。本书不足之处尚多，还望四方君子不吝赐正。

潘铭基
2024年5月16日

自　序

我们不会真正了解孔子和孟子,不可能,也不现实。罗兰·巴特说"作者已死",孔子虽然强调"述而不作",但是述也好、作也好,孔孟的作品留了下来,后人据为己有,用自己的方法作了一番诠释,已经跟孔孟越走越远。陆九渊说:"六经注我,我注六经。"是谁为谁注释呢?永远说不清楚。孔孟只曾活在他们所在的国度里。后人研读孔孟,其实都是某人对孔孟的理解。究竟是真知灼见,抑或是无的放矢,总之是摆脱不了各人的主观性。

回望历史,面对纷乱,人类喜欢归纳,尝试将一切事情系统化。儒家、道家、墨家、法家,此等学术思想流派的名字,便是极度简单化的归纳。所谓"道不同不相为谋",是否同属一家便能互相配合,闯出佳绩,却未必然。同属一派,乃是后人的归纳。孔子的儒家,孟子的儒家,荀子的儒家,汉武帝的"罢黜百家,独尊儒术",到了不同人的手上,儒家和儒术便都截然不同。因此,后人所了解的儒家,无论付出了多少的努力,孔孟还是遥不可及。颜渊是孔门高弟,在老师的学问面前,"虽欲从之,末由也已"。颜渊难以冀及,后人说要真正了解孔子,那只是奢望。

自己的学术到了别人的手上,如何诠释便操纵在别人手上。春秋战国是学术思想百家争鸣的时代,到了大一统的秦代,虽有"偶语

《诗》、《书》者弃市"的苛法，但学术仍在官府，未算中绝。胡适《中国古代哲学史》这样看焚书坑儒："试看《汉书·艺文志》所记书目，便知秦始皇烧书的政策，虽不无小小的影响，其实是一场大失败。所以我说烧书一件事不是哲学中绝的一个真原因。""秦始皇所坑杀的四百六十余人，乃是一班望星气，求仙药的方士。这种方士，多坑杀了几百个，于当时的哲学只该有益处，不该有害处。故我说坑儒一件事也不是哲学中绝的真原因。"如此说法，有点冷酷无情，毕竟方士的命也是人命，但也说出了事实。"坑儒"的儒，不与孔孟的儒家相关。崔适《史记探源》卷三以为秦始皇"第烧民间之书，不烧官府之书；第禁私相授受，可诣博士受业"。可见学术中绝本与焚书坑儒关系不大。

秦兴也暴，其亡也速，成败系乎以法为主的治国方针。春秋战国乱离数百年，而秦仅以十五年便统一天下，同样是十五年而后亡国。荀子本出儒家，扬雄以为孟子与荀子是同门而异户。而荀子两位重要学生，韩非和李斯，便是使秦得以统一天下的关键。礼与法，为一事之两面，礼施于发生之前，法禁于已然之后。荀子重礼，法家主法，而秦正以法家之道得天下。可以说，秦之统一天下，也与儒家思想之异变息息相关。但当秦亡以后，经过了数年的楚汉相争，最后刘成项败，建立汉朝。秦成为了汉的前朝，前朝的好与坏，仿如一面镜子，可正己之得失。前车可鉴，殷鉴不远，法治似乎行不通，汉人重新重视荀卿礼学，以为礼治天下才可救当时天下之厄。①

古代政权，帝王的喜好足以左右学术思想。汉代重礼，旨在补秦之弊。到了汉武帝时，国力鼎盛，汲黯指出武帝为人乃是"内多欲而外施仁义，奈何欲效唐虞之治乎"。心底的欲望众多，口里却说要仿效尧舜之治，正切中汉武帝的问题。董仲舒在回应汉武帝三次策问的《天人三策》，推崇他心目中的儒家，并提倡尊儒。结果，汉武帝一锤定音，罢黜百家，独尊儒术，使儒家成为了学术思想的一言堂，这是孔子的愿望吗？是不是孔子所想并非重点，孔子已死，而后世力主以儒家思想治国，不过是看中了《论语》里的一句——"君君臣臣父父子子"。如果君臣上下都能安于这八个字，世界多么美好！当君主的勤政爱民，当臣子的尽心尽力扶助君主；父亲做个好父亲，儿子做个好儿子，父慈子孝，美哉！《论语》全书486章，哪些章节较为重要，孔子没有说，孔门弟子没有说，哪章最为重要全出后人的猜想。只有个别章节的排列，经过前辈学者的分析，属于正确无误。例如全书第一章"学而时习之"，钱穆在《论语新解》于此条下云：

> 孔子一生重在教，孔子之教重在学。孔子之教人以学，重在学为人之道。本篇各章，多务本之义，乃学者之先务，故《论语》编者

---

① 拙作《强秦、暴秦、亡秦—论汉赋里的秦》和《从陆贾〈新语〉到扬雄〈剧秦美新〉——前汉士人以秦亡旧事进谏的研究》分别讨论了汉人在赋作和奏疏，以及不同类型的文学作品里援秦为例的撰文传统，前者见载《国际言语文学》第53卷（2022年12月），页261-288；后者则见载《文学论衡》总第28期（2016年8月），页50-67。因两文已就此多作分析，故此不赘述。

列之全书之首。又以本章列本篇之首,实有深义。学者循此为学,时时反验之于己心,可以自考其学之虚实浅深,而其进不能自已矣。①

钱先生所论可谓知言矣,《论语》置"学而时习之"为全书首章,用意深远,更有劝勉学习之效。日人子安宣邦云:

> 以"学"之欣悦为《论语》开卷第一章的信息,或许诚如仁斋所言,宣告了孔子思想中"学"之重要性。"学"对孔子之重要性,从他与他的弟子们一道最早开始自觉"为学"这一点上即可看到。当然,所谓"最早",未必就意味着"世界第一"。《论语》是承载了人之原初叩问与反省的文本,而这也是我们要不断重读它的意义所在。而所谓"原初",也即是一种本质性的东西。说孔子是最早开始自觉"为学"的人,是因为他是第一个反思"学为何物"的问题并试图将其形诸言语的人。②

子安宣邦据伊藤仁斋所言,突出了"学"在孔子思想的重要性。更为重要的是,这里指出孔子是最早开始自觉"为学"的人,即代表"为学"是孔门师生非常看重的事情。勉人向学,使人可以趋善,儒家文化尤其措意于此。

但不要忘记《论语》如何而来,据《汉书·艺文志》所载:"《论

---

① 钱穆:《论语新解》(台北:东大图书公司,1991年),页4。
② 子安宣邦著、吴燕译:《孔子的学问:日本人如何读〈论语〉》(北京:三联书店,2017年),页43–44。

语》者，孔子应答弟子时人及弟子相与言而接闻于夫子之语也。当时弟子各有所记。夫子既卒，门人相与辑而论篹，故谓之《论语》。"《论语》的叙事者是弟子门人，这便是第一批自行诠释孔子学说的人。孔子不可能参与《论语》的编成。《论语》之名首见于《礼记·坊记》。《礼记》成书之年代虽未有定论，但学者大多以为不在汉武帝之后，但也不会很早。《天人三策》、《韩诗外传》等，皆在汉武帝时期成书，已经连用"论语"二字。总之，《论语》出于后人所编。然则孔门首重在学，而以"学而时习之"一章为说，实则是孔门后学有持此见。孔子是否意见相同，我们也不得而知。

汉魏六朝所表现的孔子及其学生，有两大特点。第一是孔子成圣，为汉制法。孔门弟子努力树圣，以及汉武帝独尊儒家，使孔子学说成为了人皆不可不知的学问。在经学思想的笼罩下，孔子所编的书籍逐渐成为了"经"，也就是士人的必读书。有必读书，便有注释，经注应运而生，形成了庞大的学术团体。团体里有人意见不合，于是便出现今文经与古文经之争，代表不同人士对儒家典籍的诠释。孔子的地位越高，便跟原来的孔子距离越远。经学氛围下的孔门师弟子，成为了经学的代言人。

第二是学术思想冲击下的回应。汉魏六朝的儒家与其他思想，尤其是佛道的思想与主张，互相争鸣。为了回应、抗击另一种思想，而不得不改动自己。而经过改动后的思想，已与原初的相距甚远。孔子及其弟子都会出现在不同的文体里，包括子书、小说、佛典等。儒家的地位并非其他思想主张可以相比，因此，不同典籍都出现过孔门师弟子，或借以表达儒家不及他家，或为孔门师弟子安插新事迹。凡此种种，大多与原始的孔门儒家渐行渐远。六朝是多种文化冲击的时代，故下文选了这个时代作为切入点以作论述。

孔子与孟子可予我们借镜的地方很多，其中包括了他们的人生抉择。周游列国说得多么动听，访寻圣王贤君其实就是求职，要找一个愿意重用自己的老板。据《史记·十二诸侯年表》的序文所说，孔子为了彰明帝王之道，曾经为七十多个国君做事，都没能得到重用。由此看来，孔子求职的成功率甚低，不过这大概并非事实，据《论语》、《孔子家语》、《史记》其他各篇的记载，孔子不太可能到达七十多个诸侯国。至于孟子，气势比起孔子强大得多，观乎孔子团队"菜色陈蔡"，孟子则是"后车数十乘，从者数百人"。但毕竟孟子的偶像是孔子，他的旅途也跟孔子相同，以归国教学而告终。孟子曾经到过邹、鲁、滕、宋、魏、齐等国，见过邹穆公、鲁平公、滕文公、宋康王、梁惠王、齐宣王等诸侯。他有成功的机会，但没有把握，因为不符合个人行事原则的机会，根本称不上是机会。宋人朱熹《四书章句集注》书前附有一篇《读〈论语〉〈孟子〉法》，其中一条引程子曰："凡看《语》《孟》，且须熟读玩味。须将圣人言语切己，不可只作一场话说。人只看得二书切己，终身尽多也。"此话如同当头棒喝，所重在于"切己"二字。读书求学问，不当只是纸上谈兵，须要将书本的内容看作与自己关系密切，这样才算是不枉读书。孟子没有枉读孔子书，孟子说："可以仕则仕，可以止则止，可以久则久，可以速则速，孔子也。""乃所愿，则学孔子也。"（3.2节录）面对官场，面对功名利禄，孟子以为只有孔子才可以做到收放自如。可以出仕就出仕，可以退避就退避，能长久干就长久干，能迅速果断就迅速果断。孟子的愿望，就是仿效孔子。这是"切己"的表现。孔孟身处春秋战国时代，虽然距离我们超过二千年，但其行事准则，仍然值得我们借镜。

我们都在重读经典，但一切重读都没有还原的可能。事实上，还原也不现实，原始的一切无可能与重读对质，重读就是重新阅读与分析。重读可以是重新审视旧注，为此得到前人未尝关注的独特角度。当然，不同时代的注释者都会带有时代特色。例言之，究竟刚毅木讷与巧言令色，何者较为接近仁德呢？前人学者言人人殊，众说纷纭，我们重新分析，务求提供另一种解读。

有些是用新的角度重新思考问题。有一次，在研讨会上听到韩国外国语大学朴宰雨教授关于孔子的发表，更提及孔子思想在新文化运动的冲击。当年我在讲授《孟子》，也写了一些与《孟子》相关的文章，因此灵机一触。孔孟并称，何以"打倒孔家店"的时候，就没有一并打倒孟家店？是因为孟子思想不成气候，对国人没有影响，还是什么其他原因呢？这样的转换视角，写成了一篇打孔而不打孟的小文章，当日也对自己的机灵而沾沾自喜。

孔孟已经没有力气追随今人，但我们依然竭力不舍地将万事万物比附孔孟，用心良苦，其实也就是为了证明孔孟学说到了今天依然"有用"。后人给予孔子的称号有许多，其中包括了"万世师表"。这也是一个孔子愿意承认的雅号。教育是使人类文化可以绵延不绝传承下去的重要因素，有教无类、因材施教、循循善诱、德才并重等，皆本出孔子，今人能够将此等道理古为今用，便是不愧对古人了。举例而言，在学校里有不少特殊学习需要学生，如何教导他们，则正可参考孔子的因"材"施"教"。所谓"天生我材必有用"，如何发掘学生之材，循而制订适当的教学模式,便是因材施教。如果能够将孔孟思想"切己",便会想到现今社会仍有许多适用的场合。

  本书的不同部分,曾经在《孔子研究》、《关东学刊》、《国学季刊》、《九州学林》、《孔孟月刊》、《水流花开:经典形塑与文本阐释国际学术研讨会论文集》、《数码时代的中国人文学科研究》等作单篇发表,在此向各部期刊文集谨申谢忱。本书所用《论语》、《孟子》文本及章节编号,悉据杨伯峻《论语译注》及《孟子译注》,不另出注。收入本书之时,各篇俱尝经修订,以作一体,承前而启后。是书蒙何文汇教授向香港商务印书馆推荐,复得林可淇女士辛劳校订,使本书得以面世,更是重中之重。本书不足之处尚多,还望四方君子不吝赐正。

潘铭基

2023年4月序于复旦大学

目 录

第一章 汉人眼中的孔子和孟子 … 1

第一节 司马迁《史记》的孔子生平 … 5
1. 《论语》所载孔子生平事迹 … 7
2. 《史记·孔子世家》与孔子生平 … 14
3. 司马迁为孔子立传之原委 … 38

第二节 《论语》作为班固《汉书·古今人表》品评人物的标准 … 45
1. 班固与儒家经学 … 46
2. 《汉书》引用《论语》之概况 … 48
3. 《汉书·古今人表》以《论语》为评第人物之标准 … 49

第三节 汉人对孟子思想的呈现——孟母故事与孟子学说 … 87
1. 汉代之孟母故事 … 88
2. 孟子学说与孟母故事 … 96

           第四节　小结 ……………………………………………… 104

第二章　外来文化带来的冲击——六朝的孔子及其弟子 … 110

    第一节　佛教典籍里的孔子及弟子 …………………… 114
        1.孔门十哲之重要 …………………………………… 114
        2.早期佛教在中国之传播 …………………………… 117
        3.佛教典籍中的孔子——借孔子以弘扬佛法 … 120
        4.儒家不如佛家？——孔门弟子与六朝佛典 …… 135

    第二节　志怪小说里的孔门弟子 ……………………… 146
        1.汉代谶纬里之孔门弟子 …………………………… 147
        2.六朝志怪小说里之孔门弟子 ……………………… 154

    第三节　其他文献里的孔门师弟子 …………………… 171
        1.以孔门四科连言孔门弟子 ………………………… 171
        2.仁德与寿考并不两存 ……………………………… 175
        3.据《论语》所载事迹以说理 ……………………… 179

    第四节　小结 ……………………………………………… 184

第三章　周游列国的启示 ………………………………………… 190

    第一节　或仕或止的孔孟之道 ………………………… 194
        1.孔子对君主的要求 ………………………………… 194
        2.孔子的或仕或隐 …………………………………… 199

3.孟子对君主的态度 ………………………………… 202
　　4.乃所愿则学孔子也 ………………………………… 206

第二节 孟子的抉择 ………………………………………… 207
　　1.孟子的周游列国 …………………………………… 208
　　2.孟子所见诸侯及其离去 …………………………… 210
　　3.孟子的抉择与勇气 ………………………………… 233

第三节 孟子的迂阔 ………………………………………… 236
　　1.宋代的知音 ………………………………………… 236
　　2.战国时代的诸子 …………………………………… 237
　　3.因了解而分开——孟子与齐宣王 ………………… 240
　　4.枉尺直寻与坚持原则 ……………………………… 244
　　5.迂阔的时代意义 …………………………………… 247

第四章 孔孟之道新诠 ……………………………………… 249

第一节 何者可以为仁？——巧言令色与刚毅木讷 …… 253
　　1.巧言令色，鲜矣仁 ………………………………… 254
　　2.刚、毅、木、讷近仁 ……………………………… 259
　　3.为仁的难度 ………………………………………… 262

第二节 孟子的反权贵特质——五四运动打孔不打孟 … 263
　　1.为何要打孔家店？ ………………………………… 264
　　2.打孔家店的本质 …………………………………… 269

3.孔子和孟子对抗权贵的态度 273
　　4.孔孟并称而孟属附庸 276
　　5.孟子的本质 280

第三节　孔门教学与孔门弟子的特别学习需要 281
　　1.弟子的年龄差异 281
　　2.因材施教 283
　　3.弟子的特殊学习需要 286

附录一：《孟子的抉择 仁者无所惧》讲座实录 ... 310
附录二：《二十一世纪重读孔孟》讲座实录 314
后　记 356

第一章
汉人眼中的孔子和孟子

汉代是孔子成为"至圣"的重要时刻，可是在《论语》里，孔子早已清楚表明自己不欲成为圣人。《论语》所得见的是一位有血有肉的孔子。春秋战国乃是古代中国诸子百家争鸣的时代，诸子蠭出并作，老子、庄子、孔子、孟子、荀子、墨子、列子、孙子、申子、韩非子、鬼谷子、告子等皆有其独当一面之处。显而易见，孔子只是诸子百家之一，何以后来得以独步天下，儒家学术唯我独尊？汉人起了决定性的作用。

在《论语》里，孔子不敢承认自己是"圣"，也不是"仁"，他只愿意承认自己是努力学习，诲人不倦的老师（7.34）。孔子也不是"生而知之"，他不过是爱好古代文化，而又勤奋敏捷学习的人（7.20）。好学，是孔子唯一愿意承认的个人特质，弟子公西华表示这正是弟子们不如老师的因由。在《说文解字》里，"圣"字的释义是"通"，即通达也。当时"圣人"之意没有今人看来神圣的意义，可是孔子依然不予承认。子贡是孔门高弟，有一次，太宰向子贡查询，孔子是位圣人吗？为什么如此多才多艺？子贡回答，本是上天让他成为圣人，又使他多才多艺。子贡能言善道，在孔门四科十哲里位居言语科。老师不欲成为圣人，子贡却硬冠以圣人之名。如此"圣人",并没有今天所说的意思。孔子回应,自己的多才多艺,乃因自小穷苦,故学识了许多鄙贱的技艺。同时,孔子指出,真正的君子不会懂得这样多的技巧。在今天看来,子贡是第一批将孔子树圣的人,也是整个造圣运动的开始。当然,子贡的动机不难明白,使孔子成为圣人,一方面是尊敬老师,歌颂老师,无可厚非。另一方面,老师成为圣人,自己便是圣人之徒了,这也是好处多于坏处。

孟子的偶像是孔子,故有"乃所愿,则学孔子也"云云。孟子更是为孔子树圣不遗余力的人。在《孟子·公孙丑上》就有记载孔子与子贡关于孔子是否已为圣人的对话:

昔者子贡问于孔子曰:"夫子圣矣乎?"孔子曰:"圣则吾不能,我学不厌而教不倦也。"子贡曰:"学不厌,智也;教不倦,仁也。仁且智,夫子既圣矣。"(3.2节录)

子贡问老师是否已是圣人,孔子以为自己做不到,充其量只可说是学习不厌倦,教人不嫌疲劳。不知是哪来的道理,听到老师的答案,子贡作了归纳,指出学习不厌倦便是智,教人不嫌疲劳便是仁,既仁且智,老师实际上已经是圣人了。孟子为什么会这样引述孔门师弟子的对话呢?《论语》虽载孔门师弟子事迹,但从书成年代而言,甚或后于《孟子》。孟子生时也没法看到一部名为《论语》的典籍,他能看到的只是一些与孔门师弟子相关的材料而已。因此,子贡有否这样说过,今人无从得知。然而,《孟子》载录此事,使孔子成为了一位不居圣的圣人,却是在在可见。

子贡的回答、孟子的引用，司马迁都看在眼里。司马迁撰写的《史记》，并非一部我们所说的客观的史书。事实上，史书既有作者，作者难免主观，能够做到的只有尽量客观。而且，不单止孟子的偶像是孔子，司马迁的偶像也是孔子，更承父命，效法孔子作《春秋》，成就了《史记》的编撰。《春秋》是一部使乱臣贼子惧的典籍，孔子以其笔法寓褒贬于叙事之中。司马迁的《史记》，要继承的正是这点。

　　《史记》里有两篇文章跟孔子有直接关系，分别是《孔子世家》和《仲尼弟子列传》。司马迁已经能够阅读《论语》，但他所采用的资料绝对不止《论语》。《论语》是语录体典籍，这类典籍的特色之一，是在绝大部分情况下，我们并不知道对话双方是在怎样的语境下促使了这段对话。可是，司马迁要做的便是依据这样的语录体典籍，为孔子的生平事迹作一次全面的编年。"巧妇难为无米之炊"，但即使有米了，要如何炊，却是费煞思量。这里牵涉了汉代人对孔子生平的认知，结合了《论语》，以及《礼记》、《左传》、《孔子家语》等有关孔子的材料。如此庞杂的资料，虽未至于杂乱，但也不容易处理。司马迁编撰的《孔子世家》，就是汉代人对孔子相关文献的一种理解。从《论语》的"将圣"，《孟子》的"既圣"，到了《孔子世家》太史公曰的"至圣"，这无疑就是汉人认识孔子的趋向。

　　《论语》是一部怎样的书呢？东汉赵岐在《〈孟子〉题辞》里，曾说此书是"五经之錧辖，六艺之喉衿"，即是读懂五经的关键之书。后人要如何理解《论语》，孔门师弟子都管不了。注释者或自以为有真知灼见，援引者多以为最得孔夫子的弦外之音。班固《汉书》便有一篇奇文，以《论语》所载作为评鉴人物高低的标准，那便是《古今人表》。此篇乃是史书里的千古奇文，题为"古今人表"，却只有古人而没有今人。前人学者于此讨论甚多，此不赘述。《古今人表》只录古人，以古人行事为准绳；今人见之，自可对号入座。《古今人表》所载的古人，不少只见于《论语》；而《论语》一书所载人物甚多，据李零《丧家狗：我读〈论语〉》所载，书中记录孔子以前人物42位，与孔子同时期的人物78位，时代不详的人物5人，当然还少不了孔子及其一众学生。《论语》品评人物甚众，而《汉书》取之作为《古今人表》人物表列次第的标准，也是对孔子和《论语》的一种理解和转化，同时也延伸《论语》的用途。

汉代时期，孔子已是"至圣"，但孟子仍是诸子百家之一，为了提高地位而付出无尽的努力。当然，这个努力并非孟子亲见，孟子本人也无能为力，而是由汉代的研读者持续为之。这个努力，到了宋代终于取得成功，不单《孟子》成为经书，孟子本人也成为"亚圣"。孟子的成功，追本溯源，有一大功臣，那便是孟子的母亲——孟母。孟子是战国时代人物，但在汉前却不见任何有关孟母的生平事迹。汉代的《韩诗外传》和《列女传》，乃是孟母事迹的根据。而且，孟母对孟子的教导，更与孟子的主张如出一辙。或谓，孟母是孟子的启蒙老师，也不为过。然而，孟母事迹最早只见于汉代典籍，其实也是汉代对孟子学说的理解，复以孟子学说加诸孟母身上，便形成传颂千载的孟母形象。

本章以下的三节，正是从司马迁《史记·孔子世家》、班固《汉书·古今人表》、《韩诗外传》、刘向《列女传·邹孟轲母》等汉人著述，分别讨论其时所认识的孔孟。

第一节 司马迁《史记》的孔子生平

孔子生时，礼崩乐坏，诸侯放恣。孔子以匡扶周室，重建周文为己任。孔子一生周游列国，游说当时的君主采用己说，"知其不可而为之者"（14.38），明知不可能并始终为之不断。孔子多次前往卫国，卫灵公终不能重用孔子；到宋国，桓魋欲加害之；至郑国，在郭东门与学生失散；在陈蔡之地遇厄，有赖楚昭王兴师以迎才得到解围。总之，当时的君主皆不重用孔子，孔子只能退而著书，"垂空文以断礼义，当一王之法"。

孔子死后数百年，而有司马迁。司马迁崇拜孔子，在《史记》书中举目可见，最明显是将孔子的生平事迹置于《世家》之下。司马迁游历非常丰富精彩，据《史记·太史公自序》所言："二十而南游江、淮，上会稽，探禹穴，窥九疑，浮于沅、湘；北涉汶、泗，讲业齐、鲁之都，观孔子之遗风，乡射邹、峄；厄困鄱、薛、彭城，过梁、楚以归。于是迁仕为郎中，奉使西征巴、蜀以南，南略邛、筰、昆明，还报命"。司马迁于此自言20岁便开始南游江淮地区，登上会稽山，探察禹穴，观览九嶷山，泛舟于沅江、湘江之上；北渡大汶河、泗水，在齐、鲁两地的都会研讨学问，并且考察孔子的遗风，更在邹县、峄山行乡射之礼；在鄱、薛、彭城等地遭逢困厄，最后途经梁、楚之地回到家乡。其中"北涉汶、泗，讲业齐、鲁之都，观孔子之遗风，乡射邹、峄"，对其编撰孔子事迹至为重要。在《史记·孔子世家》里，司马迁又自言曾经亲临孔府与孔庙。"余读孔氏书，想见其为人。适鲁，观仲尼庙堂车服礼器，诸生以时习礼其家，余祗徊留之不能去云。"梁启超云："司马迁作《孔子世家》，自言'适鲁，观仲尼庙堂车服礼器，诸生以时习礼其家，只徊留之不能去焉'。作史者能多求根据于此等目睹之事物，史之最上乘也。"①指出司马迁撰写《孔子世家》之资料来源，包括田野考察。张大可指出司马迁用多种途径搜求史料，其中所提及的"车服礼器"，即属"文物与图像"一类。②由是观之，实地实物考察构成司马迁考证孔子生平重要一环。

至于《孔子世家》之写作年代，李长之指出："篇中虽有'适鲁观仲尼庙堂车服礼器，诸生以时习礼其家，余只徊留之，不能去云'语，但决不是二十岁邀游之际作。这是因为篇中又有'安国为今皇帝博士，早卒，安国生邛，邛生欢'字样，查安国约卒于公元前126年以后，倘卒时为三十左右，后二十年可以有孙，是欢之生可能在公元前106年左右，《孔子世家》当作于此时。"③篇中既能写及孔

---

① 梁启超：《中国历史研究法》（台北：台湾商务印书馆，1966年），第四章《说史料》，页59–60。
② 张大可：《史记文献研究》（北京：民族出版社，1999年），页150。
③ 李长之：《司马迁之人格与风格》（北京：三联书店，1984年），页150–151。

安国之孙，而司马迁又曾向孔安国问故，①则证明不能于二十岁遨游之时成篇。所言二十者，显为日后回忆前事的写法。

孔子的生平事迹有不少争议，李零云："前人辨伪，于各书的可信度向有成说，如研究孔子生平，学者习惯上认为，只有《论语》是真孔子言，《左传》、《孟子》、大小戴《记》次之，诸子皆可疑，《史记》等汉代人的说法又等而下之。这种看法有一定道理，但不能奉为规矩准绳。《孔子家语》和《孔丛子》，在学者心目中，一向是与《古论》、《古文尚书》及孔安国传属于同一组怀疑对象，但从出土竹简看，还是很有所本。"②又云："我的建议是，了解孔子本人，可读《史记·孔子世家》；了解他的学生，可读《史记·仲尼弟子列传》。"③比合而论，《论语》与《史记》实为后人考察孔子生平之关键。然而，《论语》书成于汉，司马迁所见的史料不可能只有《论语》，必较此为多，故下文先整理《论语》所载孔子生平，次及孔子生平系年具争议处，复考司马迁在《孔子世家》所述孔子之游历，以及重新探讨司马迁载录孔子于《世家》之原委。

一、《论语》所载孔子生平事迹

《论语》乃语录体典籍，编排芜杂，各篇各章之间的关系并不明晰。至于《论语》所载各章节与孔子生平之关系，前人学者关

---

① 班固：《汉书》（北京：中华书局，1962年），卷88，页3607。
② 李零：《丧家狗：我读〈论语〉》（太原：山西人民出版社，2007年），页1注2。
③ 李零：《丧家狗：我读〈论语〉》（太原：山西人民出版社，2007年），页1。

心颇多，虽有争议，仍多采作编排孔子生平之根据。南宋胡仔撰有《孔子编年》五卷，其父胡舜陟作序，以为"惟《论语》为可信，足以证诸家之是非。"[1]胡氏谱乃今所见最早之孔子年谱。元人程复心在《孔子论语年谱》开宗明义，以《论语》作为编次孔子生平之根据。书末云："孔子生卒年月，向多聚讼，而仕止久速，先后纷糅，其孰从而辩之。所凭据者，《左传》、《公羊》、《穀梁》、《国语》、《家语》、《史记·孔子世家》及《弟子列传》、《韩诗传》诸书为最古而近真。然就诸书之中，已自龃龉难合。"[2]以《论语》为本，诸书为辅，虽皆先秦两汉典籍，但所载已有差异。今考《论语》所载，有可据以加入孔子生平编年者，举例而言，《论语·述而》："加我数年，五十以学《易》，可以无大过矣。"（7.17）皇侃《义疏》云："当孔子尔时，年已四十五六，故云'加我数年，五十而学《易》'也。"[3]皇侃以为此话当为孔子45、46岁时所说。钱穆评皇侃说："此无确据，但亦近似。"[4]朱熹云："此章之言，《史记》作为'假我数年，若是我于《易》则彬彬矣'。加正作假，而无五十字。盖是时，孔子年已几七十矣，五十字误无疑也。"[5]朱熹以"五十"二字为误，以为孔子此话之时，盖已七十。程复心在《孔子论语年谱》则

---

[1] 胡舜陟：《原序》，载胡仔：《孔子编年》（上海：上海古籍出版社，1987年），原序，页1a。
[2] 程复心：《孔子论语年谱》（北京：北京图书馆出版社据民国九年影印本，1999年），页41a-b。
[3] 皇侃：《论语义疏》（北京：中华书局，2013年），卷4，页167。
[4] 钱穆：《孔子传》（台北：东大图书公司，1991年），页22。
[5] 朱熹：《四书章句集注》（北京：中华书局，1983年），论语集注卷4，页97。

将此条系于孔子47岁,谓"是岁孔子始读《易》"。①虽有争议,惟据此系年之心则诸家皆然。

又如《论语·颜渊》云:

齐景公问政于孔子。孔子对曰:"君君,臣臣,父父,子子。"公曰:"善哉!信如君不君,臣不臣,父不父,子不子,虽有粟,吾得而食诸?"(12.11)

韦政通在《孔子》将此条系于鲁昭公二十六年(前516年),即孔子36岁之时。当时孔子在齐国。《论语集释》引《论语后录》云:"夫子以昭公之二十五年至齐,当景公三十年。是时陈僖公子乞专政,行阴德于民,景公弗能禁,是不能君君臣臣也。"②《论语后录》亦以此话系在鲁昭公二十五年之后。

又如《论语·季氏》:"天下有道,则礼乐征伐自天子出;天下无道,则礼乐征伐自诸侯出。自诸侯出,盖十世希不失矣;自大夫出,五世希不失矣;陪臣执国命,三世希不失矣。天下有道,则政不在大夫。天下有道,则庶人不议。"(16.2)此中提及"陪臣报国命",《论语集解》引马融云:"家臣阳虎为季氏家臣,至虎三世而出奔齐。"③以为此处"陪臣"当为阳虎,然则此语应出现于阳虎囚季桓子以后。鲁定公五年(前505年),阳虎拘禁季桓子的嬖臣仲

---

① 《孔子论语年谱》,页9a—b。
② 程树德:《论语集释》(北京:中华书局,1990年),卷25,页855引。
③ 《论语注疏》,载《十三经注疏(整理本)》(北京:北京大学出版社,2000年),卷16,第255页。

梁怀,季桓子怒,阳虎因而囚禁季桓子。此后,阳虎大权在握,孔子"陪臣执国命"语当出此时。

以上略举三例说明《论语》所载条目作为史事系年之根据。后人编写孔子生平,亦多据《论语》某部分章节为之。至于后世编撰孔子传记者,复多据《论语》所载,并稍加系年。钱穆《孔子传》将孔子生平分为八章,题目分别为:孔子的先世、孔子之生及其父母之卒、孔子之早年期、孔子之中年期、孔子五十岁后仕鲁之期、孔子去鲁周游、孔子晚年居鲁和孔子之卒。

钱穆《孔子传》采用《论语》章节

各章篇题	采用《论语》章节 ★	总数
孔子的先世	—	0
孔子之生及其父母之卒	—	0
孔子之早年期	2.4, 8.12, 9.6, 3.15, 2.4	5
孔子之中年期	7.7, 3.1, 7.14, 7.6, 12.11, 1.10, 18.3, 2.21, 7.17, 11.26, 7.16, 5.7, 9.14, 5.26	14
孔子五十岁后仕鲁之期	17.1, 17.5, 16.3, 2.4, 1.1, 6.9, 11.25, 6.4, 14.1, 3.19, 13.15	11
孔子去鲁周游	14.36, 18.4, 13.9, 14.39, 9.13, 3.24, 9.5, 11.23, 17.7, 6.28, 3.13, 15.1, 15.7, 13.7, 6.24, 7.23, 15.2, 13.16, 13.18, 7.19, 18.5, 18.6, 18.7, 5.22, 7.15, 13.3, 14.38, 5.15	28

各章篇题	采用《论语》章节★	总数
孔子晚年居鲁	16.1, 6.8, 11.24, 3.6, 13.14, 11.17, 6.12, 2.19, 12.17, 12.18, 12.19, 2.20, 14.21, 11.1, 11.2, 11.3, 7.11, 15.11, 6.11, 11.9, 11.8, 11.10, 11.11, 6.3, 6.7, 9.11, 12.1, 9.21, 13.2, 6.1, 12.7, 15.3, 5.9, 11.19, 19.22, 9.6, 19.23, 19.24, 19.25, 6.13, 13.17, 6.14, 17.4, 12.9, 4.15, 7.6, 9.6, 9.2, 16.13, 5.28, 7.34, 2.17, 11.12, 9.8, 7.8, 6.30, 7.30, 9.15, 8.8, 2.23, 3.9, 3.14, 7.5, 9.3, 3.4, 3.3	66
孔子之卒	—	0
	总数	124

★章节按《孔子传》出现次序排列。部分《论语》章节曾重复使用，均按次序排列。

准上所见，钱穆《孔子传》共使用《论语》124章，今考《论语》全书486章，[1]然则可供钱穆编年者仅占全书四分之一。韦政通《孔子》载有"孔子年表"，亦将《论语》里可堪系年者编次其中，数量较钱穆的《孔子传》少。

---

[1] 各家分章或有不同，此据杨伯峻《论语译注》而来。又，《论语·乡党》本为1章，然文字颇长，不利阅读，是以杨伯峻将其分为27节。上文谓《论语》全书共486章者，以《乡党》全篇作一章计算。

"孔子年表"使用的《论语》内文

韦政通《孔子》中的"孔子年表"	"孔子年表"所使用的《论语》内文
周敬王二十一年，鲁定公十一年（前499年），53岁	《论语》载孔子与定公两次问答，约在此时： （1）定公问："君使臣，臣事君，如之何？"孔子对曰："君事臣以礼，臣事君以忠。"（3.19） （2）定公问："一言而可以兴邦，有诸？"孔子对曰："言不可若是其几也。人之言曰：'为君难，为臣不易。'如知为君之难也，不几乎一言而兴邦乎？"曰：一言而丧邦，有诸？"孔子对曰："言不可以若是其几也。人之言曰：'予无乐乎为君，唯其言而莫予违也。'如其善而莫之违也，不亦善乎？如不善而莫之违也，不几乎一言而丧邦乎？"（13.15）
周敬王二十三年，鲁定公十三年（前497年），55岁	到达卫国边境，一位官名"封人"的边防官请求见孔子。见了以后，向弟子们说："二三子，何患于丧乎（指孔子在鲁丧失官位事），天下之无道也久矣！天将以夫子为木铎"（3.24）。
周敬王二十八年，鲁哀公三年（前492年），60岁	孔子在到陈国的途中，路过宋国，宋司马桓魋欲杀孔子，孔子曰："天生德于予，桓魋其如予何"！（7.23）、（《史记·孔子世家》）

准此，韦政通"孔子年表"引录《论语》原文，系年编次。较诸钱穆《孔子传》全书作考辨而言，韦书之重点稍有不同，纯以载录为务。考之韦氏"孔子年表"全文，据《论语》载录的情况如下：

"孔子年表"采用《论语》章节

韦政通《孔子》中的"孔子年表"	《论语》章节[1]★
周景王八年,鲁昭公五年(前537年),15岁	2.4
周景王四年,鲁昭公二十六年(前516年),36岁	12.11
周敬王十六年,鲁定公六年(前504年),48岁	16.2
周敬王十八年,鲁定公八年(前502年),50岁	17.5
周敬王二十一年,鲁定公十一年(前499年),53岁	3.19, 13.15
周敬王二十三年,鲁定公十三年(前497年),55岁	3.24
周敬王二十四年,鲁定公十四年(前496年),56岁	9.5, 17.7, 6.28
周敬王二十八年,鲁哀公三年(前492年),60岁	7.23, 5.22
周敬王三十一年,鲁哀公六年(前489年),63岁	15.2, 18.5, 18.6, 18.7, 13.16
周敬王三十二年,鲁哀公七年(前488年),64岁	13.3
周敬王三十七年,鲁哀公十二年(前483年),69岁	9.15, 2.19, 12.17
周敬王四十年,鲁哀公十五年(前480年),72岁	12.18

★ 章节序次按"孔子年表"出现的次序。

准此,韦政通《孔子》之"孔子年表"只采用《论语》中的22章加以系年,就全书486章而言,只属少数。

大抵前人学者考证孔子生平,多以《论语》为本。唯《论语》本身并非编年体,孔子言行不可系年者占绝大多数。因此,《孔子

---

[1] 只录与孔子生平相关章节,韦政通"孔子年表"载录部分《论语》章节与孔子生平无关。例如"周景王二年,鲁襄公三十年(前543年),9岁"条下,韦政通援引两节《论语》论子产在郑国执政之文(5.16, 14.9)。此虽皆出《论语》,但纯为孔子评论他人,且韦氏录之亦非因其为孔子9岁之言,纯粹因子产于此时在郑国执政。因此,本文上表不统计此类与孔子生平无关之《论语》章节。(《孔子》,页274。)

世家》虽非年谱,却是第一部将孔子行事系年之传记。后人编撰孔子年谱,亦多参考《孔子世家》,并讨论司马迁考证孔子生平之当否。

二、《史记·孔子世家》与孔子生平

《史记》采录文献颇多,至于孔子及孔门弟子生平事迹,则多采《论语》为文,成《孔子世家》及《仲尼弟子列传》二篇。林春溥《孔子世家补订序》云:"迁所采辑,不外《论语》、三《传》、《国语》、《檀弓》、《家语》、《晏子》诸书。"①林氏所论亦冠《论语》为首,其言是矣。《孔子世家》引《论语》共57次,其中引用《述而》最多,共13次,次则《子罕》9次。《论语》20篇,《孔子世家》尝征用者包括《为政》、《八佾》、《公冶长》、《雍也》、《述而》、《子罕》、《乡党》、《先进》、《颜渊》、《子路》、《宪问》、《卫灵公》、《阳货》、《微子》等14篇;未尝采用者则仅《学而》、《里仁》、《泰伯》、《季氏》、《子张》、《尧曰》6篇而已。由是观之,司马迁撰写《孔子世家》时,采用《论语》甚多,范围亦大。②

据前人学者共识,《论语》乃孔子生平最可靠的数据,《孔子世家》将孔子生平与《论语》紧扣为文。如果将《孔子世家》改成编年

---

① 林春溥:《孔子世家补订》(台北:世界书局,1961年),序,页1a。
② 《史记·仲尼弟子列传》亦多引《论语》,考之全篇,亦引57次。其中引用《先进》者最多,共12次,次则《公冶长》11次。《仲尼弟子列传》尝征引《论语》篇章包括《学而》、《为政》、《八佾》、《公冶长》、《雍也》、《述而》、《子罕》、《先进》、《颜渊》、《子路》、《宪问》、《卫灵公》、《阳货》、《子张》等。考之《论语》全书,《先进》、《公冶长》等篇章多为孔门师生对话,学生出现频率较高,因此多采入《仲尼弟子列传》。

体,就能更清晰地看到司马迁利用《论语》及其他材料以考证孔子生平。

《孔子世家》所载孔子生平年谱

纪年	事件	典籍依据★
襄公二十二年 前551年 1岁	孔子生	《公羊》谓襄公二十一年,与《史记》不同。
	生而叔梁纥死	《家语》谓生三岁而梁纥死,与《史记》不同
昭公七年 前535年 17岁	鲁大夫孟釐子病且死,命孟懿子往孔子处学礼	《左传·昭公七年》 《家语·观周》
司马迁将此等事系于孔子17岁至30岁之间	为季氏史、司职吏	《孟子·万章下》10.5
	南宫敬叔与孔子适周,见老子	《庄子》谓孔子年五十一,南见老聃,与《史记》不同。 《家语·观周》
昭公二十年 前522年 30岁	齐景公与晏子适鲁,①见孔子,与语三日,大悦	《家语·贤君》
昭公二十五年 前517年 35岁	鲁国内乱,齐处昭公干侯,孔子适齐	《左传》 《吕氏春秋·察微》
昭公二十六年 前516年 36岁	景公问政,晏婴劝景公不要重用孔子,离齐返鲁	《晏子》《墨子》《论语》7.14, 12.11, 18.3
昭公三十二年 前510年 42岁	昭公卒,定公立	《家语》

---

① 《史记·十二诸侯年表》亦言鲁昭公二十年,"齐景公与晏子狩,入鲁问礼。"(《史记》,卷14,页656。)

（续前表）

纪年	事件	典籍依据★
定公五年 前505年 47岁	季桓子问孔子穿井，得土缶	
	吴使问孔子骨节专车	《国语·鲁语》 《家语·辨物》
其秋	阳虎执仲梁怀、季桓子，陪臣执国命	《左传·定公五年》
定公八年 前502年 50岁	公山不狃与阳虎为乱	
定公九年 前501年 51岁[①]	公山不狃以费畔，孔子欲往	《论语》17.5
	为中都宰、司空、大司寇	《家语·相鲁》
定公十年 前500年 52岁	齐鲁夹谷之盟。《史记·十二诸侯年表》："十公会齐侯于夹谷。孔子相。齐归我地。"	《家语·相鲁》 《左传·定公十年》 《穀梁传·定公十年》
定公十三年 前497年 55岁	堕三都	《左传》载在定公十二年

[①] 韩兆琦《史记笺证》注"是时孔子年五十"句，云："应作'年五十一'。"（韩兆琦：《史记笺证》，南昌：江西人民出版社，2004年，页3209），今从。

纪年	事件	典籍依据★
定公十四年 前496年 56岁	摄行相事，诛少正卯	《家语·相鲁》《始诛》 《吕氏春秋·乐成》 《荀子·宥坐》 《尹文子·大道下》
	齐致女乐文马，孔子离鲁。	《家语·子路初见》 《孟子·告子下》
	在卫国，居十月	
	因于匡地	《论语》11.23, 9.5
定公十五年 前495年 57岁	孔子见南子，为次乘	《论语》6.28, 9.18, 15.13 《家语·七十二弟子解》
	去曹适宋，宋司马桓魋欲杀孔子	《论语》7.23
	孔子适郑，独立郭东门	《家语·困誓》
	至陈，主于司城贞子家	
鲁哀公元年 前494年 58岁	有隼集于陈廷而死	
	居陈三岁，去陈	《论语》5.22
	与蒲人斗	《家语·困誓》
	卫灵公郊迎孔子	《家语·困誓》
	卫不用孔子，去卫	《论语》13.10
	佛肸以中牟畔	《论语》17.7
	遇见荷蒉过门者	《论语》14.39
鲁哀公元年 前494年 58岁	孔子学鼓琴师襄子	《韩诗外传》卷五 《家语·辩乐解》
	西见赵简子	《家语·困誓》

第一章 汉人眼中的孔子和孟子

（续前表）

纪年	事件	典籍依据*
哀公二年 前493年 59岁	灵公问兵阵	《论语》15.1
哀公三年 前492年 60岁	卫灵公卒，出公立	《左传》在哀公二年
夏	孔子在陈	
秋	季桓子病，康子立，冉求归鲁	《论语》5.22
哀公四年 前491年 61岁	孔子自陈迁于蔡	
哀公五年 前490年 62岁	孔子自蔡如叶，叶公问政，叶公问孔子于子路	《论语》13.16, 7.19
	遇见长沮、桀溺	《论语》18.6
	遇荷蓧丈人	《论语》18.7
哀公六年 前489年 63岁	陈蔡遇围	《论语》15.2 《家语·在厄》 《韩诗外传》卷七 《荀子·宥坐》
	子贡色作	《论语》15.3
	以"匪兕匪虎，率彼旷野"问子路、子贡、颜渊	《家语·在厄》
哀公六年 前489年 63岁	楚昭王以书社地封孔子	
	遇楚狂接舆	《论语》18.5
	自楚反乎卫	

纪年	事件	典籍依据 ★
哀公七年 前488年 64岁	吴与鲁会缯	
	鲁卫之政兄弟也	《论语》13.7
	卫君待子而为政	《论语》13.3
哀公十一年 前484年 68岁	冉有与齐战于郎,以币迎孔子,孔子归鲁	《家语·正论解》 《左传·哀公十一年》
	鲁哀公问政	《论语》2.19, 12.22
	孔子整理六经	《论语》3.9, 2.23, 3.14
	孔子语鲁大师	《论语》3.23
	整理《诗经》	《论语》9.15
	晚而喜《易》	《论语》7.17
	三千弟子	
	子以四教、于乡党、饮食态度、是日哭则不歌、三人行、修德讲学、使人歌、不语怪力乱神	《论语》7.25, 9.4, 7.13, 9.1, 7.8, 10.1, 10.2, 10.4, 10.3, 10.20, 10.8, 10.12, 7.9, 7.10, 10.25, 7.22, 7.3, 7.32, 7.21
	天道性命不可闻、颜渊喟然叹曰、达巷党人、不试故艺	《论语》5.13, 9.11, 9.2, 9.7
哀公十四年 前481年 71岁	西狩获麟河不出图、颜渊死、不怨天,不尤人、古之逸民	《论语》9.9, 11.9, 14.35, 18.8
	编撰《春秋》	《论语》15.20
	在位听讼	
哀公十五年 前480年 72岁	子路死、负仗逍遥、奠两柱之间	《论语》3.24

（续前表）

纪年	事件	典籍依据★
哀公十六年① 前479年 73岁	孔子卒	《左传》
	哀公诔辞	《左传·哀公十六年》
	弟子守丧、高祖祭孔	《家语·终记解》
	孔子后人	
	太史公曰	

★序次按《孔子世家》出现的先后。

以上为据《孔子世家》所载孔子生平而得之编年，其中"典籍依据"一栏，胪列有可能之文献根据。自司马迁在《孔子世家》里草创孔子生平系年以后，后世学者多有批评，如司马贞在《史记索隐》已屡屡指出司马迁未是之处。更有甚者，即使《史记》一书之中，《孔子世家》所载亦与《十二诸侯年表》时有不同。刘坦云："《史记》纪年之疏略抵牾，历代学者已多所述。"②其实，即使同为先秦文献，各书所见之孔子编年亦未见一致，司马迁或在两篇各有所本，故未能完全相同，固其然也。韩兆琦云："《孔子世家》是司马迁根据《论语》、《左传》、《孟子》、《礼记》等书中的旧有资

---

①前人学者据孔子生平以编次春秋纪年，如刘坦云："据《鲁世家》载哀公'十六年，孔子卒。'《晋世家》载定公'三十三年，孔子卒。'《鲁年表》载哀公十六年'孔子卒。'亦在晋定公三十三年。是鲁哀公十六年，与晋定公三十三年同年。"（刘坦：《史记纪年考》，北京：商务印书馆，2017年，页138。）
②《史记纪年考》，叙，页1。

料加以排比、谱列而成的。其原始材料虽然多数为旧有,但其谱列工作在很大的程度上则是出于司马迁的独创,因为迄今为止,我们还没有发现先秦的古籍中有过孔子的传记或是年谱一类的东西,因此《孔子世家》就成了远从汉代以来研究孔子思想生平的最重要的依据之一,在我国学术史上有着极其重要的地位。"[1]韩氏所言有理,司马迁有首事之功,且难度极大,不可轻诬。前人学者曾对《孔子世家》所载孔子事迹和生平系年稍有争议,如崔述《洙泗考信录》、梁玉绳《史记志疑》、崔适《史记探源》、江竹虚《孔子事迹考》皆其例。下文即举《孔子世家》所载孔子事迹稍有争议者,以见《史记》所本及其不足。

1. 孔子生年

江竹虚云:"孔子生年月日问题,二千年来,聚讼纷纭,莫衷一是。"[2]其实所谓"聚讼纷纭"者,只有二说,一为《春秋公羊传》、《穀梁传》于襄公二十一年(前552年)载孔子生,二为《史记》谓孔子生于襄公二十二年(前551年)。[3]江氏又统计后世学者依从两种说法之多寡,其曰:"计从《公》、《穀》之说者,自贾逵、何休、服虔以下,至狄子奇,凡三十有五家。从《史记》之说者,自杜预、王嘉、陆德明以下,至成蓉镜,凡六十家。"[4]江氏分析详审,以为后世所以偏向相信《史记》有五大原因,其中司马迁首为孔子立传,至

---

[1]《史记笺证》,页3285。
[2]江竹虚:《孔子事迹考》(上海:上海古籍出版社,2008年),页179。
[3]《孔子世家》、《鲁周公世家》、《十二诸侯年表》俱载孔子生,并云襄公二十二年。
[4]《孔子事迹考》,页181。

今最古，尤其重要。钱穆在《先秦诸子系年》首篇《孔子生年考》亦以为《史记》之说稍胜，[1]及其《孔子传》亦以襄公二十二年之说为是。[2]至于近年南昌海昏侯墓出土屏风，因有孔子画像以及孔子行事记载，因而再次引起孔子生年之讨论。其中"鲁昭公六年，孔子盖卅矣"一句，如果昭公六年孔子年盖30，则孔子生年当在前565年左右，与聚讼二千年之襄公二十一年（前552年）与二十二年（前551年）之争差异颇大。[3]然而，观乎孔子屏风所见其他文字，则与《史记·孔子世家》所载相吻合。因此，曹景年指出"六"字当为"十八"之误，[4]邵鸿则谓"六"乃"廿"字之讹。[5]此外，亦有可能缘于汉代有多于一种鲁国纪年之说法。无论如何，学者讨论之重点皆在

---

[1] 钱穆：《先秦诸子系年》（北京：商务印书馆，2002年），页2。孔子生年二说虽然只有一年之差，然而二千年来聚讼不休，钱穆云："今谓孔子生前一年或后一年，此仅属孔子私人之年寿，与世运之升降，史迹之转换，人物之进退，学术之流变，无足重轻如毫发。而后人于此，月之日之，考论不厌其详。而他学者，如老庄，如杨墨，则人之有无，世之先后，年之夭寿，茫不加察，晦沦终古，是乌足当知人论世之实哉？"（《先秦诸子系年》，页2。）此乃钱先生有感而发，知孔子生年虽然只差一年，然必细加考察，方可为实。
[2] 《孔子传》，页6—7。
[3] 详参王楚宁：《海昏侯墓孔子屏风浅释》，见复旦大学出土文献与古文字研究中心之"学者文库"，在2015/12/23 15:40:21 发布。浏览于2017/07/09。
[4] 详参曹景年：《海昏侯出土屏风所载孔子年岁蠡测》，见复旦大学出土文献与古文字研究中心之"学者文库"，在2016/1/16 13:47:02发布。浏览于2017/07/09。
[5] 详参邵鸿：《也谈海昏侯墓孔子屏风》，见复旦大学出土文献与古文字研究中心之"学者文库"，在2016/2/24 16:24:20发布。浏览于2017/07/09。

"鲁昭公六年"句当有问题,而非孔子是否生于前565年。司马迁以孔子生于襄公二十二年之说仍为今人学者之共识。

2. 孟懿子向孔子学礼

鲁昭公七年(前535年),孔子17岁,鲁大夫孟僖子病重,命继承人孟懿子往孔子处学礼。司马贞《史记索隐》云:"昭公七年《左传》云'孟僖子病不能相礼,乃讲学之,及其将死,召大夫'云云。按:谓病者,不能礼为病,非疾困之谓也。至二十四年僖子卒,贾逵云'仲尼时年三十五矣'。是此文误也。"司马贞以为司马迁有误,孟僖子卒于昭公二十四年(前518年),孔子当已34岁,司马迁却将此事系于17岁时。梁玉绳云:"鲁昭公七年孔子年十七,至昭二十四年孟僖子卒,孔子时年三十四,《左传》载僖子将死之言于昭七年,终言之也,而此即叙于孔子年十七时,是史公疏处,《索隐》、《古史》并纠其误。"①梁氏所言即指出司马迁系年有误,其说是也。然细究《孔子世家》此文,可见司马贞、梁玉绳等纠之太过。《孔子世家》言孔子十七岁时孟僖子诫其嗣他日要随孔子学习,但没有道出孟僖子死于何时。是以昭公七年僖子病,至二十四年卒,而其嗣孟懿子才往孔子处学礼。且司马迁所据,乃《左传·昭公七年》之文,此可见《史记》行文所本,并非司马迁妄意为之。钱穆云:"有《史》本有据,而轻率致误者。如《左传》昭公七年,记及孟釐子卒,《史》遂误为釐子卒在是年。《孔子世家》因云孔子年十七,孟釐子卒。"②孟僖子病重,与孟懿子往孔子处学礼,二事未必在同时

---

① 梁玉绳:《史记志疑》(北京:中华书局,1981年),卷25,页1115。
② 《先秦诸子系年》,自序,页27。

发生。

3. 孔子适周问老子

孔子与南宫敬叔前往周，见老子。此事在《史记》中并无确切纪年，据前后文观之，司马迁将此事置于孔子17岁至30岁之间。《孔子世家》云："鲁南宫敬叔言鲁君曰：'请与孔子适周。'鲁君与之一乘车，两马，一竖子俱，适周问礼，盖见老子云。"泷川资言云："曰盖曰云，未决之辞。孔子见老子，史公又载之于《老子传》，而自疑其有无，故用盖字云字。"[1]可见司马迁使用"盖"字"云"字，以明其闻疑载疑之情况，即是说虽未完全确实，但载之以广传异闻，有待日后学者作进一步的考证。孙德谦在《太史公书义法》有提及"载疑"一项："子长作史，颇识多闻慎言之旨矣。夫读书而不善疑，则义理必不能推求。但有疑而不知，姑从其阙，将自信过深，必有妄言之弊，亦非持慎之道也。"[2]"许叔重《说文序》有所谓闻疑载疑者，史书义法。即观于老墨之各载疑辞，不又有载疑之道与。"[3]闻疑而不废，具而载之，以待来者，司马迁所以云"盖见老子云"也。《庄子·天运》云："孔子行年五十有一而不闻道，乃南之沛见老聃。"此处《庄子》载孔子51岁时见老子，而《史记》系之于30岁以前。《庄子》所言，未必可信。钱穆云："孔子适周问礼于老聃，其事不见于《论语》、《孟子》。《史记》所载盖袭自《庄子》。

---

[1] 泷川资言：《史记会注考证》（北京：文学古籍刊行社，1955年），卷47，页14。
[2] 孙德谦：《太史公书义法》（台北：台湾中华书局，1985年），卷上，页23a-b。
[3]《太史公书义法》，卷上，页25a。

而《庄子》寓言十九，固不可信。"①《庄子》所言未可取信，故司马迁不系年于51岁，因其时孔子在鲁国出仕，不可能适周向老子提问。相较而言，司马迁将适周见老子事系于30岁以前，实属权宜之举，有理可参。陈直《史记新证》云："武梁祠画像、射阳石门画像皆有'孔子见老子画像'，与此可作参证。"②汉代画像多有"孔子见老子"之相关故事，可见司马迁载录此事，实属汉人识见，不应妄意非之。

4. 齐鲁夹谷之会

鲁定公十年（前500年），齐鲁夹谷之会，晏子在其中。《孔子世家》载齐鲁夹谷之会，其中"有司却之，不去，则左右视晏子与景公"句，③晏婴似乎参与了此事。清人张文虎谓《孔子世家》"又添出晏子一人，实属诬罔。按晏子代父桓子为大夫，在鲁襄公十七年，是时孔子尚未生，晏子已蔚为人望，言论丰采，远近传播，其非

---

① 《先秦诸子系年》，卷1，页6。
② 汉代画像石"孔子见老子"甚多，"国内已发现的汉画像石'孔子见老子'画像，主要出土于山东、陕西、河南、四川和江苏等省，其中以山东嘉祥等地区所见最多，约占已确认该画像总数的80%。据现有资料，山东地区出土的最早的一块'孔子见老子'画像石发现于乾隆五十一年（1786年），即清代书法家黄易等人发现的嘉祥武梁祠（也称武氏祠）所存'武氏前石室'、'武氏后石室'、'武氏祥瑞图'等二十余块画像石。"（郑立君、赵莎莎：《山东汉画像石〈孔子见老子〉图像分析》，《孔子研究》2013年第1期，页109。）巫鸿《武梁祠：中国古代画像艺术的思想性》对"孔子见老子"汉画像石析之甚详，尝及"学者将石刻视为证经补史的材料，对美术形象的解说便不可避免地建立在文献学基础之上"，下文即以"孔子见老子"石刻为例加以解说。（巫鸿：《武梁祠：中国古代画像艺术的思想性》，北京：三联书店，2006年，页53—54。）
③ 《史记》，卷47，页1915。

少年可知。乃阅五十六年，至鲁定十年而会于夹谷。时孔子已五十有二，晏子恐未必尚在，即在，亦未必能与谋此等事也。尝观《左氏》记晏子事极详，其所敷陈无不备载，乃自鲁昭二十六年以后，竟无一言一事见于内外传，意其人在昭、定之间已经物故"。[1]张氏所言有理。在《论语》里，"晏平仲善与人交，久而敬之"(5.17)，记载孔子曾尊称晏婴字平仲，又邢昺以为《论语·公冶长》全篇各章"大指明贤人君子仁知刚直"，[2]则晏婴当为孔子长辈。《史记·齐世家》云："四十八年，与鲁定公好会夹谷……景公惭，乃归鲁侵地以谢，而罢去。是岁，晏婴卒"。[3]齐景公四十八年，即鲁定公十年，指晏婴是年夹谷之会后去世。可见《孔子世家》谓景公与晏婴在夹谷之会上，与《齐世家》所言实相为表里。钱穆云："若谓晏子即以是年卒，何以《左传》于鲁昭二十六年以后，历十六年之久，更不载晏子一言一事乎？"[4]钱穆疑之有理。然而，《孔子世家》与《齐世家》所言能自圆其说，但晏子是否享高寿至八十多岁，实未可知。其实，齐鲁夹谷之会，《孔子世家》与《孔子家语·相鲁》、《左传·定公十年》、《穀梁传·定公十年》有所相合，今排比对读如下：

---

[1]张文虎：《螺江日记续编》，八杉斋刊本（清光绪八年），卷1《夹谷之会无晏婴》，页6a。
[2]《论语注疏》，载《十三经注疏（整理本）》，卷5，页59。
[3]《史记》，卷32，页1505。
[4]《先秦诸子系年》，卷1，页12。

一

《史记》	定公十年春,及齐平。夏,齐大夫黎鉏言于景公曰:"鲁用孔丘,其势危齐。"
《孔子家语》	
《左传》	
《穀梁传》	

二

《史记》	乃使使告鲁为好会,会于夹谷。
《孔子家语》	定公与齐侯会于夹谷。
《左传》	夏,公会齐侯于祝其,实夹谷。
《穀梁传》	夏,公会齐侯于颊谷。

三

《史记》	鲁定公且以乘车好往。孔子摄相事,
《孔子家语》	孔子摄相事,
《左传》	孔丘相,弥言于齐侯曰:"孔丘知礼而无勇,若使莱人以兵劫鲁侯,必得志焉。"齐侯从之。
《穀梁传》	公至自颊谷。离会不致,何为致也?危之也。危之则以地致何也?为危之也。其危奈何?曰:颊谷之会,孔子相焉。两君就坛,两相相揖,齐人鼓噪而起,欲以执鲁君,

四

《史记》	曰:"臣闻有文事者必有武备,有武事者必有文备。
《孔子家语》	曰:"臣闻有文事者必有武备,有武事者必有文备。

第一章 汉人眼中的孔子和孟子

五

《史记》	古者诸侯出疆，必具官以从。请具左右司马。"定公曰："诺。"
《孔子家语》	古者诸侯出疆，必具官以从，请具左右司马。"定公从之。

六

《史记》	具左右司马。会齐侯夹谷，为坛位，土阶三等，
《孔子家语》	至会所　　　，为坛　，土阶三等，

七

《史记》	以会遇之礼相见，揖让而登。献酬之礼　毕，
《孔子家语》	以　遇　礼相见，揖让而登。献酢　既毕，

八

《史记》	齐有司趋而进曰："请奏四方之乐。"景公曰："诺。"于是旍旄羽袚矛戟剑拨鼓噪而至。
《孔子家语》	齐使莱人以兵鼓　，劫定公。

九

《史记》	孔子趋而进，历阶而登，不尽一等，
《孔子家语》	孔子　历阶而进，以公退。
《左传》	孔丘　　　　　以公退，
《穀梁传》	孔子　历阶而上，不尽一等，

十

《史记》	举袂而言曰："吾两君为好会，
《孔子家语》	曰："士以兵之。　吾两君为好　，

28　孔孟以后的孔孟

《左传》	曰："士以兵之！　　　两君合好，
《穀梁传》	而视归乎齐侯，曰："两君合好，

十一

《史记》	夷狄之乐何为于此！请命有司！"有司却之，不去，则左右视晏子与景公。
《孔子家语》	裔夷之俘，敢以兵乱之，非齐君所以命诸侯也。裔不谋夏，夷不乱华，俘不干盟，兵不逼好，于神为不祥，于德为愆义，于人为失礼。君必不然。"
《左传》	而裔夷之俘以兵乱之，非齐君所以命诸侯也。裔不谋夏，夷不乱华，俘不干盟，兵不逼好，于神为不祥，于德为愆义，于人为失礼，君必不然。"齐侯闻之，遽辟之。将盟，齐人加于载书曰："齐师出竟而不以甲车三百乘从我者，有如此盟！"孔丘使兹无还揖对，曰："而不反我汶阳之田，吾以共命者，亦如之！"齐侯将享公。孔丘谓梁丘据曰："齐、鲁之故，吾子何不闻焉？事既成矣，而又享之，是勤执事也。且牺象不出门，嘉乐不野合。飨而既具，是弃礼也；若其不具，用秕稗也。用秕稗、君辱，弃礼，名恶。子盍图之！夫享、所以昭德也。不昭，不如其已也。"乃不果享。齐人来归郓、讙、龟阴之田。
《穀梁传》	夷狄之民何为来？为命司马止之。"

十二

《史记》	景公心怍，麾而去之。有顷，齐有司趋而进曰："请奏宫中之乐。"
《孔子家语》	齐侯心怍，麾而避之。有顷，齐　　　　奏宫中之乐，
《穀梁传》	齐侯逡巡而谢曰："寡人之过也。"退而属其二三大夫，曰："夫人率其君与之行古人之道，二三子独率我而入夷狄之俗，何为？"罢会。

十三

《史记》	景公曰："诺。" 优倡侏儒为戏而前。
《孔子家语》	俳优 侏儒 戏于前。
《榖梁传》	齐人使优施舞于鲁君之幕下，孔子曰："笑君者罪当死。"

十四

《史记》	孔子趋而进，历阶而登，不尽一等，
《孔子家语》	孔子趋 进，历阶而上，不尽一等。
《左传》	
《榖梁传》	

十五

《史记》	曰："匹夫而营惑诸侯者 罪当诛！请命有司！"
《孔子家语》	曰："匹夫 荧侮诸侯者，罪应诛，请右司马速加刑焉。"
《左传》	
《榖梁传》	

十六

《史记》	有司如法焉 ，手足异处。景公惧而动，
《孔子家语》	于是斩侏儒 ，手足异处。齐侯惧，
《左传》	
《榖梁传》	使司马行法焉，首足异门而出。

十七

《史记》	知义不若，归而大恐，告其群臣曰：
《孔子家语》	※齐侯 归 ，责其群臣曰：

30　孔孟以后的孔孟

《左传》	
《穀梁传》	

十八

《史记》	"鲁以君子之道辅其君,而子独以夷狄之道教寡人,
《孔子家语》	"鲁以君子　道辅其君,而子独以夷翟　道教寡人,使得罪。"
《左传》	
《穀梁传》	

十九

《史记》	使得罪于鲁君,为之奈何?"有司进对曰:
《孔子家语》	
《左传》	
《穀梁传》	

二十

《史记》	"君子有过则谢以质,小人有过则谢以文。君若悼之,则谢以质。"
《孔子家语》	
《左传》	
《穀梁传》	

二十一

《史记》	于是齐侯乃归所侵鲁之郓、　汶阳、龟阴之田以谢过。
《孔子家语》	于是　乃归所侵鲁之四邑及汶阳　之田。
《左传》	

第一章　汉人眼中的孔子和孟子　31

| 《穀梁传》 | 齐人来归郓、讙、龟阴之田者,盖为此也。因是以见虽有文事,必有武备,孔子于颊谷之会见之矣。|

据以上对读所见,《孔子世家》有关齐鲁夹谷之会之文,有与《孔子家语·相鲁》、《左传·定公十年》、《穀梁传·定公十年》互见。此事司马迁撰文当有所本。四书之中,《史记》与《孔子家语》之文字最为相近,二者当有承袭关系,或来源相同。然而《史记》"则左右视晏子与景公",他书皆未载,未知司马迁所据,故后世学者所疑有理,晏婴究竟有否参与其中,尚待更多证据加以证实。

5. 堕三都

鲁定公十三年(前497年),孔子堕三都。考诸《春秋》三传,诸家皆以为堕三都乃在定公十二年(前498年),与司马迁所记有误。钱穆云:"堕都之事,在定公十二年,《世家》误在十三年。"[1]余有丁云:"按《春秋》记定公十二年堕郈堕费,而《史》误以为十三年。《年表》定公十二年孔子去鲁,而《世家》又以为十四年孔子去鲁。前后矛盾,盖定公十二年孔子年五十四,由大司寇摄行相事,于是堕郈堕费,三月,鲁大治,齐人惧,馈女乐以阻之,孔子遂行。正值鲁十月有事于郊之日,其围成弗克,在冬十二月。此时孔子已去鲁矣。《史记》必误。"[2]余氏所言是也。故堕三都、孔子去鲁等事,司马迁编年当误。

---

[1]《先秦诸子系年》,卷1,页26。
[2]凌稚隆:《史记评林》(天津:天津古籍出版社,1998年),卷47,页9b–10a眉批。

32 孔孟以后的孔孟

6. 孔子去鲁

鲁定公十四年（前496年），孔子去鲁。《孔子世家》载孔子于定公十四年行摄相事，使鲁国大治。齐人以美女文马献乎鲁君，季桓子受之，且郊不致膰，遂使孔子去鲁。《史记·十二诸侯年表》记载鲁定公十二年："齐来归女乐，季桓子受之，孔子行。"与《孔子世家》载在定公十年不同。又，《十二诸侯年表》记载卫灵公三十八年（鲁定公十三年）"孔子来，禄之如鲁"、陈湣公六年（鲁定公十四年）"孔子来"。如按《孔子世家》之编年，孔子于定公十四年才离鲁，与《十二诸侯年表》载在定公十二年不同，更不可能在定公十三年适卫、定公十四年适陈。由是观之，《孔子世家》将孔子去鲁系于定公十四年，当误。崔述云："孔子之去鲁当在定十二年秋冬之间，《孔子世家》误也。又《十二诸侯年表》，去鲁亦在定十二年，与《鲁世家》合，当从之。"[1]崔说可从。

7. 孔子去曹适宋

《孔子世家》将此事系于鲁定公卒以后。《孔子世家》提及"孔子去曹适宋"，裴骃《集解》引徐广曰："《年表》定公十三年，孔子至卫；十四年，至陈；哀公三年，孔子过宋。"[2]鲁定公卒于前495年；而哀公三年已是前492年。《十二诸侯年表》载宋景公二十五年（鲁哀公三年），"孔子过宋，桓魋恶之"，[3]乃徐广所本。考《孔子

---

[1] 崔述：《洙泗考信录》，载《崔东壁遗书》（上海：上海古籍出版社，1983年），页288。
[2]《史记》，卷47，页1921。
[3] 又，《史记·宋微子世家》载宋景公"二十五年，孔子过宋，宋司马桓魋恶之，欲杀孔子，孔子微服去"，与《十二诸侯年表》系年相同。

世家》后文有"吴败越王勾践会稽",而此事当在吴王夫差二年,越王勾践三年,鲁哀公元年(前494年)。因此哀公三年孔子去曹适宋,自不可系于哀公元年,吴败越事前,当亦司马迁系年之误。

8. 陈蔡遇围

鲁哀公六年(前489年),孔门师弟子于陈、蔡之地遇围,孔子并与子路、子贡、颜渊对答。《孔子世家》载之如下:

孔子知弟子有愠心,乃召子路而问曰:"《诗》云'匪兕匪虎,率彼旷野'。吾道非邪?吾何为于此?"子路曰:"意者吾未仁邪?人之不我信也。意者吾未知邪?人之不我行也。"孔子曰:"有是乎!由,譬使仁者而必信,安有伯夷、叔齐?使知者而必行,安有王子比干?"

子路出,子贡入见。孔子曰:"赐,《诗》云'匪兕匪虎,率彼旷野'。吾道非邪?吾何为于此?"子贡曰:"夫子之道至大也,故天下莫能容夫子。夫子盖少贬焉?"孔子曰:"赐,良农能稼而不能为穑,良工能巧而不能为顺。君子能修其道,纲而纪之,统而理之,而不能为容。今尔不修尔道而求为容。赐,而志不远矣!"

子贡出,颜回入见。孔子曰:"回,《诗》云'匪兕匪虎,率彼旷野'。吾道非邪?吾何为于此?"颜回曰:"夫子之道至大,故天下莫能容。虽然,夫子推而行之,不容何病,不容然后见君子!夫道之不修也,是吾丑也。夫道既已大修而不用,是有国者之丑也。不容何病,不容然后见君子!"孔子欣然而笑曰:"有是哉颜氏之子!使尔多财,吾为尔宰。"

此文《孔子世家》系于哀公六年之后，孔子与弟子厄于陈蔡，知弟子有怨怒之心，因而召唤弟子并作提问。孔子以《诗·小雅·何草不黄》问之，意谓各人不是犀牛[①]、不是老虎，为什么要整天在旷野奔跑呢？是否我们所奉行之道理有误，否则怎么会沦落至此呢？子路、子贡、颜渊三人先后作答，其次序亦十分符合三人之性格，子路性格冲动，故先答；子贡聪明，因此继而作答；颜渊乃孔子最爱惜的学生，为人谨慎，因而最后作答。至于三人之答案，孔子尤其称赞颜渊，赞赏其不苟合取容的精神。此文非常精彩，可是《左传》、《论语》皆不载，未知司马迁所本。此事发生在陈、蔡之厄时，对于此事，前人讨论颇多。崔述云："陈、蔡之围，经传未有言者，独《庄子》书数数言之。后人相传之言盖本于此，不知庄子特讥孔子之好言礼义以自困其身，因有厄于陈、蔡一事，遂附会之以自畅其毁礼灭义之宗旨耳。其言既皆寓言，则其事亦安得遂以为实事也！《世家》、《家语》之文采之《庄》、《列》者半，当其在《庄》、《列》也，犹见有一二人以为异端而不信者；及其在《世家》、《家语》也，则虽名儒亦信之矣。"[②]崔述指出陈、蔡之厄一事出乎《庄子》，特以讥讽孔子而已。考诸《庄子》诸篇确有陈、蔡

[①]关于"兕"是否犀牛，前人争论不休。其中法籍神父雷焕章（Jean Almire Robert Lefeuvre）《兕试释》、杨龢之《中国人对"兕"观念的转变》皆以为"兕"即亚洲水牛之属，即今已灭绝的野生圣水牛，大抵可信。（雷焕章：《兕试释》，《中国文字》1983年新第8期，页84-110；杨龢之：《中国人对"兕"观念的转变》，《中国科技史学会会刊》2004年第7期，页10-18。）

[②]《洙泗考信录》，载《崔东壁遗书》，页302。

之厄事,[1]实崔说所本。其实,孔子厄于陈、蔡之事,司马迁所言未必无据。只是援《诗》提问,三弟子逐一回答之事,只见于《孔子家语·在厄》。《孟子·尽心下》中"君子之厄于陈蔡之间,无上下之交也"(14.18),便可见儒家经典亦有陈、蔡之厄事,故崔说尚可作补充。至于《孔子世家》与《孔子家语》之文,本为同源,二而为一。司马迁采用《庄子》、《列子》之文,后世不以为然者实不在少,崔说是也。江竹虚云:"孔子厄于陈、蔡一事,除《论语》、《世家》外,并见于《墨子》、《庄子》、《荀子》、《吕氏春秋》、《韩诗外传》、《说苑》、《论衡》、《风俗通》及《家语》,然皆传闻异辞。《墨子》、《庄子》所记,多为寓言;而《吕氏春秋》、《风俗通》似出于《庄子》。《韩诗外传》、《说苑》、《论衡》、《家语》诸家之说又似本诸《荀子》。"[2]以此观之,陈、蔡之厄,载籍甚多,司马迁所本,儒、道皆有之,未可深以为非;至于以《诗》提问三弟子之事,则未知所本。

9. 冉有与齐战

冉有为季氏将师与齐战于郎事。《孔子世家》有"是岁也,孔子年六十三,而鲁哀公六年也",后有两次"其明年"之文,准此,司马迁将此事系于鲁哀公八年也,而当时孔子65岁。裴骃《集解》引徐广曰:"此哀公十一年也,去吴会缯已四年矣。《年表》哀公十年,孔子自陈至卫也。"司马贞《史记索隐》曰:"徐说去会四年,是也。

---

[1] 在《庄子·天运》、《山木》、《让王》等篇俱有提及孔子厄于陈、蔡之事。
[2]《孔子事迹考》,页306。

按:《左传》及此文,孔子是时在卫归鲁,不见有在陈之文,在陈当哀公之初,盖《年表》误尔。"①据徐广说,是司马迁系年有误。梁玉绳云:"'其明年'三字误,当作'后四年',故徐广曰'此哀公十一年也,去吴会缯已四年矣。'"②据徐说,冉有为季氏将师之事当在哀公十一年(前484年),时孔子68岁。考诸《左传·哀公十一年》,齐侵鲁,冉有为季氏将师,与"齐师战于郊"。③此役之中,另一孔门弟子樊迟为冉有之右,二人率鲁师大破齐军。泷川资言比较《史记》与《左传》所载,以为"《左传》是"。④刘操南《史记春秋十二诸侯史事辑证》云:"十一年齐伐鲁。季氏用冉有有功。思孔子。孔子自卫归鲁。"刘氏亦以冉有为季氏将师一事系于哀公十一年。诸君所言是也,此司马迁系年有误。

考诸《孔子世家》有关孔子生平系年,其中引起后世学者有所争论的不在少数。上文所列九项,乃其大者而已。此中系年或误,亦有史事非出孔子生平,诸家辨解亦已详矣。凌约言云:"太史公叙孔子,自少至老必历详其出处,而必各记之曰时孔子年若干岁;其卒也则又叙其葬地与弟子之哀痛,叙鲁人之从冢而聚居与高皇帝之过鲁而祠,若曰孔子生而关世道之盛衰,没而为万世之典刑,故其反复恻怛如此。"⑤准此,是司马迁叙写孔子事迹,已就各事系年。当中虽或有可商之处,然其首事之功,在在可见,不当忽视。

①《史记》,卷47,页1934。
②《史记志疑》,卷25,页1132。
③《春秋左传注疏》,载《十三经注疏(整理本)》,卷58,页1906。
④《史记会注考证》,卷47,页66。
⑤《史记评林》,卷47,页33a-b。

三、司马迁为孔子立传之原委

《史记》130篇，其中包括《世家》30篇。司马迁云："二十八宿环北辰，三十辐共一毂，运行无穷，辅拂股肱之臣配焉，忠信行道，以奉主上，作三十世家"[1]可以立为世家者，皆是能够辅助君主之臣。司马迁敬重孔子，其父司马谈尝言"自周公卒五百岁而有孔子。孔子卒后至于今五百岁，有能绍明世，正《易传》，继《春秋》，本《诗》、《书》、《礼》、《乐》之际？意在斯乎！意在斯乎！小子何敢让焉"。[2]这是司马谈之遗愿，乃欲儿子远承孔子。事实上，孔子乃是司马迁的偶像，司马迁著述《史记》，亦多因袭孔子。[3]举例而言，孔子编著史籍文献，慎重而征信。《论语·为政》有言："多闻阙疑，慎言其余，则寡尤；多见阙殆，慎行其余，则寡悔。"司马迁本之，在《史记·高祖功臣侯者年表》指出："颇有所不尽本末，著其明，疑者阙之。"又如其以为孔子整理六经，编撰《春秋》，因此《史记》载事之依据，便是"学者载籍极博，犹考信于六艺"，[4]以六经所言作为史事是否可信的依据。再者，考诸《史记》全书，司马迁想见其人者唯二，一为孔子，二为屈原，[5]此亦可见其景仰

---

[1]《史记》，卷130，页3319。
[2]《史记》，卷130，页3296。
[3]孔子编撰《春秋》而绝笔于获麟，《太史公自序》则记司马迁"于是卒述陶唐以来，至于麟止"。(《史记》，卷130，页3300。)显见司马迁亦欲仿效夫子，其敬重夫子之情在在可见。
[4]《史记》，卷61，页2121。
[5]《史记·屈原贾生列传》："适长沙，观屈原所自沉渊，未尝不垂涕，想见其为人。及见贾生吊之，又怪屈原以彼其材，游诸侯，何国不容，而自令若是。"(《史记》，卷84，页2503。)司马迁此言亲至长沙汨罗江边，悲伤感叹，想见其人。

之心。

《世家》所载皆王侯将相,孔子无此位,司马迁于《孔子世家》中的"太史公曰"便直接道出其载入《世家》之原委:"天下君王至于贤人众矣,当时则荣,没则已焉。孔子布衣,传十余世,学者宗之。自天子王侯,中国言六艺者折中于夫子,可谓至圣矣!"可知孔子虽为一介平民布衣,然其世系井然,至汉尤存。刘咸炘谓之"传十余世,代有贤哲,故为世家",[①]刘说是也;至于孔子整理六经,对传统文化影响深远。此等重要性,实远超一般君王贤人,彼等可能在生之时荣宠至极,可是身后便无甚影响力;孔子则不然,故司马迁誉之为"至圣"而入《世家》。

至于细考《孔子世家》,司马迁对孔子多所称颂。孔子于鲁国出仕,但未为周臣。然其匡正乱世之心,欲恢复周文,重建社会秩序,为司马迁嘉赏。自平王东迁以后,周天子势力大不如前,诸侯力征,处士横议,礼崩乐坏,陪臣执国命。孔子生乎乱世,欲匡救时弊,重整秩序,《太史公自序》云:"周室既衰,诸侯恣行。仲尼悼礼废乐崩,追修经术,以达王道,匡乱世反之于正。见其文辞,为天下制仪法,垂六艺之统纪于后世。"准此,孔子亦属辅弼股肱之臣,能补弊起废,制天下之礼仪。在六经之中,孔子编撰《春秋》,垂空文以断礼仪,当一王之法,令乱臣贼子惧,最能体现世家所谓辅弼股肱之精神。《孔子世家》载有以下一段讨论《春秋》之文:

[①] 刘咸炘:《太史公书知意》,载黄曙辉编校:《刘咸炘学术论集(史学编上)》(桂林:广西师范大学出版社,2007年),页83。

子曰："弗乎弗乎，君子病没世而名不称焉。吾道不行矣，吾何以自见于后世哉？"乃因史记作《春秋》，上至隐公，下讫哀公十四年，十二公。据鲁，亲周，故殷，运之三代。约其文辞而指博。故吴楚之君自称王，而《春秋》贬之曰"子"；践土之会实召周天子，而《春秋》讳之曰"天王狩于河阳"：推此类以绳当世。贬损之义，后有王者举而开之。《春秋》之义行，则天下乱臣贼子惧焉。

司马迁引孔子所言，以为君子当有遗文以见后世，于是以鲁国史书为根本，编撰《春秋》。《春秋》一书上起鲁隐公元年，下至哀公十四年，包括鲁国十二诸侯之史事。是书以鲁国为记事中心，奉周室为正统，以前朝殷事为鉴，文字简炼而旨意博大。书中重视正统，故贬称吴王、楚王为"子"；晋文公召周天子在践土盟会，《春秋》讳之而称为"天王狩于河阳"。《春秋》以正统之标准去量度世间万事万物，后世读之，可使乱臣贼子知有所惧。朱东润《史记考索》云："史迁列孔子于世家，特以其立大经大法，为汉制作，虽身系周室之岁时，而功在汉家之社稷，斯则冠于萧、曹、张、陈之首可也。"[1]据朱说，是孔子为汉制法，有功社稷，度越萧、曹、张、陈等汉初功臣，故可次列世家。朱说可参。张新科亦云："《春秋》对《史记》影响深远"[2]。

司马迁置孔子于世家，另一重要原因乃在其编定六经，使后世学者能有所宗。《孔子世家》详列孔子整理旧籍之功："孔子之

---

[1] 朱东润：《史记考索》（香港：太平书局，1962年），页16。
[2] 张新科：《史记学概论》（北京：商务印书馆，2003年），页256。

时,周室微而礼乐废,《诗》、《书》缺。追迹三代之礼,序《书传》,上纪唐虞之际,下至秦缪,编次其事。……故《书传》、《礼记》自孔氏。""孔子语鲁大师:'乐其可知也。始作翕如,纵之纯如,皦如,绎如也,以成。'""吾自卫反鲁,然后乐正,《雅》《颂》各得其所。""古者《诗》三千余篇,及至孔子,去其重,取可施于礼义,上采契后稷,中述殷周之盛,至幽厉之缺,始于衽席,……三百五篇孔子皆弦歌之,以求合《韶》《武》《雅》《颂》之音。礼乐自此可得而述,以备王道,成六艺。"

司马迁为汉人,《史记》成于汉武帝在位之时,孔子所整理的典籍,对汉代学术影响深远。冯友兰《中国哲学史》分成上下两篇,上篇名为"子学时代",下篇名为"经学时代"。冯氏云:"自孔子至淮南王为子学时代;自董仲舒至康有为为经学时代。"[1]因此,司马迁对孔子编定六经,深表敬佩。《孔子世家》篇末谓"自天子王侯,中国言《六艺》者折中于夫子,可谓至圣矣!"[2]可见司马迁以为孔子整理旧籍,影响深远,超乎其他世家一体之王侯将相,故位列世家,固其然也。

司马迁既列孔子于世家,因亦详列孔子之时天下形势,与其他各篇世家写法相同。《孔子世家》记孔子生平,每与列国史事,尤其鲁国史事相提并论,例如:记孟僖子卒,孟懿子与南宫敬叔往孔子处学礼,"是岁,季武子卒,平子代立";[3]又如孔子30岁以前,当时

---

[1] 冯友兰:《中国哲学史》(香港:三联书店,1992年),下册,页8。
[2] 《史记》,卷47,页1947。
[3] 《史记》,卷47,页1908。

天下形势"是时也,晋平公淫,六卿擅权,东伐诸侯;楚灵王兵强,陵轹中国;齐大而近于鲁。鲁小弱,附于楚则晋怒;附于晋则楚来伐;不备于齐,齐师侵鲁。"①各国形势与孔子不甚相干,司马迁言之,纯属世家之体,详言诸侯更替而已。至若孔子42岁之时,"鲁昭公卒于干侯,定公立"。②除本篇写天下形势外,他篇世家亦有之,赵翼云:"孔子无公侯之位,而《史记》独列于世家,尊孔子也。凡列国世家与孔子毫无相涉者,亦皆书'是岁孔子相鲁'、'孔子卒',以其系天下之重轻也。其传孟子,虽与荀卿、邹忌等同列,然叙忌等尊宠处,即云:岂与仲尼菜色陈蔡、孟轲困于齐梁同乎哉!又云:卫灵公问阵,孔子不答;梁惠王谋攻赵,孟子称太王去邠,岂有意阿世苟合而已哉!皆以孔子、孟子并称,是尊孟子亦自史迁始也。"③

赵氏以为他国世家与孔子行事无涉者,亦皆书孔子该年某事,将史事与孔子生平事迹相互参照,正可反映司马迁以孔子系于"天下之重轻"。赵氏言是。举例如下:

《吴太伯世家》记吴王阖庐十五年时,曰:"十五年,孔子相鲁。"

《燕召公世家》记燕献公"十四年,孔子卒。"

---

①《史记》,卷47,页1910。
②《史记》,卷47,页1912。
③赵翼:《陔余丛考》(北京:商务印书馆,1957年),卷5,页86。

《陈杞世家》记陈湣公"二十四年,楚惠王复国,以兵北伐,杀陈湣公,遂灭陈而有之。是岁,孔子卒。"

《晋世家》记晋定公"十二年,孔子相鲁。"

《郑世家》记郑声公"二十二年,楚惠王灭陈。孔子卒。"

《魏世家》记"晋顷公之十二年,韩宣子老,魏献子为国政。……其后十四岁而孔子相鲁。"

准上所见,司马迁于各篇世家兼述孔子生平事迹,诚因孔子"系天下之重轻"也。姑勿论此等系年是否正确无误,然司马迁既以孔子为"至圣",则《孔子世家》之写作法亦世家之法也。

位列世家另一重要条件,乃能世其家也。上引刘咸炘谓孔子"传十余世,代有贤哲,故为世家"。[①]据《孔子世家》观之,益见刘说良是。《孔子世家》载孔子死后,其后嗣代不乏人:

孔鲤,字伯鱼,孔子儿子。

孔伋,字子思,孔子孙。

孔白,字子上,孔子曾孙。

[①]《太史公书知意》,载《刘咸炘学术论集(史学编上)》,页83。

孔求，字子家，孔子玄孙。

孔箕，字子京，孔子六代孙。

孔穿，字子高，孔子七代孙。

孔子慎，孔子八代孙。

孔鲋，孔子九代孙。

孔子襄，孔鲋之弟，孔子九代孙。

孔忠，孔子十代孙。

孔武，孔子十一代孙。

孔延年、孔安国，孔子十二代孙。[①]

准此所见，孔子及其子孙共十二代，时代从春秋至汉武，悉数列于《孔子世家》之中。司马迁谓"孔子布衣，传十余世"，此言不

[①] 以上据《史记·孔子世家》整理而成，详参《史记》，卷47，页1946–1947。《孔子世家》尚载有孔安国之子卬，卬之子驩，惟后世计算孔子族谱，多只列嫡长子长孙，孔武生延年、安国，知孔安国并非长子，故上文不复列孔卬、孔驩。

非。又，司马迁以为君王是"当时则荣，没则已焉"，取《史记》各篇世家而言，亦可得证。举例而言，《世家》首以《吴太伯世家》，吴王夫差二十三年，越灭吴，遂亡；《齐太公世家》载齐康公二十六年，"康公卒，吕氏遂绝其祀。田氏卒有齐国，为齐威王，强于天下"，其他诸国终皆灭祀。能传十余世至于汉世者，只有孔子，故司马迁位列其于世家自是非常合适。

司马迁将孔子位列世家，号为"至圣"，全然是对孔子的尊崇与歌颂。孔子的伟大，孔门学说的光辉，已然存在。但司马迁的推尊，使孔子在汉代走上了一个新的高峰，并得出汉代的孔子形象。

第二节 《论语》作为班固《汉书·古今人表》品评人物的标准

班固《汉书》多采经说，刘勰以为《汉书》乃"宗经矩圣之典"。汉代乃经学时代，阅读《汉书》，可见全书不时援引经说入文。《汉书》引用儒家经文甚伙，其中尤以《诗》、《书》、《论语》为甚。然而，在明引诸经以外，《汉书》各篇亦多以儒家精神编撰。在《汉书·艺文志·诸子略》中，班固历评九流十家之优劣，其中儒家"于道最为高"，他家即使有足称者，班固亦援引儒家经典颂之，一切皆以儒家为绳。

《论语》载有孔子及其子，以及154人之言行。在此154人里，其中29人为孔子弟子。其余125人之中,在孔子以前者共42人,与孔子同时者78人,时代不详者5人。

《汉书·古今人表》历记前人姓名,叙次九等,全篇收列上古至秦末人物各一千九百余人,王引之云:"《人表》所载,皆经传所有。"王氏言是。以下将详论《汉书·古今人表》与《论语》之关系,考证九品之分第,以及各第人物之排列,并论班固如何处理仅见《论语》之人物;最后,讨论部分人物未依《论语》列次之原因。

一、班固与儒家经学

班固《汉书》多采经说,刘知几云:"孟坚辞惟温雅,理多惬当。其尤美者,有典诰之风,翩翩弈弈,良可咏也。"①班固生时,经学大盛,为文著书莫不受经书影响。刘师培以为班固之文"多出自《诗》、《书》、《春秋》。故其文无一句不浓厚,其气无一篇不渊懿。"又云:"班固《汉书》不独表志纪序取法经说,即传赞亦莫不尔。就其文论,气厚而浓密,渊茂而含蕴,字里行间饶有余味,纯系儒家风格。"②

汉代乃经学时代,皮锡瑞云:"经学自汉元、成至后汉,为极盛时代。"③《汉书》自是多采经说入文。《汉书·叙传》谓《汉书》

---

① 范文澜:《文心雕龙注》(北京:人民文学出版社,1958年),卷4《史传》,页284;刘知几:《史通》(北京:中华书局据明万历五年[1577]张之象刻本影印,1961年),卷4《论赞》,页1下。
② 刘师培:《汉魏六朝专家文研究》(北京:商务印书馆,2010年),论各家文章与经子之关系,页139-140。
③ 又皮锡瑞云:"经学盛于汉;汉亡而经学衰。"(《经学历史》,页141。)同样指出汉代经学之鼎盛。

"起元高祖,终于孝平王莽之诛,十有二世,二百三十年,综其行事,旁贯五经,上下洽通,为春秋考纪、表、志、传,凡百篇",可知班固以为《汉书》能"旁贯五经",与经书关系密切。今考《汉书》引经之文甚众,倘以颜师古注释义为计算准则,可见《汉书》引《诗》334次、《书》232次、《易》199次。然在明引诸经以外,《汉书》各篇亦多以儒家精神编撰。举例而言,《史记》不为董仲舒立传,其事迹只见于《儒林列传》;及至《汉书》,纳入董仲舒《天人三策》,中有其建议武帝"罢黜百家,独尊儒术"之文。班固遂嘉其扬厉儒学之功,为之独立成传。又如游侠,《史记》、《汉书》虽同为之立传,司马迁以为其人"有足多者",[1] 班固则谓"不入于道德,苟放纵于末流,杀身亡宗,非不幸也"。[2]《史》《汉》立意相异,究其所以,乃因班固以儒家道德绳之。游侠乃"不入于道德",故其"杀身亡宗",实为宜也。梁宗华云:"班固用以品评古今人物及诸子学派的唯一标准便是儒家的思想学说。"[3] 在《汉书·艺文志·诸子略》中,班固历评九流十家之优劣,其中儒家"于道最为高",他家即使有足称者,班固亦援引儒家经典颂之,一切皆以儒家为绳。由是观之,班固《汉书》尊崇儒家,实不只以征引经书名字统之,儒家经学精神实贯串全书。

---

[1]《史记》,卷124,页3181。
[2]《汉书》,卷92,页3699。
[3] 梁宗华:《班固的儒学观对〈汉书〉的影响与制约》,载瞿林东主编:《汉书研究》(北京:中国大百科全书出版社,2009年),页367。案:此文原载于《东岳论丛》1999年第3期。

二、《汉书》引用《论语》之概况

在汉代,《论语》尚未成为经书,但已是重要的典籍。据王国维《汉魏博士考》所载,"汉时但有受《论语》、《孝经》,小学而不受一经者,无受一经而不先受《论语》、《孝经》者"[1],此可见《论语》之重要性。《汉书》引用《论语》者众矣,且每多见于传末的赞语之中,如在《景帝纪》赞语中:"斯民,三代之所以直道而行也。"此语实见《论语·卫灵公》。又如《楚元王传》赞语:"材难不其然与!"实见《论语·泰伯》。又如《樊郦滕灌傅靳周传》赞语:"犁牛之子骍且角,虽欲勿用,山川其舍诸?"实见《论语·雍也》。《王莽传》赞语,班固云:

王莽始起外戚,折节力行,以要名誉,宗族称孝,师友归仁。及其居位辅政,成、哀之际,勤劳国家,直道而行,动见称述。岂所谓"在家必闻,在国必闻","色取仁而行违"者邪?

所谓"在家必闻,在国必闻"、"色取仁而行违",皆见《论语·颜渊》,乃指出王莽欲邀名誉,实孔子所谓闻而非达之类。李威熊《汉书导读》云:"班固引用《论语》,品评人物,或证其说,或阐明事理;有明引,有暗引,常收画龙点睛之妙。其他在八表序中,也常依孔子意。"[2]且就唐人《汉书》颜师古注观之,《汉书》明引、暗

---

[1] 王国维:《汉魏博士考》,载《观堂集林》(北京:中华书局,1959年),卷4,页180。
[2] 李威熊:《汉书导读》(台北:文史哲出版社,1993年),页37。

引《论语》者众矣,师古注援引《论语》者多达262次,邓国光《颜师古的〈论语〉注解及其在思想史上的意义》亦尝详论师古注援引《论语》之特色,此处不赘。

三、《汉书·古今人表》以《论语》为评第人物之标准

今考《论语》所见人物甚多,《汉书·艺文志》云:"《论语》者,孔子应答弟子时人及弟子相与言而接闻于夫子之语也。当时弟子各有所记。夫子既卒,门人相与辑而论篹,故谓之《论语》。"证明《论语》有孔子与弟子时人之对话、孔门弟子间之对话。在对话之中,又多有涉及前人之评论。准此,《论语》所包括之人物有:孔子及其子孔鲤、孔门弟子、时人、前人。李零谓除了孔子及其子以外,《论语》尚载有154人之言行。[①]

在此154人里,其中29人为孔子弟子。其余125人之中,在孔子以前者共42人,与孔子同时者78人,时代不详者5人。《古今人表》历记前人姓名,叙次九等,全篇收列上古至秦末人物各一千九百余人。王引之云:"《人表》所载,皆经传所有。"[②]梁宗华云:"先秦儒家系统的代表人物几乎无一例外地排在上等。"[③]梁氏所言有理,惟泛泛而论,未及其本。《古今人表》排列古今人物之根据,乃在儒家经典,其中尤以《论语》最为重要,当为班固所本。梁玉绳

---

① 《丧家狗:我读〈论语〉》,页16。
② 王引之语,载王念孙:《读书杂志》(上海:上海古籍出版社,2015年),汉书第三,页536。
③ 梁宗华:《班固的儒学观对〈汉书〉的影响与制约》,载《汉书研究》,页367。

云："书首祖述夫子之言，《论语》中人物悉见于表，而他书则有去取。"①张蓓蓓《汉书古今人表对论语中人物的品第》即较为仔细分析《论语》对《古今人表》之影响，惟其文未有细致分论，且只以《论语》为本，未有考虑人物排名亦有与《论语》相异之例；至于利用前人研究成果，似亦尚可补充。②今考《论语》所记人物多有见于《古今人表》里，概述其统计数字如下：

首先，孔子弟子29人，其中24人见于《古今人表》，占总数83%。第二，在孔子以前者共42人，其中39人见于《古今人表》，占总数93%。第三，与孔子同时者78人，其中63人见于《古今人表》，占总数81%。最后，时代不详者5人，其中4人见于《古今人表》，占总数80%。总计《论语》全书154人里，《古今人表》尝载者130人，占总数84%。

《古今人表》各等人物之排列序次，皆依儒家经典之叙述。颜师古云："盖班氏自述所表先圣后仁乃智愚之次，皆依于孔子者也。"③又钱大昕云："此表为后人诟病久矣，予独爱其表章正学，有功名教，识见夐非寻常所能及。观其列孔子于上圣，颜、闵、子思、孟、荀于大贤，孔氏弟子列上等者三十余人，而老、墨、庄、列诸家降居中等，孔氏谱系具列表中，俨然以统绪属之。其叙次九等，祖述仲尼之言，《论语》二十篇中人物，悉著于表，而他书则有去

---

①梁玉绳：《人表考》，载《史记汉书诸表订补十种》（北京：中华书局，1982年），序，页1。
②张蓓蓓：《汉书古今人表对论语中人物的品第》，载《孔孟月刊》第24卷第3期（1985年），页35—41。
③《汉书》，卷20，页861。

取。后儒尊信《论语》，其端实启于此，而千余年来鲜有阐其微者，遗文具在，可复按也。古贤具此特识，故能卓然为史家之宗，徒以文章雄跨，百代推之，犹浅之为丈夫矣。"[1]颜氏、钱氏所言皆是，详见后文论述。张蓓蓓《汉书古今人表对论语中人物的品第》尝论及《古今人表》之人物品第与《论语》之关系，所论有理，惟因篇幅所限，未及详审。张文未有注意班固所评部分人物只见《论语》，或首见《论语》，此本为班固据《论语》立说之重要依据；该文亦未有参考梁玉绳等人有关《古今人表》之著述，稍有未安。此外，如曾子之次第、人物排列之序次全据《论语》，以及部分人物之排列不按《论语》所言等，张氏皆未有指出，此盖不暇而未至也。

1. 九等分类与《论语》

《古今人表》将人分九等，分别是：上上圣人、上中仁人、上下智人、中上、中中、中下、下上、下中、下下愚人。其中圣人、仁人、智人、愚人等，其分类准则俱可见诸《论语》。班固于《古今人表》序言之中，亦多番引用《论语》，以明其分等之依据。

圣人、仁人与智人

考诸《论语》，"圣"字出现8次，"仁"字出现109次。[2]"圣"乃儒家之最高品格，许人甚难。《论语·雍也》云：

---

[1] 钱大昕：《跋汉书古今人表》，载《潜研堂文集》（南京：江苏古籍出版社，1997年），卷28，页461。
[2] 字频统计据《论语逐字索引》之"全书用字表"。（何志华、刘殿爵、陈方正编：《论语逐字索引》。香港：商务印书馆，1995年。）

子贡曰:"如有博施于民而能济众,何如?可谓仁乎?"子曰:"何事于仁,必也圣乎!尧、舜其犹病诸!夫仁者,己欲立而立人,己欲达而达人。能近取譬,可谓仁之方也已。"(6.30)

子贡问博施济众之人能否称之为仁,孔子以为若能如是,已是圣矣。准则,乃圣高于仁。《古今人表》列尧、舜于上上圣人之列,正是合乎《论语》所言。是以清人阮元《论语论仁篇》云:"孔子论人,以圣为第一,仁即次之,仁固甚难能矣,'圣'、'仁'二字孔子皆谦不敢当"。又《论语·述而》云:

子曰:"若圣与仁,则吾岂敢?抑为之不厌,诲人不倦,则可谓云尔已矣。"公西华曰:"正唯弟子不能学也。"(7.34)

孔子自愧不可为"圣"与"仁",循此而求,亦可知二事甚高甚难。阮元云:"子贡视仁过高,误入圣域,故孔子分别'圣'字,将'仁'字降一等论之曰:'所谓仁者,己之身欲立则亦立人,己之身欲达则亦达人。'"可见"仁"后于"圣"。是以第一等为上上圣人、第二等为上中仁人,实据《论语》为之。

至于第三等上下智人,其实亦据《论语》:

阳货欲见孔子,孔子不见,归孔子豚。孔子时其亡也,而往拜之。遇诸涂。谓孔子曰:"来!予与尔言。"曰:"怀其宝而迷其邦,可谓仁乎?"曰:"不可。""好从事而亟失时,可谓知乎?"曰:"不可。""日月逝

矣,岁不我与。"孔子曰:"诺;吾将仕矣。"(17.1)

子张问曰:"令尹子文三仕为令尹,无喜色;三已之,无愠色。旧令尹之政,必以告新令尹。何如?"子曰:"忠矣。"曰:"仁矣乎?"曰:"未知;焉得仁?""崔子弑齐君,陈文子有马十乘,弃而违之。至于他邦,则曰:'犹吾大夫崔子也。'违之。之一邦,则又曰:'犹吾大夫崔子也。'违之。何如?"子曰:"清矣。"曰:"仁矣乎?"曰:"未知;焉得仁?"(5.19)

比合二章论之,阳虎先问孔子可谓仁乎,再问"知"乎,是知后于仁。此外,子张问孔子关于令尹子文和陈文子之为人,孔子皆答之以"未知,焉得仁",亦可见知后于仁。此"知"字,《吐阿363号墓8/1号写郑本》作"智",[①]《释文》:"知如字,郑音智。注及下同。"[②]可见郑玄注本知音智,知或作智。阮元《论语论仁篇》:

鲁国时人之论己皆以圣仁尊孔子,故孔子曰"则吾岂敢",阳货之言,亦因时论而难之也。又智者,仁之次,《汉书·古今人表》叙论九等,列智人于仁人下。子张以仁推令尹子文及陈文子,孔子皆答以未智焉得仁,明乎必先智而后能仁也。故阳货讽孔子仁智并称,孔子谦不敢当,非特不居仁,且不居智。

[①] 参自黄怀信:《论语汇校集释》(上海:上海古籍出版社,2008年),卷5,页427。
[②] 陆德明:《经典释文》(北京:中华书局,1983年),卷24《论语音义》,页5b。

阮氏以为据此二章，可知智居于仁之后，并援引《古今人表》叙论九等为据。今《论语》以令尹子文、陈文子居于第三等上下智人之列，正是据上引《论语》(5.19)而为之。因此，第一等上上圣人、第二等上中仁人、第三等上下智人之排列次序乃据《论语》而排列。

下下愚人

至于第九等下下愚人，《论语》亦有论述。《论语·阳货》提及："唯上知与下愚不移。"(17.3)孔子以为只有上等智者和下等愚人是改变不了的。所谓上智，乃上文第三等人；"下愚"则诚如班固于序中所引《论语》"困而不学"之类矣。朱熹注云："所谓下愚有二焉：自暴自弃也。人苟以善自治，则无不可移，虽昏愚之至，皆可渐磨而进也。惟自暴者拒之以不信，自弃者绝之以不为，虽圣人与居，不能化而入也，仲尼之所谓下愚也。然其质非必昏且愚也，往往强戾而才力有过人者，商辛是也。圣人以其自绝于善，谓之下愚，然考其归则诚愚也。"[1]据朱熹所言，下愚乃是自暴自弃之人，并举商纣作为例子。今《古今人表》正以商辛（纣王）列入第九等下下愚人[2]，与朱熹所言同。又《论语·季氏》：

孔子曰："生而知之者上也，学而知之者次也；困而学之，又其次也；困而不学，民斯为下矣。"(16.9)

---

[1]《四书章句集注》，论语集注，卷9，页176。
[2]《汉书》，卷20，页889。

孙星衍以为上知是"生而知之",下愚是"困而不学"。[①]《论语》以下愚为"民斯为下",正是《古今人表》列之第九等下下愚人所本。

2. 孔门弟子之次第

孔门十哲

据《史记·仲尼弟子列传》、《孔子家语·弟子解》所载,孔子弟子共77人。其言行有见于《论语》者29人,此中见于《古今人表》者共24人。《古今人表》孔门弟子之排序,亦以《论语》为准。

德行:颜渊,闵子骞,冉伯牛,仲弓。言语:宰我,子贡。政事:冉有,季路。文学:子游,子夏。(11.3)

孔门四科十哲,班固悉入《古今人表》上中仁人和上下智人之列。孔门尤尊德行,是以德行科之颜渊、闵子骞、冉伯牛、仲弓俱位列第二等上中仁人,而言语、政事、文学三科六哲俱位列第三等上下智人之列。[②]十人之排序,即由颜渊至子夏,亦与上引《论语》

[①] 孙星衍:《原性篇》,载《问字堂集》(北京:中华书局,1996年),卷1,页16。
[②] 《汉书》,卷20,页924–925。

(11.3)之序次完全相同。①

翁圣峰云:"《古今人表》在同一等第当中,虽然主要是以时间先后来安排人物,但吾人若比对《史记·仲尼弟子列传》这个疑问可能就可以迎刃而解,该列传里颜渊、闵子骞、冉伯牛、仲弓即被排在最前面,《仲尼弟子列传》即将曾子列在其父曾皙之前,颜渊列在其父颜路之前,《古今人表》即是承袭《史记》的安排方式而已。"翁氏所言可商。班固当直据《论语》入文,故列出"颜渊、闵子骞、冉伯牛、仲弓"之序次,而非据《史记·仲尼弟子列传》;至于曾参、颜渊及其父之排序,下文再论。

张蓓蓓以为"孔门弟子中,颜渊德行最高,勇于行仁","孔门十哲之中,颜、闵等四贤有'德行'之目,已经列在二等;其他予、赐、游、夏诸贤也各有所长"②。其实,孔门四科十哲以德行为尊,殆无异议,其他三科自在德行之后。大抵班固亦无意细究三科(言语、政事、文学)六哲是否在上下智人之列,"各有所长"与否皆不重要,只因三科不及德行而置于第三等。

---

①《古今人表》据《论语》立说,十哲之排序亦同。后刘义庆《世说新语》共有三十六篇,首四篇即为《德行》、《言语》、《政事》、《文学》,与《论语》(11.3)相同。惟《史记·仲尼弟子列传》载四科十哲,则先列"政事:冉有,季路",后方为"言语:宰我,子贡"(《史记》,卷67,页2185)。与《论语》有所不同。司马贞《史记索隐》云:"《论语》一曰德行,二曰言言,三曰政事,四曰文学。今此文政事在言语上,是其记有异也。"(《史记》,卷67,页2185。)
②张蓓蓓:《汉书古今人表对论语中人物的品第》,页36、页37。

冉有

《古今人表》次冉有于第三等上下智人之列。刘知几《史通·品藻》批评《古今人表》"进仲弓而退冉有",[1] 周寿昌《汉书注校补》云:

> 刘知几氏《史通·品藻篇》讥表中进仲弓而退冉有,求诸折中,厥理无闻。以仲弓第二,冉有第三也。不知班氏因冉有为季氏聚敛,夫子有鸣鼓而攻之语。季氏将伐颛臾,夫子有求乃尔过之责,故进彼而抑此。寿昌所谓班氏是非一以孔氏《论语》为断者此也。

周氏言是,尚可补充。据上引《论语·先进》(11.3)所列孔门十哲中,仲弓列德行科第四人,冉有居于政事之首,即在十哲之中排名第七。班固据《论语》十哲之序,依次录于《古今人表》,非因助季氏聚敛之过。

曾晳、曾参父子

曾晳,曾参之父,《古今人表》中居之第三等上下智人,后于其子曾参。曾参,世称曾子,有宗圣之称。其人较孔子小46岁。曾子自唐高宗时始有封赠,宋度宗时升列四配。惟在《古今人表》中,曾参只列第三等上下智人,不如德行四子位居第二等,亦后于三科六哲。梁玉绳云:

---

[1] 刘知几著、浦起龙通释:《史通通释》(上海:上海古籍出版社,2009年),卷7,页173。

孔门受道，唯颜、曾、子贡，则子贡尚宜居第二，与德行四贤齐列，何况曾子古人每称曰曾、骞，曰参、骞，曰闵、参，曰曾、颜，乃表置于颜、闵、二冉之下，刘知几尝讥之矣。①

梁氏所言可商。《古今人表》排序既本《论语》，《论语》以德行科四子居上中仁人之列，可知班固尊之；至若其他三科，孔门等而下之，故《古今人表》次之在上下智人之列。及至曾子，属孔子后期学生，不入四科十哲之列，是以不在第二等上中仁人之列，梁氏不明此理，故所论有失。杨慎云："传道者曾子，乃书于冉、闵、仲弓之下，盖不知曾子不与四科之故也"②。杨氏所言可谓真知灼见。且曾子地位之提升，初不在孔子之时。孔门四科以德行居首，而曾子之行为后世所称者，首曰其孝。惟较诸德行四子而言，曾子当时年纪太小，在孔门弟子中仅属后辈，故不得列德行之科。③再者，梁玉绳以为曾子地位显赫，应列为第二等，而以《荀子·性恶》曾、骞并称、《隶释》唐《扶颂富春丞张君碑》则云参、骞、《文选》潘岳《晋夏侯湛诔》题作闵、参、晋嵇含《台中安会诗》作曾、颜证之，然皆为后世文字，与孔门儒家原始之论，或未相合。此中《荀子·性恶》所引或与孔子较近，惟先秦文献引及曾子者，无有排列于闵子骞之前，故此文颇有问题。由是观之，曾子列于第三等上下

---

① 梁玉绳：《人表考》，载《史记汉书诸表订补十种》，卷3，页603。
② 杨慎所言，转引自凌稚隆：《汉书评林》（同治甲戌仲冬长沙魏氏养翮书屋校刊本），卷20，页48b。
③ 德行科四子，颜渊小孔子30岁，闵子骞小孔子15岁，冉伯牛小孔子7岁，仲弓小孔子29岁。曾子则小孔子46岁。

智人实属合理。又刘知几云:"若孔门达者,颜称殆庶,至于他子,难为等差。今先伯牛而后曾参,进仲弓而退冉有,求谁折中,厥理无闻。"①刘氏所言差矣。伯牛在德行科,乃孔门十哲,其排名自在曾参之上。又仲弓在德行科,冉有在政事科,其序次一如孔门四科之次序,无可足怪,刘氏所言亦属可商。又周寿昌云:

> 曾子于表中必列第二,后人传写误入第三也。观下隔子张一人即接书曾晳可见,盖班即偶尔疏忽,断无将父子先后倒置,且近在两三人也。此表中之一大纰缪,而实为未列曾子于此之一确证。表于孔门诸贤,颜闵称字,有子亦然,其不加号者,独有曾子一人,似亦推崇甚至。何缘抑置第三?是必传写时误将第二中之曾子脱漏,补书于此。又未细审列在晳前,此写官之失,决非班氏原次也。刘知几氏讥其进伯牛而抑曾子,未经综览前后,要知此误尚在唐前。②

周氏所言可商,未可尽信。首先,曾子列《古今人表》之第三等,乃因第一等上上圣人为孔子;第二等为孔门德行四子,第三等为十哲之其余六子,此据《论语》而立也。曾参不在十哲之列,居乎三等、次于十哲之后,宜也③。其次,不独曾参在其父前,颜渊亦然。此因颜渊在十哲之列,且孔子尝许之以仁,故列之在前,在上

---

① 《史通通释》,卷7,页173。
② 《汉书注校补》,卷13,页10a—10b。
③ 蔡云云:"德行四人在第二,言语、政事、文学六人在第三,曾子未列四科,故与子张并次子夏后,而适居曾晳前矣。"(蔡云:《汉书人表考校补》,载《史记汉书诸表订补十种》,页962。)蔡氏言是。曾参因未列四科,故次十哲之后;又因其德,而居父晳之前。

第一章 汉人眼中的孔子和孟子

中仁人之中。《古今人表》于时代相若者，多载录同一文献来源者，而不据齿排列。此其例也。今《史记·仲尼弟子列传》、《孔子家语·七十二弟子解》亦皆列颜渊、曾参于颜路、曾晳之前，此可见诸书皆与《论语》相类，先十哲而后诸子，论德而不以齿也。第三，周氏所谓传写之误者，文献无证，只属臆测之辞而已。

至于曾参何以不在十哲之列，前人亦有讨论，或可试从《论语》之分章入手。《论语·先进》提及"从我于陈蔡者，皆不及门也"（11.2），郑玄以为与"德行：颜渊，闵子骞，冉伯牛，仲弓。言语：宰我，子贡。政事：冉有，季路。文学：子游，子夏"（11.3）当合。[1]朱熹《集注》亦从郑说，并引程颐云："四科乃从夫子于陈、蔡者尔，门人之贤者固不止此。曾子传道而不与焉，故知十哲世俗论也。"[2]准此，所谓孔门十哲者，盖与孔子厄于陈蔡之弟子矣。[3]是以贤弟子如有不在十哲之列者，乃因不共此厄而已，非谓孔门之贤德者尽在于此。

曾晳在第三等上下智人之列，居其子曾参之后，梁玉绳云："晳叙在参之后，子先于父，不可解。"[4]梁氏以为曾晳为父，所居反而

[1] 陆德明云："郑云以合前章，皇别为一章。"（《经典释文》，卷24《论语音义》，页12b。）邢昺云："郑氏以合前章，皇氏别为一章。"〔《论语注疏》，载《十三经注疏（整理本）》（北京：北京大学出版社，2000年），卷11，页160。〕据此知郑玄本《论语》合此二章，皇侃《义疏》本则分之。
[2] 《四书章句集注》，论语集注，卷6，页123。
[3] 刘宝楠云："当时从游弟子，据《世家》有颜渊、子贡、子路，《弟子列传》有子张，《吕氏春秋·慎人篇》有宰予，此外皆无考。"〔刘宝楠：《论语正义》（北京：中华书局，1990年），卷14，页440。〕此中唯子张不在孔门四科十哲之列。
[4] 梁玉绳：《人表考》，载《史记汉书诸表订补十种》，卷3，页604。

后于其子曾参,实不可解。其实,《古今人表》并不全据各人生年先后为序,而实皆有所据。如上文所论,德行科之冉伯牛,小孔子7岁,颜渊、闵子骞皆较其年轻,然皆居伯牛之上。如据梁氏所论,则德行四子当以冉伯牛为首,次之为闵子骞,次之为仲弓,末则为颜渊矣。再者,《史记·仲尼弟子列传》、《孔子家语·七十二弟子解》皆先曾参而后曾皙①,可知《古今人表》之序次实非孤例。又如颜路,亦居其子颜渊之后,②可知班固排列孔门弟子时先据《论语》所言十哲而列,以《论语》为其文献依据,而后方及于诸弟子矣。

南容(第三等)与南宫敬叔(第四等)

《古今人表》并见南容(第三等)与南宫敬叔(第四等)之名。颜师古注南容云:"南宫縚也,字子容"③。其注"南宫敬叔"则云:"南宫适"④。据师古注,南容与南宫敬叔当为二人。夏燮云:

> 此表列南容、公冶长于三等。是即孔子以其兄之子妻之之南容也。此四等列南宫敬叔与孟懿子,是据《左传》懿子与师仲尼之南宫敬叔

---

①二篇皆叙孔门弟子生平事迹,其中《仲尼弟子列传》曾参排名12,曾皙排名19;《七十二弟子解》曾参排名12,曾皙排名23。可知二书皆先序曾参而后曾皙。
②颜路列第三等上下智人,梁玉绳云:"表次颜路于子渊之后甚远,亦失检。"(梁玉绳:《人表考》,载《史记汉书诸表订补十种》,卷3,页608。)梁氏不明班固本诸《论语》之旨,颜路所以后于颜渊者,乃因颜渊为孔门四科十哲之首,是以时代相若者,皆论德而不论齿,故颜渊先而颜路后也。
③《汉书》,卷20,页925。
④《汉书》,卷20,页925。

也。师古因臆度以绦为南容名,适为南宫敬叔名。证之《史记》,云南宫括,字子容。《索隐》引《家语》作南宫绦,以为即孟僖子之子仲孙阅也。是绦与适实一人,字子容,敬叔其谥也。郑注《檀弓》,以南宫敬叔为仲孙阅,杜注《左传》以敬叔为谥,朱子《集注》本之,确不可易。考《左传》昭七年,僖子属说与何忌于夫子。此僖子之遗命,称说与何忌,父名子例也。下云:故懿子与南宫敬叔师事仲尼。记者之词,因对文并举其谥。昭十一年,盟于祲祥,僖子反宿蓬氏,生懿子及南宫敬叔泉邱人。与七年对文称谥之例同。班氏未及考,第以载宝一事疑之,因下南容一等。然以《论语》尚德之言,则又何以异三复白圭之南容也。况《檀弓》诬圣门及其弟子,岂尽信之书哉![1]

夏氏以为"南容"与"南宫敬叔"当为一人,并以郑玄和杜预注为本,指出师古注纯为臆测,并非的论。

群弟子之始见《论语》者

《古今人表》所载孔门弟子众多,其中在第三等上下智人者,《古今人表》所据当系《论语》。此因彼等孔门弟子之言行,皆首见

---

[1] 夏燮:《校〈汉书〉八表》,载《史记汉书诸表订补十种》,页405。又梁玉绳亦以为南容与南宫敬叔二人"似属复见",持论与夏氏相近。梁玉绳云:"南宫适始见《书大传》。南宫又作南君,适本作括。南宫氏,括名。案《逸书·克殷解》有南宫忽、南宫百达。《史记》作南宫括。明杨慎《升庵集》谓即《论语》八士中之伯达、伯适、仲忽,皆南宫氏也。表于第四等列八士,而别出南宫适于上中,似属复见。但《晋语》四胥臣曰:文王询于八虞,谋于南宫。分作二科,表盖本此,当是别一人,不为重出。至《路史·后纪》十四注谓禹后有南氏官括为文王臣,封南阳侯,妄矣。"(梁玉绳:《人表考》,载《史记汉书诸表订补十种》,卷2,页553—554。)

《论语》,足见班固排序之根本。子张、子贱、公冶长、公西华、有若、漆雕启、澹台灭明、樊迟、巫马期、司马牛、子羔、颜路等皆在第三等,王先谦云:"宰我下见《论语》。"①皆指出《古今人表》之排序乃据《论语》。

孔门弟子之中,《古今人表》尝历评《论语》有载者24人,梁玉绳云:"案孔子弟子百余,即《史记》、《家语》所载亦77人,乃表所列不及其半,未测厥旨。"②梁氏所言可商未可尽信。今考《史记·仲尼弟子列传》虽载孔门弟子之名77人,其中有载录其事迹者仅29人,并悉数见诸《古今人表》之中,故梁说可补。其实,班固编撰《古今人表》,各人之等第必须有文献依据方可为之,故其表列孔门弟子亦只能参考《论语》、《史记·仲尼弟子列传》、《孔子家语·七十二弟子解》等具载事迹者,而非仅据弟子姓名而入表。

---

① 王先谦:《汉书补注》(上海:上海古籍出版社,2008年),卷20,页1093。此所谓宰我以下者,盖谓《古今人表》第三等上下智人自宰予以下,子贡、冉有、季路、子游、子夏、曾子、子张、曾皙、子贱、南容、公冶长、公西华、有若、漆雕启、澹台灭明、樊遟、巫马期、司马牛、子羔、原宪、颜路等俱见《论语》。自孔门政事科之宰予以后,至颜渊之父颜路,《古今人表》所列者皆与孔门儒家关系密切。又,在颜路以后,《古今人表》于第三等上下智人复列商瞿、季次、公良、颜刻等。此四人《论语》无载,其中商瞿始见《史记·仲尼弟子列传》、季次则始见《史记·游侠列传》、公良即公良孺,始见《史记·孔子世家》和《仲尼弟子列传》、颜刻亦始见《史记·孔子世家》。由是观之,《古今人表》排列既以《论语》为据,之后方取《史记》等典籍。
② 梁玉绳:《人表考》,载《史记汉书诸表订补十种》,卷2,页561。

列入之孔门弟子

孔门弟子众多,除《论语》外,《史记·仲尼弟子列传》、《孔子家语·七十二弟子解》等所载时有不同。

孔门弟子在《古今人表》、《史记·仲尼弟子列传》、《孔子家语·七十二弟子解》的序次

孔门弟子	《古今人表》等第	《论语》是否出现	《仲尼弟子列传》序次	《七十二弟子解》序次
颜渊	二	√	1	1
闵子骞	二	√	2	2
冉伯牛	二	√	3	3
仲弓	二	√	4	4
宰予	三	√	7	5
子贡	三	√	8	6
冉有	三	√	5	7
季路	三	√	6	8
子游	三	√	9	9
子夏	三	√	10	10
曾子	三	√	12	12
子张	三	√	11	11
曾晳	三	√	19	23
子贱	三	√	14	15
南容	三	√	17	21
公冶长	三	√	16	20
公西华	三	√	28	18
有若	三	√	27	17
漆雕启	三	√	23	26

孔门弟子	《古今人表》等第	《论语》是否出现	《仲尼弟子列传》序次	《七十二弟子解》序次
澹台灭明	三	√	13	13
樊迟	三	√	26	16
巫马期	三	√	29	31
司马牛	三	√	25	30
子羔	三	√	22	14
原宪	三	√	15	19
颜路	三	√	20	24
商瞿	三	×	21	25
季次	三	×	18	22
公良	三	×		27
颜刻	三	×		29
公伯寮	四	√	24	70
琴牢	四	√		33
申枨	五	√	57	
陈亢	五	√		39

除上表所载外，又有部分不在表中之列者，前人尝疑之为孔门弟子。林放，字子邱，春秋鲁国人，不载于《史记·仲尼弟子列传》与《孔子家语·七十二弟子解》，但文翁《礼殿图》将他列入孔子的弟子。按《论语·八佾》云：

> 林放问礼之本。子曰："大哉问！礼，与其奢也，宁俭；丧，与其易也，宁戚。"（3.4）

第一章 汉人眼中的孔子和孟子

郑玄注："林放，鲁人。"①不云其为孔子弟子。刘宝楠谓"《蜀礼殿图》以林放为孔子弟子，郑以《弟子传》无林放，故不云弟子"，②是刘氏亦不以林放为孔子弟子。后世注释本亦只注林放为鲁人，而不以为孔门弟子。③据《古今人表》，林放列于第五等，其位置与其他孔门弟子相差甚远，班固置之于子服景伯与陈司败之间，二人皆《论语》所载人物而已。据此，班固实不以林放在孔门弟子之列。

又如陈亢，《史记·仲尼弟子列传》不载陈亢，但是《孔子家语·七十二弟子解》则有之。今观《古今人表》置陈亢于第五等，其位置与其他孔门弟子相差甚远，班固置之于公明贾与子服景伯之间。据此，班固实不以陈亢在孔门弟子之列，与司马迁取态相同。《论语》虽有陈亢，大抵只是尝游于孔门，④并非孔门弟子。《史记·孔子世家》云："孔子以诗书礼乐教，弟子盖三千焉，身通六艺者七十有二人。如颜浊邹之徒，颇受业者甚众。"据此，颜浊邹自不在72人之列，司马迁不载陈亢为弟子，其情况大抵与颜浊邹相类。

《古今人表》具录陈亢以后，又有名为陈子禽者，俱在第五等；

---

① 《论语注疏》，载《十三经注疏（整理本）》，卷3，页32。
② 刘宝楠：《论语正义》（北京：中华书局，1990年），卷3，页83。
③ 举例而言，杨伯峻《译注》注林放为"鲁人"（页24）、钱穆《新解》注"鲁人。或曰孔子弟子"（页72）、潘重规《今注》谓"林放，鲁国人"（页40），皆不以林放为孔子弟子。安作璋《论语辞典》以为林放"相传为孔子弟子"，"皆出附会，不足据也"。（页187）
④ 《论语·季氏》16.13尝载陈亢问于孔子儿子孔鲤之事，其人仅见《论语》一次。

第六等又有名为陈子亢者。① 考《论语》，陈亢见《季氏》(16.13)、陈子禽则见《子张》(19.25)，陈子亢则未见之。陈亢，字子禽，故前人学者多以为《古今人表》误分为二人。夏燮云：

> 按《论语》子禽注引郑曰：子禽，弟子陈亢也。疏引《家语·七十二弟子解》云：陈亢字子禽，陈人，小孔子四十岁。是陈亢、陈子禽实一人，此表分二人，同列之五等，似以子禽别是一人。然《论语》子禽称陈始见《微子》。故表中于亢、子禽上皆加陈字。是班氏不据亢字子禽之说，而陈之是邑是姓，亦不见师古注中。至《史记·弟子列传》无陈亢名字，疑史迁主子贡弟子之说耳。②

夏氏以为陈亢与陈子禽当为一人，分之乃班固误载。又指出《史记·仲尼弟子列传》所以不载陈亢，乃因亢为子贡弟子，观《子张》(19.25)可知。又梁玉绳于"陈子禽"条下云：

> 案前陈亢，此陈子禽，后第六陈子亢，《绎史》以子禽重出，子亢为子车之讹。余谓《表》虽有重出，必无半幅之中，一人三见。盖此子禽乃子车之讹也。陈子亢是子车弟，《檀弓》甚明。子车、子亢，皆其字，与陈人名亢字子禽者判然不同。自郑注《檀弓》误云子亢，孔子弟子，遂认作一人矣。③

---

① 《汉书》，卷20，页934、页935、页936。
② 夏燮：《校〈汉书〉八表》，载《史记汉书诸表订补十种》，页409。
③ 梁玉绳：《人表考》，载《史记汉书诸表订补十种》，卷5，页733。

陈子亢见于《礼记·檀弓下》，与陈亢、陈子禽是否同为一人，难以评定。梁氏以为《古今人表》不当一人三见，当中自有文字之讹，其说可参，然却未有道出《古今人表》之编撰原则。陈亢唯见《论语》，陈子禽亦然，且勿论二人是否重出，然班固所列人名既以《论语》为本，则书中有二人之名，而《古今人表》悉录之。

又据《古今人表》所载，第三等上下智人之列，自宰予至于颜路等22人，皆为孔门弟子，并见载《论语》；可知班固乃据《论语》所记入文。惟商瞿、季次、公良、颜刻等四人，其事迹俱不见于《论语》。《史记·仲尼弟子列传》、《孔子家语·七十二弟子解》则有载其事，可知班固以《论语》为收录孔门弟子之第一依据，此后亦有参考各书，并补充数名弟子在后。准此，知班固虽以《论语》为本，仍不废其他相关典籍之记载，果良史之材也。

3.《论语》里其他人物之次第

殷之三仁

微子启为商之贵族，纣王之庶兄。屡向纣王进谏而不听。殷亡以后，降周。箕子亦为商之贵族，纣王叔父。劝谏纣王，不听反囚。武王克殷后释之，并问之以治国之道。比干乃殷宗室，纣时为丞相。犯颜直谏，终为纣王残杀。孔子尝评论三人，《论语·微子》云：

微子去之，箕子为之奴，比干谏而死。孔子曰："殷有三仁焉。"（18.1）

《古今人表》具列三人为第二等上中仁人，且按此序排列，可见班固所据乃系《论语》。

老彭与彭祖

《古今人表》置老彭于第三等上下智人，与商汤时代相若。老彭，一说为老子、彭祖二人；一说为彭祖；一说为孔子友人。杨伯峻疑老彭或即《大戴礼记·虞戴德》之商老彭，[①]实未可知。梁玉绳云："老彭始见《论语》、《大戴礼记·虞戴德》。殷贤大夫。亦曰殷彭。案老彭疑彭祖之裔，旧以为即彭祖，恐非。"[②]梁氏指出老彭本诸《论语》，其言是也。《论语·述而》云：

> 子曰："述而不作，信而好古，窃比于我老彭。"（7.1）

此即《古今人表》所本。又第二等上中仁人有女溃者，班固自注："陆终妃，生六子：一曰昆吾，二曰参胡，三曰彭祖，四曰会乙，五曰曹姓，六曰季连。"[③]其中可见彭祖，则班固以老彭与彭祖为二人。梁玉绳云：

> 彭祖乃彭姓之祖，与老彭为二人。老者，尊称，盖其裔也。故表列彭祖二等，老彭三等。彭祖绵寿永世，《庄子·释文》引晋崔譔、李颐注

[①] 杨伯峻：《论语译注》（香港：中华书局，1984年），页66。
[②] 梁玉绳：《人表考》，载《史记汉书诸表订补十种》，卷3，页573。
[③]《汉书》，卷20，页873-874。

第一章 汉人眼中的孔子和孟子

《荀子·修身》注并云：铿，尧臣，七百岁。《神仙传》云七百六十七岁，《列子·力命》云寿八百，《楚辞》注云事尧至八百岁，《水经注》、《庄子·释文》引《世本》同。《史·五帝纪》叙尧、舜十臣，置彭祖于禹、益、皋、夔之间，而颛顼传三百五十年，喾传四百年，加唐、虞一百五十年，政得八百。彭祖当生高阳中世，则寿七百较实。高诱注《吕子·情欲》、《为欲》、《执一》诸篇，皆言七百岁。《潜夫论·赞学》曰颛顼师老彭，犹云颛顼氏耳。若老彭是殷初人，表列成汤时，汉包咸《论语》注殷贤大夫，《大戴礼·虞戴德》称商老彭，《后汉书·张衡传》称殷彭，俱可取证。[1]

据梁说，彭祖与老彭为二人，故班固分而列之。其中彭祖以长寿见称，乃尧时之人；老彭则据包咸说、《大戴礼记》、《后汉书》等，盖为殷商早期贤人。

管仲

《古今人表》列管仲为第二等上中仁人。在《论语》中，孔子曾称许七人为仁[2]，其中论述较为详审有二，一为颜渊，二为管仲。《论语》有关管仲之评价具见以下四章：

子曰："管仲之器小哉！"或曰："管仲俭乎？"曰："管氏有三归，官事不摄，焉得俭？""然则管仲知礼乎？"曰："邦君树塞门，管氏亦树塞门。邦君为两君之好，有反坫，管氏亦有反坫。管氏而知礼，孰不知礼？"

---
[1] 梁玉绳：《人表考》，载《史记汉书诸表订补十种》，卷2，页531–532。
[2] 七人分别为微子、箕子、比干（18.1）、伯夷、叔齐（7.15）、管仲（14.9、14.16、14.17）、颜渊（6.7）。

(3.22)

或问子产。子曰:"惠人也。"问子西。曰:"彼哉!彼哉!"问管仲。曰:"人也。夺伯氏骈邑三百,饭疏食,没齿无怨言。"(14.9)

子路曰:"桓公杀公子纠,召忽死之,管仲不死。"曰:"未仁乎?"子曰:"桓公九合诸侯,不以兵车,管仲之力也。如其仁!如其仁。"(14.16)

子贡曰:"管仲非仁者与?桓公杀公子纠,不能死,又相之。"子曰:"管仲相桓公,霸诸侯,一匡天下,民到于今受其赐。微管仲,吾其被发左衽矣。岂若匹夫匹妇之为谅也,自经于沟渎而莫之知也?"(14.17)

如就《宪问》所引三章观之,孔子对管仲评价甚高,以为其不徇旧主(公子纠),反而辅佐桓公,能令百姓受其恩惠。时人似乎对管仲之行为有所非议,以为"未仁乎",惟孔子则谓管仲乃仁。阮元云:"管仲不必以死子纠为仁,而以匡天下为仁,盖管仲不以兵车会诸侯,使天下之民无兵革之灾,保全生民性命极多。仁道以爱人为主,若能保全千万生民,其仁大矣。故孔子极许管仲之仁,而略其不死公子纠之小节也。"[①]至于《八佾》所引,孔子明确批评管仲不知礼。准此,是管仲一人,而孔子评价迥异。徐刚以为"孔子责管仲以非礼,是就实际发生的事实而言;他许管仲以仁,是看到管仲

[①] 阮元:《论语论仁篇》,载阮元《揅经室集》(北京:中华书局,1993年),一集卷8,页190。

的实质,深明大义",①徐说有理可参。《古今人表》将管仲列为第二等上中仁人,明显是《宪问》所引三章之结论,班固以管仲为仁,实与孔子之想法相符。翁圣峰云:"在儒家之外,除管仲居二等,李悝、田子方、西门豹在三等,其他诸家均被列在四等以下。"②翁说可补。此因班固所据乃系《论语》,孔子既许管仲为仁人,则班固自是列之上中仁人,此实班氏据孔子立说之明证,而不在管仲本身是否儒家。

大师挚等八人

大师挚、亚饭干、三饭缭、四饭缺、鼓方叔、播鼗武、少师阳、击磬襄八人为古代乐官,具体生平事迹无考,惟《论语·微子》载文一章,如下:

> 大师挚适齐,亚饭干适楚,三饭缭适蔡,四饭缺适秦,鼓方叔入于河,播鼗武入于汉,少师阳、击磬襄入于海。(18.9)

大师为乐官之长,亚饭、三饭、四饭皆古代乐官名。古时天子、诸侯用饭时都得奏乐,故设众多乐官之职。鼓方叔,乃名方叔的击鼓者;鼗乃小鼓,两旁有耳,播为摇义,此人名武;少师乃乐官之佐,阳为人名;击磬襄或谓即师襄子也。《古今人表》八人按序并在

---

① 徐刚:《孔子之道与论语其书》(北京:北京大学出版社,2009年),页231。
② 翁圣峰:《〈汉书·古今人表〉试论》,载《辅仁国文学报》第13卷(1998年),页194。

第三等上下智人之列。据《古今人表》所载,班固以为八人约生活于商末周初之时。班氏以此八人纳入《古今人表》,八人之序次与《论语》之文全同,可见班氏之依据实为《论语》。

卫灵公及卫国众臣

孔子周游列国之时,多次访卫,时灵公为卫君,其人不能重用孔子,故孔子最终离卫返鲁。卫灵公无道,《论语·宪问》具言之,且《史记·孔子世家》载其"与孔子语,见蜚雁,仰视之,色不在孔子",《古今人表》次其为第九等下下愚人。《左传·襄公二十九年》谓"卫多君子,未有患也",可见即使灵公昏庸无道,然卫国多有德之士,遂使国不亡也。《古今人表》载有卫臣史鱼、公叔文子、仲叔圉、祝佗、王孙贾等,俱见《论语》。梁玉绳引钱大昕曰:"卫灵无道而不丧邦,由仲叔圉三人之力,故皆入第四等。此用《论语》说。"① 以下为《论语》引及卫臣之章节:

子曰:"直哉史鱼!邦有道,如矢;邦无道,如矢。君子哉蘧伯玉!邦有道,则仕;邦无道,则可卷而怀之。"(15.7)

子问公叔文子于公明贾曰:"信乎,夫子不言,不笑,不取乎?"公明贾对曰:"以告者过也。夫子时然后言,人不厌其言;乐然后笑,人不厌其笑;义然后取,人不厌其取。"子曰:"其然?岂其然乎?"(14.13)

---

① 梁玉绳:《人表考》,载《史记汉书诸表订补十种》,卷4,页665。

子言卫灵公之无道也，康子曰："夫如是，奚而不丧？"孔子曰："仲叔圉治宾客，祝鮀治宗庙，王孙贾治军旅。夫如是，奚其丧？"（14.19）

其中最宜关注为《宪问》（14.19），此章除言及卫灵公无道外，更道三位分工合作之卫臣，分别是仲叔圉、祝鮀、王孙贾。《古今人表》具列三人，皆在第四等，其序次与《论语》所载相同。至于史鱼素有正直之名，《孔子家语·困誓》更有载史鱼以"尸谏"之事。公叔文子为卫国大夫，在《左传·定公六年》、《十三年》、《礼记·檀弓下》有载其事。死后谥为"贞惠文子"。①《宪问》（14.13）所引谓公叔文子在适当时候才说话，高兴了才笑，应该取才取，行为适切，亦是有德之人。准此，《古今人表》列此卫臣五人，皆据《论语》所载。

伯夷、叔齐

伯夷与叔齐为兄弟，商末孤竹君之子，见载《论语》。知在《论语》以前，典籍所载无伯夷、叔齐之人。《论语》尝数次援引伯夷、叔齐，具见如下：

子曰："伯夷、叔齐不念旧恶，怨是用希。"（5.23）

冉有曰："夫子为卫君乎？"子贡曰："诺；吾将问之。"入，曰："伯夷、叔齐何人也？"曰："古之贤人也。"曰："怨乎？"曰："求仁而得仁，

---

①《礼记注疏》，载《十三经注疏（整理本）》，卷10，页340。

又何怨?"出,曰:"夫子不为也。"(7.15)

齐景公有马千驷,死之日,民无德而称焉。伯夷叔齐饿于首阳之下,民到于今称之。其斯之谓与?(16.12)

子曰:"不降其志,不辱其身,伯夷、叔齐与!"(18.8节录)

考《论语》引伯夷、叔齐四次,其中《述而》(7.15)所引最为重要。《述而》(7.15)言二人"求仁而得仁",可见孔子以仁称许二人,是以《古今人表》据此而厕夷、齐于第二等上中仁人之列。司马迁编撰《史记》,而为夷、齐立传,并援引《论语》(5.23、7.15)之文。许由、务光、伯夷、叔齐,皆古代有德之人,然许由、务光后世少人论之,伯夷、叔齐则多有讨论,司马迁以为正是孔子曾经论述之故。否则,伯夷、叔齐亦一如许由、务光等无人问津。

隐逸之士

孔子生时,礼崩乐坏,因欲救天下,遂周游列国。在周游列国过程之中,孔子多次遇上隐士,其实亦代表了当时天下士人出处进退之态度。《古今人表》载有仪封人、长沮、桀溺、丈人、何蒉、楚狂接舆等六人,具见《论语》,其文如下:

仪封人请见,曰:"君子之至于斯也,吾未尝不得见也。"从者见之。出曰:"二三子,何患于丧乎?天下之无道也久矣,天将以夫子为木铎。"(3.24)

长沮、桀溺耦而耕,孔子过之,使子路问津焉。长沮曰:"夫执舆者为谁?"子路曰:"为孔丘。"曰:"是鲁孔丘与?"曰:"是也。"曰:"是知津矣。"问于桀溺。桀溺曰:"子为谁?"曰:"为仲由。"曰:"是鲁孔丘之徒与?"对曰:"然。"曰:"滔滔者天下皆是也,而谁以易之?且而与其从辟人之士也,岂若从辟世之士哉?"耰而不辍。子路行以告。夫子怃然曰:"鸟兽不可与同群,吾非斯人之徒与而谁与?天下有道,丘不与易也。"(18.6)

子路从而后,遇丈人,以杖荷蓧。子路问曰:"子见夫子乎?"丈人曰:"四体不勤,五谷不分。孰为夫子?"植其杖而芸。子路拱而立。止子路宿,杀鸡为黍而食之,见其二子焉。明日,子路行以告。子曰:"隐者也。"使子路反见之。至则行矣。子路曰:"不仕无义。长幼之节,不可废也;君臣之义,如之何其废之?欲洁其身,而乱大伦。君子之仕也,行其义也。道之不行,已知之矣。"(18.7)

子击磬于卫,有荷蒉而过孔氏之门者,曰:"有心哉,击磬乎!"既而曰:"鄙哉,硁硁乎!莫己知也,斯己而已矣。深则厉,浅则揭。"子曰:"果哉!末之难矣。"(14.39)

楚狂接舆歌而过孔子曰:"凤兮凤兮!何德之衰?往者不可谏,来者犹可追。已而,已而!今之从政者殆而!"孔子下,欲与之言。趋而辟之,不得与之言。(18.5)

此中《论语》五章,皆奇人异士与孔子之对话。仪封人以为天下无道虽久,终将以孔子为木铎。长沮、桀溺乃避世之士,希望游说孔子和弟子归隐不仕。荷蓧丈人亦为不仕之隐者,直斥子路为"四体不勤,五谷不分"。荷蒉过门者亦隐士,孔子听其音而知其难以说服。楚狂接舆始见《论语》,其言今之从政者无可救药,以为孔子不应继续迷失。此等隐逸之士,《论语》皆载其事迹,因其人能与孔子相会,亦有德,故《古今人表》乃据《论语》而接连厕诸第四等。

4. 仅见于《论语》之人物

考之《汉志》,典籍散佚者十居其九,传世者实如吉光片羽,弥足珍贵。[1]有些人物仅见《论语》,《古今人表》既有载之,自是以之为本。翁圣峰云:"所评判的人物如果事迹明显,则智慧、道德、事功三者往往被拿来作为综合性判准。"[2]翁说不必然,此因人物即使事迹不明,惟先秦旧典有所记载,班固亦置于《古今人表》之中,此盖班固所本,不必待事迹详细然后方能明。

朱张、少连

朱张、少连,二人乃孔子称道之古逸民,言行无可考,生活年

---

[1] 陈登原云:"吾人但取《汉书·艺文志》以校《隋书·经籍志》,取《隋书·经籍志》以校金门诏之《明史经籍志》,取《明史经籍志》以校《四库总目》,则吾人对于先人之典籍沦亡,文献难征,不将为之泫然?曹倦圃言:'自宋以来,书目十有余种,粲然可观。按实求之,其书十不存四五。'今去曹氏时,又二百余年矣,其损失更可知已。"〔陈登原:《古今典籍聚散考》(上海:华东师范大学出版社,2010年),页3。〕此可知古籍散佚极多,今所存者不过十之一二而已。
[2] 翁圣峰:《〈汉书·古今人表〉试论》,页185。

代不详。二人惟见《论语》,少连亦尚见于《礼记·杂记下》。[1]梁玉绳以为《古今人表》载朱张、少连乃本诸《论语》,其言是也。二人见于《论语·微子》:

逸民:伯夷、叔齐、虞仲、夷逸、朱张、柳下惠、少连。子曰:"不降其志,不辱其身,伯夷、叔齐与!"谓"柳下惠、少连,降志辱身矣,言中伦,行中虑,其斯而已矣。"谓"虞仲、夷逸,隐居放言。身中清,废中权。我则异于是,无可无不可。"(18.8)

逸民乃"节行超逸"之人,[2]颜师古以为是"有德而隐处者"。[3]此中言及逸民七人,后分析其中六者,唯朱张不言。钱穆云:"盖朱张之言行,孔子时已无可得称,故孔子但存其名,不加论列耳。"[4]即使孔子之时已不知其事迹,然《古今人表》据《论语》而厕之第二等上中仁人之列。

达巷党人

达巷是街巷之名,党人是其所居之人。生卒年不详。《论语·子罕》云:

---

[1]《礼记·杂记下》云:"孔子曰:'少连、大连善居丧,三日不怠,三月不解,期悲哀,三年忧,东夷之子也!'"(《礼记注疏》,载《十三经注疏(整理本)》,卷42,页1398。)孔子以为少连善守孝道而知礼。
[2]何晏云:"逸民者,节行超逸也。"(《论语注疏》,载《十三经注疏(整理本)》,卷18,页288。)
[3]《汉书》,卷21上,页955。
[4]钱穆:《论语新解》(台北:东大图书公司,1991年第2版),页662。

达巷党人曰："大哉孔子！博学而无所成名。"子闻之，谓门弟子曰："吾何执？执御乎？执射乎？吾执御矣。"（9.2）

此章达巷党人称赞孔子，以为博学无所不能。梁玉绳云："达巷党人惟见《论语》。达巷者，党名，此党之人，即项橐也。又作项讬，亦曰后橐，亦曰太项，亦曰童子，七岁为孔子师。其人短折，十岁而亡。保定府满城县南门有先圣大王祠，号小儿神。"①梁氏谓达巷党人即项讬，即《战国策·秦策五》所谓"七岁而为孔子师"者。②古人姓名多有不同称呼，《古今人表》题为"达巷党人"，位厕第三等上下智人之列，乃班固据《论语》而立之证。

周之八士

周代有八位贤士，分别是伯达、伯适、仲突、仲忽、叔夜、叔夏、季随、季騧。③《古今人表》具列八人，紧接排列，皆在第四等，

---

① 梁玉绳：《人表考》，载《史记汉书诸表订补十种》，卷3，页610。
② 刘向集录：《战国策》（上海：上海古籍出版社，1998年），卷7，页282。
③ 此周之八士，时代不详。潘重规云："此八人，郑玄以为成王时，刘向、马融以为宣王时。相传是一个母亲连接生下来的四对双生子，所以依着伯、仲、叔、季的顺序排列，而且每对双生子的名字各自押韵。第一次生的，名字伯达、伯适。第二次生的，名叫仲突、仲忽。第三次生的，名叫叔夜、叔夏。第四次生的，名叫季随、季騧。但其详今已无考。"（潘重规：《论语今注》，台北：里仁书局，2000年，页416。）黄怀信云："此盖孔子举有周一代伯、仲、叔、季行之名士，各有二，故为八士，非一母所生，亦非一王之时人。"（《论语汇校集释》，卷18，页1657。）可见八士是否一母所生，人言人殊，莫衷一是。今姑存二说如上。

八人之序次与《论语·微子》(18.11)所次相同。其文如下:

> 周有八士:伯达、伯适、仲突、仲忽、叔夜、叔夏、季随、季騧。(18.11)

《论语》此章在言周代人才之盛。其中仲突之"仲",《古今人表》作"中";仲忽之"忽",《古今人表》作"曶"。王先谦指出"即《论语》'周八士'也",[①]皆明班固所本。

大夫僎等

大夫僎,公叔文子家臣,名僎。事迹无考。此人仅见《论语·宪问》。其文如下:

> 公叔文子之臣大夫僎,与文子同升诸公。子闻之,曰:"可以为'文'矣。"(14.18)

《古今人表》列大夫僎于第五等。钱大昕云:"即《论语》大夫僎。"[②]此人无其他事迹,唯《论语》载之,则《古今人表》所据必为《论语》。

[①]《汉书补注》,卷20,页1036。
[②]钱大昕:《廿二史考异》(南京:江苏古籍出版社,1997年),卷6,页144。

鲁大师

大师,乐官名。此处言鲁大师,即鲁国之乐官也。《论语·八佾》云:

> 子语鲁大师乐,曰:"乐其可知也:始作,翕如也;从之,纯如也,皦如也,绎如也,以成。"(3.23)

孔子告诉鲁国乐官演奏音乐之道理。《古今人表》厕鲁太师于第五等。梁玉绳云:"案此太师不定是师挚,故注疏但云乐官名。或疑《表》重出,非也。"[1]梁氏以为鲁太师与师挚是二人,考师挚见《论语·微子》(18.9),《古今人表》亦有之。《古今人表》据《论语》为文,自是以之为二人,梁说是也。孙国仁云:"非必太师挚也,表别列太师挚,此当是师金,见《庄子·天运》。《释文》李云:'师,鲁太师也,金,其名也。'"[2]孙氏以为鲁大师为师金,纯属臆测之辞。然鲁大师既只见于《论语》,则《古今人表》据以入文者必为此书,当无可疑。

又中中第五等的鲁太师、公明贾、陈亢、子服景伯、林放、陈司败、陈子禽、阳肤、尾生高、申枨、师冕等十一人俱见《论语》,可知班固编撰《古今人表》之依据。

---

[1] 梁玉绳:《人表考》,载《史记汉书诸表订补十种》,卷5,页732。
[2] 孙国仁:《汉书人表略校》,载《史记汉书诸表订补十种》,页1044。

公明贾

公明贾，朱熹《集注》以为"公明姓，贾名，亦卫人"。[1]《古今人表》厕于第五等。《论语·宪问》载有孔子与公明贾之对话：

子问公叔文子于公明贾曰："信乎，夫子不言，不笑，不取乎？"公明贾对曰："以告者过也。夫子时然后言，人不厌其言；乐然后笑，人不厌其笑；义然后取，人不厌其取。"子曰："其然？岂其然乎？"（14.13）

孔子与公明贾讨论公叔文子之为人。李零云："《集注》推测是卫人，姓公明，名贾。《礼记》的《檀弓上》、《祭仪》有公明仪，《孟子》的《滕文公上》、《滕文公下》和《万章上》有公明仪、公明高。公明确实是氏。卫有公孟氏，如公孟絷（卫灵公的兄弟）、公孟彄（公孟絷的儿子）。齐也有公孟绰。古书中，明、盟、孟是通假字，如孟津作明津或盟津，古文字也有把作行辈字的孟写成盟的例子。公明氏疑是公孟氏。"[2]据李零说，公明、公盟、公孟相通，公明贾或于其他文献有征。然而，《古今人表》引作公明贾，即仅见于《论语》者，可见班固撰表之所重及依据。

《古今人表》尚有载录其他唯见《论语》之人物，如林放、陈司败、阳肤、师冕、齐伯氏、厥党童子、卫公孙朝、尾生畮、互乡童子等。此等人物只见《论语》，必为班固编撰《古今人表》所参。

---

[1]《四书章句集注》，论语集注，卷7，页152。
[2]《丧家狗：我读〈论语〉》，附录，页109。

5. 《古今人表》与《论语》评价有异

孔子不居圣而位列上上圣人

《古今人表》将人物分为九等，其中第一等为上上圣人，班固重儒术，故列孔子于第一等，并题为"仲尼"。且孔子亦为全篇最后一位圣人。然而，在《论语》里，孔子多次否认自己是圣人，只强调是好学不已之人而已，《论语·公冶长》："十室之邑，必有忠信如丘者焉，不如丘之好学也"（5.28）。孔子甚至清楚直接指出"若圣与仁，则吾岂敢？"（7.34节录），可知孔子并不以自己为圣人或仁人。班固如据《论语》编撰《古今人表》，则不当厕孔子于第一等上上圣人之列。

孔子在生之时，时人弟子已有称其为"圣人"者。《论语·子罕》云：

大宰问于子贡曰："夫子圣者与？何其多能也？"子贡曰："固天纵之将圣，又多能也。"子闻之，曰："大宰知我乎！吾少也贱，故多能鄙事。君子多乎哉？不多也。"（9.6）

子贡指出上天让孔子成为大圣，又多才多艺。至孔子死后，后学便开始树圣，而自以为圣人之徒。《孟子·公孙丑上》云：

昔者子贡问于孔子曰："夫子圣矣乎？"孔子曰："圣则吾不能，我学不厌而教不倦也。"子贡曰："学不厌，智也；教不倦，仁也。仁且智，夫子既圣矣。"（3.2节录）

第一章 汉人眼中的孔子和孟子

在这里，孔子曾表示不愿当圣人，自己只是学之不厌和教而不倦。可是，子贡还是一厢情愿指出孔子既仁且智，便是圣人矣。此话是否真出子贡，不得而知。此因上引《论语·述而》（7.34）之文并无子贡之答语，然则此处子贡直言孔子"既圣"，或出孟子之润饰。到了汉代，司马迁编撰《史记·孔子世家》，文末曰："天下君王至于贤人众矣，当时则荣，没则已焉。孔子布衣，传十余世，学者宗之。自天子王侯，中国言六艺者折中于夫子，可谓至圣矣！"①司马迁已直呼孔子为"至圣"矣。《汉书》乃继《史记》而作，班固自然承继司马迁对孔子之评价，因而列孔子为上上圣人，而不依从《论语》之说法。翁圣峰谓《古今人表》"肯定了以孔子为首的儒家地位，彰显孔子绍继前圣的历史地位，使得数千年以儒家为历史文化的重心更加稳固"。②

子产列为第二等上中仁人

公孙侨，字子产，郑大夫，《论语》凡三见。三段文字具列如下：

子谓子产，"有君子之道四焉：其行己也恭，其事上也敬，其养民也惠，其使民也义。"（5.16）

子曰："为命，裨谌草创之，世叔讨论之，行人子羽修饰之，东里子产润色之。"（14.8）

---

①《史记》，卷47，页1947。
②翁圣峰：《〈汉书·古今人表〉试论》，页187。

或问子产。子曰:"惠人也。"问子西。曰:"彼哉!彼哉!"问管仲。曰:"人也。夺伯氏骈邑三百,饭疏食,没齿无怨言。"(14.9)

《论语·公冶长》所载者,乃言子产之德。《宪问》14.8者,言郑国制定外交辞令十分审慎,子产是最后把关之人。至于《宪问》14.19条,据此而知管仲当较子产为佳,但《古今人表》置二人于第二等上中仁人之部。孔子以管仲为仁,则班固置管仲于上中仁人乃为合理。而班固亦置子产于仁人之列,则与《论语》原意不合。司马迁《史记·郑世家》云:"二十三年,诸公子争宠相杀,又欲杀子产。公子或谏曰:'子产仁人,郑所以存者子产也,勿杀!'乃止",又《太史公自序》云:"子产之仁,绍世称贤。"可见司马迁以为子产为仁者,则《古今人表》厕子产于上中仁人之列,未必据之《论语》,或实参诸《史记》。

齐桓公(第五等)、晋文公(第四等)

齐桓公、晋文公皆为春秋五霸,据《论语·宪问》所载,孔子对二人之评价大抵以齐桓公较高。其曰:

子曰:"晋文公谲而不正,齐桓公正而不谲。"(14.15)

谲,诡诈;正,正直。晋文公之诡诈,如《左传·僖公二十八年》天王狩于河阳之事,晋文公实召天子而使诸侯朝之,以臣召君。齐桓公之正直,则如《左传·僖公四年》所载,齐桓公伐楚,责其苞茅不入于周室，义正词严。据此大抵孔子以为齐桓公较晋文公为佳。然而，《古今人表》厕齐桓公于第五等，晋文公为第四等，与《论语》之评价显有不同，又篇首云："齐桓公，管仲相之则霸，竖貂辅之则乱。可与为善，可与为恶，是谓中人"。可知齐桓公易受大臣唆摆，乃中中之人，贤人辅之则善，无德者辅之则恶。班固特于篇首加以说明，知其不以《论语》所载为据矣。朱一新《汉书管见》云："齐桓晚节不终，故居于次。管仲相之则伯，竖刁辅之则乱，可善可恶，是为中人列于五等之故。班氏已明言之矣。桓之伯由于仲，今列仲于上中，则非不知伯首之功盛也。仲列于仁人，即孔子许仲为仁之意。"①朱氏以为班固列管仲于第二等上中仁人，列齐桓公于第五等，乃在表明管仲之功。

甯武子（第二等）

甯武子，卫国世卿，名俞。其事见《左传》及《论语》。《古今人表》列之为第二等上中仁人。《论语·公冶长》之文如下：

子曰："甯武子，邦有道，则知；邦无道，则愚。其知可及也，其愚不可及也。"（5.21）

准此，孔子以为甯武子为智人，则班固如据《论语》立说，甯武子应只列于上下智人之列。张蓓蓓以为班固亦推崇甯武子，"亦列

---

①朱一新：《汉书管见》，载吴平、曹刚华、查珊珊辑：《汉书研究文献辑刊》（北京：国家图书馆出版社，2008年），第六册，卷2，页15b。

在二等。所谓知可及而愚不可及,宁武子若居于三等'智人'之列,似乎便不足以见出其人的超卓了"。①其实,《论语》不过是《古今人表》所参考众多典籍之一,班固虽主《论语》,却不必只据《论语》,其以甯武子为仁人,定必另有所据。

第三节 汉人对孟子思想的呈现
——孟母故事与孟子学说

　　孟母姓名,史书无载。延祐三年(1316年),元仁宗追封孟子父为邾国公,母为邾国宣献夫人,不称姓名。明代成化十八年(1482年),刘濬《孔颜孟三氏志》始谓"孟子之父激公宜,母仉氏,或云李氏",及后明清两代普遍使用。孟母是孟子的母亲,后世多以为孟母影响孟子甚深,如刘向所编《列女传》:"孟子长,学六艺,卒成大儒之名。君子谓孟母善以渐化"。据此,是孟子之学术,其光辉之人格,皆承传自其母。细究孟子之学术渊源,授受不明,或谓私淑诸人,或谓受自子思之门人,至其家学,罕有所论。杨伯峻说:"关于他的父母,我们知道得很少。"②孟母故事,主要见于《韩诗外传》和刘向所编《列女传》。下文即以此等记述为主线,讨论孟母故事与孟子学说之关系,并略述孟母故事出现之因由。

---

① 张蓓蓓:《汉书古今人表对论语中人物的品第》,页36。
② 杨伯峻:《孟子译注》(北京:中华书局,1960年),导言,页1。

一、汉代之孟母故事

孟子是战国中后期人,除了《孟子》以外,其事迹亦见战国秦汉其他典籍。如《战国策·燕策一·燕王哙既立》便载有孟子说齐宣王之辞;《荀子·非十二子》有荀子批评思孟学派之语。孟母则不然,其人虽然早于孟子,但先秦典籍全无孟母之记载。今所见孟母事迹,最早为西汉韩婴所编《韩诗外传》,以及刘向所编《列女传》。此后孟母事迹逐渐发展,成为中国古代母亲教子之典范。《韩诗外传》云:

> 孟子少时诵,其母方织,孟辍然中止,乃复进,其母知其喧也,呼而问之曰:"何为中止?"对曰:"有所失复得。"其母引刀裂其织,以此诫之,自是之后,孟子不复喧矣。孟子少时,东家杀豚。孟子问其母曰:"东家杀豚何为?"母曰:"欲啖汝。"其母自悔而言曰:"吾怀妊是子,席不正不坐,割不正不食,胎教之也。今适有知而欺之,是教之不信也。"乃买东家豚肉以食之,明不欺也。《诗》曰:"宜尔子孙绳绳兮。"言贤母使子贤也。(卷九)

《韩诗外传》的作者为韩婴,《史》、《汉》具载其事。其人乃文帝时博士,景帝时为常山王太傅,武帝时尝与董仲舒论于上前。总之,韩婴编撰《韩诗外传》之时,不会后于汉武帝。此亦今所首见孟母故事。此言孟母事迹者二,一为断机教子,二为买豚明信。二者之中,断机教子之事后见《列女传·母仪传》,文字有详略之分;

买豚明信事则仅见《韩诗外传》。①又,买豚明信一事,似乎本于《韩非子·外储说左上》,但买豚明信的却非孟子母亲而是曾子,其曰:

> 曾子之妻之市,其子随之而泣。其母曰:"女还,顾反为女杀彘。"妻适市来,曾子欲捕彘杀之。妻止之曰:"特与婴儿戏耳。"曾子曰:"婴儿非与戏也。婴儿非有知也,待父母而学者也,听父母之教。今子欺之,是教子欺也。母欺子,子而不信其母,非所以成教也。"遂烹彘也。(32.71)

此言曾妻上市集,小孩子跟在后面哭泣。曾妻欺骗孩子,说自己会在市集上杀猪回来吃。可是,回来以后,曾妻并没有这样做,曾子却打算捉猪而杀之。曾妻以为不过是和小孩开玩笑,不必在意。曾子反对,以为小孩并不是开玩笑的对象。小孩知识尚浅,父母怎样他们便会学着怎样。欺骗了孩子,便是教之学会骗人。母亲欺骗孩子,以后孩子便不相信母亲了,此并非合适的教育方法。于是,曾子遂杀猪而烹之以明信。两者不同之处,乃在曾子是杀猪而食,孟母则是买东家豚肉而食之。惟情节之相类,或可为孟母故事之渊源张本。

及至成帝之时,刘向《列女传》所载孟母故事更为丰富。《列

---

①陈士珂《韩诗外传疏证》(台北:新文丰出版公司据文渊楼丛书本影印,1989年),卷9,页1a-2a。载有《韩诗外传》之互见文献,其中卷9此段有关孟母之文,亦仅载录《列女传》断机教子之文,明先秦两汉传世文献之中,仅有此文与《外传》之文互见。

女传》共有七篇,分七大主题,分别是母仪、贤明、仁智、贞顺、节义、辩通、孽嬖。《列女传·母仪传》载录十五人,皆是帝王贤人之母,有益于后嗣,功劳极大,孟母即在其中。黑田彰谓《列女传》"收集了可作为'兴国显家'之榜样的'贤妃、贞妇'的故事"。[1]郑先彬云:"《列女传》中记述三十位母亲的事迹,其中《母仪》十五位,《仁智》七位,《节义》六位,《辩通》二位。在她们中,有仁明贤德的国母,有通达知礼的卿相之母,有好善慕义的民间母亲,还有守节执事的保母及乳母。刘向以极大的热情讴歌了这些母亲形象,一些母亲的嘉言懿行,千载之下,犹令人感奋不已。"[2]"《列女传》中还刻画了一些通达知礼、善于教化的慈母形象。她们在儿子出生后,有意识地培养儿子的高尚品德,教给他们合乎社会要求的礼节,使他们成为德才兼备、有益于社会的人。"[3]"《邹孟轲母》中的孟轲之母,堪称是中国历史上最典型的母亲。"[4]

《列女传·母仪》载有《邹孟轲母》,其中述及孟母四事,每事之后或引《诗》,以明孟母之德。今具载其文如下:

邹孟轲之母也,号孟母。其舍近墓,孟子之少也,嬉游为墓间之事,踊跃筑埋。孟母曰:"此非吾所以居处子。"乃去,舍市傍。其嬉戏为贾人

---

[1] 黑田彰:《列女传图概论》,载《中国典籍与文化》第八十六期(2013年),页107。
[2] 郑先彬:《刘向〈列女传颂图〉研究》(南京:凤凰出版社,2013年),页169–170。
[3] 郑先彬:《刘向〈列女传颂图〉研究》,页171。
[4] 郑先彬:《刘向〈列女传颂图〉研究》,页171。

衒卖之事。孟母又曰:"此非吾所以居处子也。"复徙舍学宫之傍。其嬉游乃设俎豆,揖让进退。孟母曰:"真可以居吾子矣。"遂居。及孟子长,学六艺,卒成大儒之名。君子谓孟母善以渐化。《诗》云:"彼姝者子,何以予之?"此之谓也。

孟子之少也,既学而归,孟母方绩,问曰:"学所至矣?"孟子曰:"自若也。"孟母以刀断其织。孟子惧而问其故,孟母曰:"子之废学,若吾断斯织也。夫君子学以立名,问则广知,是以居则安宁,动则远害。今而废之,是不免于厮役,而无以离于祸患也。何以异于织绩而食,中道废而不为,宁能衣其夫子而长不乏粮食哉?女则废其所食,男则堕于修德,不为窃盗,则为虏役矣。"孟子惧,旦夕勤学不息,师事子思,遂成天下之名儒。君子谓孟母知为人母之道矣。《诗》云:"彼姝者子,何以告之?"此之谓也。

孟子既娶,将入私室,其妇袒而在内,孟子不悦,遂去不入。妇辞孟母而求去,曰:"妾闻夫妇之道,私室不与焉。今者妾窃堕在室,而夫子见妾,勃然不悦,是客妾也。妇人之义,盖不客宿。请归父母。"于是孟母召孟子而谓之曰:"夫礼,将入门,问孰存,所以致敬也;将上堂,声必扬,所以戒人也;将入户,视必下,恐见人过也。今子不察于礼,而责礼于人,不亦远乎?"孟子谢,遂留其妇。君子谓孟母知礼而明于姑母之道。

孟子处齐,而有忧色。孟母见之曰:"子若有忧色,何也?"孟子曰:"不敏。"异日闲居,拥楹而叹。孟母见之曰:"乡见子有忧色,曰不也。

今拥楹而叹，何也？"孟子对曰："轲闻之：君子称身而就位，不为苟得而受赏，不贪荣禄。诸侯不听，则不达其上。听而不用，则不践其朝。今道不用于齐，愿行而母老，是以忧也。"孟母曰："夫妇人之礼，精五饭，幂酒浆，养舅姑，缝衣裳而已矣。故有闺内之修，而无境外之志。《易》曰：'在中馈，无攸遂。'《诗》曰：'无非无仪，惟酒食是议。'以言妇人无擅制之义，而有三从之道也。故年少则从乎父母，出嫁则从乎夫，夫死则从乎子，礼也。今子成人也，而我老矣。子行乎子义，吾行乎吾礼。"君子谓孟母知妇道。《诗》云："载色载笑，匪怒匪教。"此之谓也。

颂曰：孟子之母，教化列分。处子择艺，使从大伦。子学不进，断机示焉。子遂成德，为当世冠。

以上四事，一为孟母三迁，二为断机教子，三为善为姑母，四为深知妇道。

一为孟母三迁之事。孟家始居坟墓之旁，孟子只爱做些筑埋之事，孟母遂迁居。后居于市场之旁，孟子常在学习商人叫卖。孟母再迁居，终至学宫之旁。孟子的游玩变成了摆弄俎豆祭器，学习礼仪。孟母以为此乃适合儿子居住之地，日后孟子长大，习六艺，成一代大儒，孟母以濡染之法教导儿子实居功至伟。

二为断机教子之事。孟子放学回家，孟母正在纺织，并问及孟子之学习情况。孟子唯唯否否，孟母遂剪断织机上的线，以明中途而废之理。孟子知之，于是日夜勤奋学习。

三为善为姑母之事。孟子见其妻在卧室穿着不整，因而离去，其妻遂向孟母辞别。孟妻以为孟子见其衣衫不整便勃然大怒,等同视之为客人。为客者实不可久居别人家中,因而求去。孟母教训孟子,以明夫妇相处之礼。孟子知错,立刻留住其妻。

四为深知妇人之道。孟子在齐为官,面有忧色。孟母问其故。孟子以为君子出仕,当不求封赏,不贪图富贵。齐王不能重用孟子,孟子欲离齐,惜乎孟母年纪已大,故孟子陷于两难之局。孟母以为妇人早已知道应该如何应付,女性年少时听命于父母,出嫁后听从夫君,夫死后自当听命儿子。当时孟子已是成人,而孟父已死,自当听于儿子。孟母鼓励孟子,指出孟子当做应做的事,而自己则行当行之礼。在四件事之中,孟母形象鲜明突出,谓之"中国历史上最典型的母亲",固其宜也。

有关《列女传》之资料来源,《汉书·刘向传》载"向睹俗弥奢淫,而赵、卫之属起微贱,逾礼制。向以为王教由内及外,自近者始。故采取《诗》《书》所载贤妃贞妇,兴国显家可法则,及孽嬖乱亡者,序次为《列女传》,凡八篇,以戒天子。"准此而论,《列女传》所载故事当有所依据,来自《诗》与《书》。今考孟母事迹,有见载《韩诗外传》者,实《汉书》所谓采于《诗》也。惟《列女传》所载孟母四事,仅断机教子亦见《韩诗外传》,其他三事则不然。据《〈古列女传〉与先秦两汉典籍重见资料汇编》所载,孟母事迹亦仅互见于《韩诗外传》,[1]并无其他文献来源。朱彝尊《经义考》卷236谭贞默《孟子编年略》条下载:"孟母三迁、断织诸事,不见

---

[1] 详参何志华、朱国藩、樊善标编著:《〈古列女传〉与先秦两汉典籍重见资料汇编》(香港:香港中文大学出版社,2004年),页28–31。

《史记》。《韩诗外传》所载在《史记》前。刘向《列女传》所载尤详。"指出孟母二事《史记》不载。《韩诗外传》年代比起《史记》稍早，孟母事迹以《列女传》所载最为详细。冈村繁云：

> 根据前面所引《汉书·刘向传》的一段文字，刘向在编撰《列女传》时，其传记资料中采入了《诗》、《书》经文中的相关记载，但是这里所讲的《诗》、《书》无疑并非指《诗经》、《书经》。因为在《诗经》、《书经》中全然未见《列女传》中那样详细的传记叙述，并且《列女传》所载传记包括大量《诗经》、《书经》出现以后的春秋战国时代的故事，甚至可以并不过分地说，这类内容占全书的大部。正如荒城孝臣所曾指出的那样，很可能刘向所依据的《诗经》是从其父祖辈作为家学承传下来的鲁诗学派的传统解说者。[1]

冈村氏所推论大抵有理可信。《列女传》不可能每篇皆直接来自《诗经》与《尚书》，毕竟二书与《列女传》性质截然不同，《列女传》多引《诗》证事，仅为左证而已。诚然，《列女传》旨在以女子之事劝戒天子，与《诗》之讽谏殊途同归。郑先彬指出《列女传》的资料来源，约有三端：一为史传中的史料，二为源于经传和诸子，三为源自刘向校书过程中累积的异文和传说。[2]在经传和诸子一项之中，郑氏以为"《列女传》中的很多材料来自于儒家的经传，主要是《诗经》和《尚书》，在《母仪》的十四篇中，有九篇来自于经传"，

---

[1] 冈村繁著、陆晓光译：《汉魏六朝的思想和文学》，载王元化主编：《冈村繁全集》第参卷（上海：上海古籍出版社，2002年），页3。
[2] 郑先彬：《刘向〈列女传颂图〉研究》，页31–32。

"特别是《韩诗外传》,刘向几乎把其中的所有材料都征集到自己的三部书中去了。当然,刘向在吸收这些材料的时候,都不是原文照搬,而是根据自己的需要作了选择,并进行了加工处理"。[①]郑氏所言,尚有可商之处。以孟母故事为例,其可信者,乃是其中有来自《韩诗外传》之处;其可商者,在《韩诗外传》两则孟母故事之中,《列女传》只取其一(断机教子),且不能排比对读,并不同源;复据其他典籍补述三则,即全篇"邹孟轲母"不足四分之一采自《韩诗外传》。

至于二书内容相合之一段,前贤如陈士珂已加指出。细意对读二书,可见除了个别字词,如"方绩"、"刀裂其织"等,其他字句俱不能排比对读。在《韩诗外传》中,孟子因为忘记学习内容,断断续续,致使孟母割断织布以为警诫。在《列女传》中,孟子在外学习后回家,孟母问其进度,而孟子唯唯否否,只言没有二样。孟母以为孟子如此态度并不认真,因此割断织布以为警诫。二事有相同之处,但在文句、内容之详略上,大有不同。此等情况,刘殿爵称之为"不同源重文"。刘殿爵云:"古书重文互见是极普遍的现象。重见文字大体可分两类,一类是同源的重文,一类是不同源的重文。两者明显不同,不容易混淆。同源重文之间有个别互相不同的异文,甚或有详略之别,但必定可以一字一字相对排比起来。不同源的文字则不然,即使内容无甚差别,文字却无法一字一字排比起

[①] 郑先彬:《刘向〈列女传颂图〉研究》,页32。

来。"①准此，即《列女传》故事有所谓源自《韩诗外传》者，但亦不尽相同，刘向或有《韩诗外传》以外之根据。古代典籍屡有灾厄，《韩诗外传》、《列女传》所载孟母故事必非孟母故事之首创，然就今传世文献而论，则又不见更早之源头，必待他日地不爱宝，典籍重现，而汉代孟母故事之所本当可探迹索隐。

二、孟子学说与孟母故事

孟母故事不见于战国、秦、汉初，而今首见于汉武帝或以后。刘洁云："'孟母教子'的最早记录在西汉，此时距孟子生活的年代已有二三百年，从先秦典籍里找不到任何佐证，因此这些故事可能有也可能无，不必把它们全部据为信史。"②孟子事迹出现在先，孟母故事见于其后。其实，比合《韩诗外传》与《列女传》，有关孟母事迹共计五事，皆与儒家孟子学说息息相关。

首为《韩诗外传》载孟母买豚明信之事。儒家强调待人以诚信，五伦便是"父子有亲，君臣有义，夫妇有别，长幼有序，朋友有信"（《孟子》5.4节录）。"信"是朋友之间强调的核心价值。"诚者，天之道也；思诚者，人之道也。至诚而不动者，未之有也；不诚，未有能动者也"（《孟子》7.12节录）指出诚信是自然的规律，追求诚是做人的规律。极端诚心而不能使别人感动的，是天下所无之事；不诚心则不能感动别人。人应该追求诚信，要做到诚信待

---

① 刘殿爵：《秦讳初探》，《中国文化研究所学报》第十九卷（1998年），页251。
② 刘洁：《〈列女传〉史源学考察：兼论〈列女传〉所反映先秦至秦汉妇女观念的变迁》（北京：人民出版社，2016年），页163。

人，此亦立身处世之关键。更有甚者，"大人者，言不必信，行不必果，惟义所在"（《孟子》8.11）指出有德者说话不必句句守信，行为不一定要贯彻始终，但要与义同在，做事要合乎义，依义而行。孟子因见邻人杀猪，不明所以，遂问母亲杀猪何为。孟母大抵以为邻人杀猪，事不关己，便乱说欲给孟子吃。说话一出，孟母便已后悔。因怀孕之时，一直严守胎教，希望孟子长大后可以成为言而有信之人。如今，孟子已长，自己却欺骗孟子，于理有亏。于是，孟母遂赴邻人住处，买下所杀之猪而烹食之，以明不欺孟子。

重视诚信，本是儒家之所重。然而，儒家之五常尝经历发展，孔子之时，较为重视仁、义、礼；孟子之时，强调四端，仁、义、礼、智并重；至西汉武帝时，董仲舒扩充为仁、义、礼、智、信之"五常"。《礼记·中庸》："仁者，人也，亲亲为大。义者，宜也，尊贤为大。亲亲之杀，尊贤之等，礼所生也。"可见孔子以为仁以爱人为核心，义以尊贤为核心，礼即对仁和义的具体规定。孟子在仁义礼之外加入"智"，构成四端："恻隐之心，人皆有之；羞恶之心，人皆有之；恭敬之心，人皆有之；是非之心，人皆有之。恻隐之心，仁也；羞恶之心，义也；恭敬之心，礼也；是非之心，智也。仁义礼智，非由外铄我也，我固有之也，弗思耳矣"（《孟子》11.6节录）。孟子重性善，以为人皆有四端，此乃性善之先在条件，求则得之，舍则失之。后世视孔子为儒家之创始人，及至孟子，孔、孟儒家已不尽相同。至汉代，董仲舒提倡罢黜百家，独尊儒术，此时儒家又结合阴阳五行，以经学思想为主导，与先秦儒家有同有异。在孟子的仁、义、礼、智以外，董生又加入"信"，在《贤良对策》里，指出"仁义礼智信五常之道"（义原作"谊"，智原作"知"），以此五者为恒常长久之法则。准此，虽然《孟子》书中有重信之文，然"仁义礼智信"五者在汉代既为"五常"，而《韩诗外传》之编撰年代又与董仲舒相若，则《韩诗外传》谓孟母教子以信之举，亦属汉人之所增饰。

次为孟母三迁之事。刘洁云："必须承认，此事有美化附会圣母形象的因素。但笔者认为，'孟母三迁'的意义主要还在于它所反映的思想，而非事之有无和发生在何人身上。"[①]指出"孟母三迁"一事有美化孟母的成分。此外，"孟母三迁"之事所重在于其所反映的思想，即环境教育论的重要性。孟母重视对孟子的教导，三迁其居，从坟墓旁、市场旁，直到迁至学宫旁，孟家才安定下来。显而易见，习染影响人性甚巨。《论语》提及"性相近也，习相远也"（17.2），因周遭环境习染不同，以致及后相距越远。孟子的相关理论，更是将习染的作用讨论甚悉。"富岁，子弟多赖；凶岁，子弟多暴，非天之降才尔殊也，其所以陷溺其心者然也"（《孟子》11.7节录），丰收之年，人多懒惰；灾荒之年，人多强暴；此非其人之本性有异，实亦周遭环境使其心性变异。《孟子》还有一个学习方言的故事，亦说明习染的重要性：

> 孟子谓戴不胜曰："子欲子之王之善与？我明告子。有楚大夫于此，欲其子之齐语也，则使齐人傅诸？使楚人傅诸？"
> 曰："使齐人傅之。"

[①]《〈列女传〉史源学考察：兼论〈列女传〉所反映先秦至秦汉妇女观念的变迁》，页157。

曰:"一齐人傅之,众楚人咻之,虽日挞而求其齐也,不可得矣;引而置之庄岳之间数年,虽日挞而求其楚,亦不可得矣。子谓薛居州,善士也,使之居于王所。在于王所者,长幼卑尊,皆薛居州也,王谁与为不善?在王所者,长幼卑尊皆非薛居州也,王谁与为善?一薛居州,独如宋王何?"(《孟子》6.6)

孟子问戴不胜如欲习齐语,应当找齐人讲授,还是楚人讲授呢?答案自然是以齐人讲授。孟子续云,如以齐人讲授,却使楚人在旁扰之,纵使每天逼其说齐语,亦不可能做到。反之,如使其于齐都临淄闹市生活几年,纵使每天逼其说楚语,亦是不可能。宋君居于宫中,如果身边尽是好人,则何以宋君会不善呢?因此,君之不善,实因所处环境有不善之人。习染之下,可以为善,可以为不善,全仗四周环境之好与坏。由是观之,孟母三迁之事迹,重视后天习染,与孟子之环境教育论可谓同出一辙。孟子云:

故凡同类者,举相似也,何独至于人而疑之?圣人,与我同类者。故龙子曰:"不知足而为屦,我知其不为蒉也。"屦之相似,天下之足同也。(《孟子》11.7节录)

孟子以为同一类的事物,皆大抵相同,人性亦如是。人性本善,不善者乃是后天习染所致。孟母三迁之事,与此理论框架颇为相类。

孟母三迁之事,始出《列女传》,此前无任何相关论述。东汉王充《论衡·率性》尝言"孟母之徙宅",用了孟母三迁之典故。在二十四史之中,《晋书》、《魏书》、《北史》、《宋史》等,皆有援引孟母事迹为说之例。元人关汉卿《状元堂陈母教子》第三折《中吕粉蝶儿》有"人都说孟母三移"之句。不单在史籍、文学作品里出现孟母三迁,童蒙读物《三字经》将孟母三迁收录其中,更是此事流传极广之明证。《三字经》中有"昔孟母,择邻处;子不学,断机杼",①此书传为宋人王应麟编撰,清人王相、章太炎皆持此见。②此中二句已包括孟母三迁,以及断机教子二事,可见孟母事迹对后世之影响。

三为孟母断机教子之事。此事并见《韩诗外传》与《列女传》,二书所载同为一事,然文字未能逐字逐句排比对读,盖为不同源之重文。在此事中,孟母教导儿子做事要专心致志,心无旁骛,否则一事无成。孟子学说亦有相类记载:

孟子曰:"无或乎王之不智也。虽有天下易生之物也,一日暴之,十日寒之,未有能生者也。吾见亦罕矣,吾退而寒之者至矣,吾如有萌焉何哉?今夫弈之为数,小数也;不专心致志,则不得也。弈秋,通国之善弈者也。使弈秋诲二人弈,其一人专心致志,惟弈秋之为听。一人虽听之,一心以为有鸿鹄将至,思援弓缴而射之,虽与之俱学,弗若之矣。为是其

---

① 王应麟:《三字经》(香港:天地图书有限公司,2003年),页16-17。
② 王相云:"宋儒王伯厚先生作《三字经》以课家塾。"(王相:《三字经训诂序》,载《三字经》,页14。)又章太炎云:"《三字经》者,世传王伯厚所作。"(章太炎:《重订三字经序》,载《三字经》),页188。可见王氏、章氏皆以《三字经》为王应麟编撰。

智弗若与?曰:非然也。"(《孟子》11.9)

孟子指出弈棋虽为小事,但二人同向弈秋学习,一人专心致志,一人不能集中,常常以为有鸿鹄即将飞来,要援弓而射之。结果,二人虽同随弈秋学艺,却有高下之分。因此,专心致志实乃做事成功的关键。孟母断机教子之事,乃汉前所无,大抵与孟子专心致志之论一脉相承,同样强调专心致志对学习之重要性。

四为孟母善为姑母之事。此事见载《列女传》。此中涉及礼与权的问题,皆孟子所曾讨论。坚守原则固然是儒家之所重,然而在适当时候,取舍无可避免。至于孟子讨论权衡轻重而作取舍之例,莫过于其与淳于髡讨论男女授受不亲一事:

淳于髡曰:"男女授受不亲,礼与?"
孟子曰:"礼也。"
曰:"嫂溺,则援之以手乎?"
曰:"嫂溺不援,是豺狼也。男女授受不亲,礼也;嫂溺,援之以手者,权也。"
曰:"今天下溺矣,夫子之不援,何也?"
曰:"天下溺,援之以道;嫂溺,援之以手,子欲手援天下乎?"(《孟子》7.17)

男女之间不亲手递接东西,大抵是当时礼制。淳于髡知道孟子是守礼之人,所以提出假设性之问题。淳于髡问孟子,如果嫂嫂遇溺，会否伸手援救。孟子以为嫂溺而不救援，那是豺狼的行为。男女授受不亲是礼制，可是嫂溺而以手援之，那是权衡变通的做法。此可见孟子为人处事灵活，能够因应实际情况而行权。

在孟母善为姑母之事上，当时孟子因为妻子衣衫不整便勃然大怒，意欲休妻。孟母得知，遂教训孟子何谓真正之礼，孟子心悦诚服，立刻留住其妻。显而易见，此事亦与孟子行权之事颇为一致。又，王应麟《困学纪闻》云：

《列女传》："孟母曰：'《礼》，将入门，问孰存，将上堂，声必扬，将入户，视必下。'"今《曲礼》阙二句。《孟子》曰："放饭流歠，而问无齿决。"亦本于《曲礼》。

王氏以为《列女传》所言有援引《礼记·曲礼》之处。《礼记·曲礼》之成篇年代，世无定论。王锷云："《礼记·曲礼》成篇于春秋末期战国前期是比较符合实际的，整理编集者可能是曾子或其弟子。"[1]大抵孟母故事有与《礼记·曲礼》相合之文。孟母处世灵活，不拘于礼，为人通情达理，与孟子之行权并无二致。

五为孟母深明妇人之道一事。此中涉及孟子之去齐。孟子一生周游列国，尝至邹、鲁、滕、宋、魏、齐等国，见邹穆公、鲁平公、滕文公、宋康王、梁惠王、齐宣王等诸侯。其中孟子在齐、梁所待时间较长，在齐时任卿，惟在伐燕一事之上，与齐宣王意见相异，最终只能出走离齐，不事不贤之君。《孟子》书中有关孟子离齐之

---

[1]王锷：《礼记成书考》（北京：中华书局，2007年），页110。

事,多有提及。考孟子离齐之时,孟母不一定在世。据《孟子·梁惠王下》"鲁平公将出"章(2.16)所载,鲁平公之嬖人臧仓谓孟子之"后丧逾前丧"者,即孟子在孟母丧礼的规格上超越孟父丧礼。准此,孟母在孟子见鲁平公时已经去世。孟子曾两次赴齐国,首在威王之时,此在宣王之世。如上文所言,因齐人伐燕之事,孟子不同意齐宣王的做法,终至离齐。① 由是观之,孟母之丧在前,孟子去齐在后,《列女传》所言"今道不用于齐,愿行而母老,是以忧也",② 处处为母亲担心,实不可能。诚然,孟子尝于齐威王与齐宣王在位时两次到齐,两次离齐。如其为第一次离齐之时,孟母或许尚在人世。然而,观乎《列女传》谓"轲闻之:君子称身而就位,不为苟得而受赏,不贪荣禄。诸侯不听,则不达其上。听而不用,则不践其朝",孟子首次离齐乃因宋康王欲行仁政,故孟子离齐赴宋,并非谏君不听而非走不可。《孟子·公孙丑下》有四则文字(《孟子》4.11–4.14)详记孟子离齐之事,乃在齐人伐燕之后,即齐宣王在位时事。因此,《列女传》所记显为附会孟子离齐之事所致,孟母实不可能于彼时仍与孟子对话。

准上所论,孟母故事多与孟子学说相符,孟母固然真有其人,对孟子大抵影响深远,但就传世典籍所载,其事迹皆属后出,未能找到汉前之确切依据,部分更不可能出自孟母,颇有漏洞。反之,稽查《孟子》,则孟母事迹皆可寻得根源,其实皆与孟子学说相合。概言之,孟子可受孟母影响,故其学说皆与孟母故事相合;或者,

---

① 参杨伯峻:《孟子译注》(北京:中华书局,1960年),前言,页2–3。
② 王照圆撰、虞思征点校:《列女传补注》,页34–35。

孟母事迹存疑，故后世取孟子学说以充实其故事；或者，孟母故事皆出汉代，可视为儒家孟子学说在汉代的发展，亦未可知。

第四节 小结

本章的第一节讨论了司马迁在编撰《史记·孔子世家》时的文献依据。"高山仰止，景行行止。虽不能至，然心乡往之"，司马迁视孔子为偶像，立志撰《史记》以继《春秋》，首为孔子立传，升格"世家"。据前文所论，可总之如下：

第一，司马迁以游历之所及为孔子立传。《史记》采用史料众多，亦兼有司马迁亲身见闻。据《孔子世家》及《太史公自序》，知其曾亲赴山东，"涉汶、泗，讲业齐、鲁之都，观孔子之遗风，乡射邹、峄"；"适鲁，观仲尼庙堂车服礼器，诸生以时习礼其家，余只徊留之不能去云。"据此可知司马迁曾作游历访问，实地调查。即使《孔子世家》不可能撰写于二十岁之龄，如上考察亦为他日撰史奠下良好基础。

第二，《论语》是孔子生平诸家共信之史料，然其独立成章，没有先后关系。如欲采用《论语》资料以作孔子生平事迹之系年，难度甚大。《史记·孔子世家》乃首篇孔子传记，采用《论语》57章，就全书486章而言，只占少数。《孔子世家》之有关孔子事迹之采录与系年虽偶有错失，然瑕不掩瑜。今人阅读孔子生平，《孔子世家》仍为最重要依据。王韦云:"帝王本纪及《孔子世家》本非太史公力量所及,然采经摭传,其用心亦勤矣,虽时有浅陋,而往往能识其大者。"[1]

第三,孔子生平疑年甚多,前人众说纷纭,莫衷一是。由于春秋时代各国系年不一,而孔子又尝周游列国,故其生平可议尚多。崔述《洙泗考信录》、钱穆《孔子传》、韦政通《孔子》等各有所据,讨论已多,可见《孔子世家》不足之处。然而,司马迁首事之难,应加体会,且系年有理者远较有误者为多,此不可不察也。

第四,司马迁升格孔子入世家,理由充分。《史记》乃纪传体通史,其中包括世家,旨在载录辅拂股肱之大臣。孔子不仕周,即在鲁国亦只曾短时间出仕,何可胜任世家。然而,司马迁既不以成败论英雄,且《史记》之"垂空文以断礼义,当一王之法"实本《春秋》。质言之,《史记》亦可用以量度世间事物。此外,《史记》亦歌颂孔子整理《六经》之材料,对后世影响深远,又为汉制法。最后,孔子后代不绝,能世其家,比起其他诸侯有过之而无不及。凡此种种,皆使司马迁将孔子载入世家。

本章的第二节取用班固《汉书·古今人表》为例,讨论了篇中以《论语》作为品评人物标准的写作方法。两汉乃经学时代,《汉书》亦为宗经之巨着,"当世甚重其书,学者莫不讽诵焉"。[2]《汉书》其文雅驯,多用儒家经典入文,班固甚至以儒家学说作为评论人物之依据。据上文讨论,可知《古今人表》与《论语》关系密切,今总

---

[1]《史记评林》,卷47,页27a眉批。
[2] 范晔:《后汉书》(北京:中华书局,1965年),卷40上,页1354。

之如下：

首先，孔子撰《春秋》，令乱臣贼子惧，垂空文以断礼义，当一王之法。《古今人表》以《论语》所载人和事为品第人物之依据，深具《春秋》笔法之精神。表中只著人名，不及事迹，有古人而无今人。时人观之，即可对号入座，而知今人之等第，钱大昕谓此表"表章正学，有功名教"。①

其次，《古今人表》所评人物之等第，多据《论语》为说。前人学者如钱大昕、梁玉绳；今人学者如张蓓蓓、翁圣峰等亦皆有述之。其中梁玉绳每多指出《古今人表》所载人物"始见"、"惟见"《论语》，据此而可知班固编撰《古今人表》之所据矣。

再者，《古今人表》所载人物不少为事迹无考，仅见《论语》。《古今人表》悉载之，其评第标准只能源自《论语》。且《古今人表》将人分九等，班固于《古今人表》篇首已表明乃依据孔子所言。可知《古今人表》评第之框架乃据《论语》而建立。

最后，班固博极群书，《古今人表》虽以《论语》为宗，却不只据《论语》。诚如上文所言，《古今人表》所载人物虽多据《论语》为说，然《论语》所载事迹过简者，班固亦必访寻其他典籍，以作评第之依据。

本章的第三节讨论孟母故事在汉代之记载，以及其与孟子学说之关系，可总之如下：

第一，《韩诗外传》和《列女传》乃今所见最早之孟母故事，此前无可考。此中二书俱载断机教子之事，唯《韩诗外传》所载较为

---

① 《跋汉书古今人表》，载《潜研堂文集》，卷28，页461。

简约,而《列女传》所载颇为详审,二者实为不同源重文。至于《列女传》所载共有四事,撇除断机教子一事与《韩诗外传》有所相似以外,余下三事俱最早见于《列女传》。总之,后世有关孟母事迹共有五事,出现之时代俱在西汉中叶或以后。

第二,孟母故事所反映之思想实源于《孟子》之学。孟母三迁、断机教子、善为姑母、善为妇人、买东家豚不欺孟子之事,其实皆可于《孟子》书中寻得理论之端倪。较之《韩诗外传》、《列女传》所载,孟母故事暂不见汉前之依据,或可视为孟子学说在汉代的发展。

第三,孟母故事对后世影响深远。孟子之家教如何,先秦时代无明证,至汉世始见孟母故事,后世渐有发展,孟母故事更见宋代《三字经》之中,成为童蒙教育的材料。孟母故事出现在西汉时代,亦可视为当时重视家庭教育的证据。

附表:《孔子世家》引《论语》各篇次数及相关统计数字

《论语》篇名	章节数量①	《孔子世家》引用次数,以及各章编号★	《孔子世家》引用次数所占百分比 《论语》	《孔子世家》引用次数所占百分比 《史记》
学而	16	0	0	0
为政	24	2	19, 23	8	3
八佾	26	3	9, 14, 23	12	5
里仁	26	0		0	0
公冶长	28	3	22, 22, 13	11	5
雍也	30	1	28	3	2
述而	38	13	14, 23, 19, 17, 25, 13, 8, 9, 10, 22, 3, 32, 21	34	22
泰伯	21	0		0	0
子罕	31	9	5, 18, 4, 1, 10, 11, 2, 7, 9	29	15
乡党	27	7	1, 2, 4, 3, 20, 8, 12	26	12
先进	26	2	23, 9	8	3
颜渊	24	2	11, 18	8	3
子路	30	3	10, 7, 3	10	5
宪问	44	2	39, 35	5	3
卫灵公	42	4	13, 1, 2, 3	10	7
季氏	14	0		0	0
阳货	26	3	5, 5, 7	12	5
微子	11	6	3, 4, 6, 7, 5, 8	55	10
子张	25	0		0	0

①此栏《论语》一篇所含章节之总数,据杨伯峻《论语译注》而来。

尧曰	3	0		0	0
		60			100%

★序次按《孔子世家》引用时的次序。部分曾重复引用,均列在此表。

第二章
外来文化带来的冲击——六朝的孔子及其弟子

六朝是一个特别的时代，顾名思义，六朝牵涉了六个朝代，说的就是三国时代、两晋、南朝的宋、齐、梁、陈，合共六个朝代，这个时代的一切都很难一概而论，唯有动荡是其共同特色。原本大一统的汉帝国崩解了，国家再度陷入分裂，西晋虽然有短暂统一，但到了东晋便已是偏安一隅。长期分裂的局面，文化的交往比起从前更为频繁。外来的宗教思想，新出的文体，同样赋予了孔门师弟子种种细微变化。其实，孔门师弟子还是孔门师弟子，他们自身不会有什么变化，新事物的涌现，原有的东西便会起变化。

佛教在东汉时期传入中国，在乱离的世代里，抓住了人心的弱点，传播得特别迅速。马克思说，宗教是人类的鸦片。人类相信了宗教，便有所寄托和依赖，以及安心。儒家不是宗教，甚至不是信仰，而是学术思想与主张。两汉是儒家的年代，乃是独尊儒术。因此，要弘扬佛教，必须借助儒家。简言之，佛家要儒家为自己站台支持。要做到这点并无难度，因孔孟已死，本就无反抗之可能。而且在经学思想笼罩下的孔子，也不见得轻易地让人看出他的原貌。在佛典里安插孔子及其弟子，无论是要借孔门弟子之口道出儒家之不是，抑或透过比较以见佛家更高于儒家，如此的例子都是在在可见。

　　人们要接受新的事物，通常都是透过本身认识的事物作为中介，辗转而生出认知。佛教东传，以及佛教利用儒家，正是这样的关系。儒家思想有着与中国农村社会极为相近的本质——家族本位。儒家与中国社会究竟是中国人采用儒家方式行事，抑或是儒家思想本来就十分适合中国社会，关系错综复杂，难以言诠。但是，中国社会与儒家思想密不可分，当无可疑。佛教思想则不然，尤其是原始佛教。佛法修行在家、出家本分差异，出家可以较为专心致志，在家则不免有各种束缚与障碍。可以看出"家"是关键，儒家思想是家族本位，仁是孔子的核心思想，而孝悌是仁的根本。孝是父母与子女，悌是兄弟之间，说的都是家庭。当然，儒家思想终极是为了政治服务，而佛教看似不是，佛祖释迦牟尼是一个逃离政治枷锁的人。中国传统社会以农立国，农业社会的特色正是以家族为本位，人的劳动力是最宝贵的资源。因此，农业社会的重人精神与儒家思想相契合。历经战国秦汉，先不管孔子儒家的本质是否保存，在弘扬佛教者的眼中，当时的儒家实在不可轻易"放过"。所谓"放过"，不是指要做些什么赶尽杀绝之举，而是要如何好好利用。利用有正用，也有反用。正用的时候，佛典会借孔门师弟子之举措，说明佛理。这就等同儒家人物的生平事迹完全放任佛教徒使用，甚或创作一些新的故事。此等做法也不是什么新鲜事，此因《庄子》里的孔门师弟子便多以这种形式出现。不过庄周的思想偏向究竟如何，也是一个复杂的学术争论，此不赘述。反用就是透过孔门师弟子的口中，或者是借用他们的主张、生平事迹，而说明儒

第二章 外来文化带来的冲击——六朝的孔子及其弟子

家不如佛家。

利用孔门师弟子作为中介的战术，在今天看来确实是成功。佛教在六朝以惊人的速度在中国传播，来到中国的佛教也逐渐带有中国特色。当我们看到即使三武灭佛也阻止不了佛教在民间广泛传播，便知道佛教之可入民心乃建基于其传播策略之成功，而孔门师弟子也间接地出了一分力。

鲁迅《魏晋风度及文章与药及酒之关系》说："曹丕的一个时代可说是'文学的自觉时代'。"这个时期，文人有意创作文学作品，文章不再只为政治、为学术而服务，更多的表现个人意志。我们再看看小说。小说不是新事物，在《汉书·艺文志·诸子略》的九流十家里，便已经出现了"小说家"。不过，他们创作的小说与今天屡在诺贝尔文学奖得奖的小说却是大相径庭。在历代的书厄之下，大部分图书早已不复传世。小说家的情况最悲惨，《汉书·艺文志》所载录的小说，今天一部也没有流传下来。《庄子·外物》谓"饰小说以干县令，其于大道亦远矣"，大抵小说与大道的追求相距甚远。《论语·子张》有所谓"小道"，《荀子·正名》则有"小家珍说"，诸家所言"小说"似乎都是不合大道的。到了东汉，桓谭直指小说便是一些"丛残小语"，《艺文志》所载录的便是这类的"小说"。六朝时候的志怪小说与志人小说，有较强的故事性，故事背后也有理念，与《艺文志》的小说又有所不同，更为偏向我们今天强调叙事、人物、情节的小说。

一代有一代的文学，六朝小说是具有代表性的文学体裁。志怪小说记载了许多神异鬼怪的故事，这自然是跟时代动荡，因致百姓迷信、求仙等关系密切。在人与事的虚构中，一般选择是人不虚构，而是故事虚构。孔门师弟子为人所共知，人气极高，无可奈何地成为被入文的对象。或许，我们会以为这是不可思议，但事实告诉我们，时代越早的历史人物，其生平事迹、学术思想等，皆是层积迭累而成的。因此，孔门师弟子出现在六朝小说里，也就无可避免地被赋予了不少崭新的情节与故事。

孟子在六朝文献里出现得极少。一向以来，孔孟并称，而以孔子为重，孟子只是陪衬角色。但是最佳男配角并不好当，易角也是时有发生的事情。或许我们也会奇怪，孔子身边的配角理应是颜渊、子路这些学生，为什么孟子会如此地位崇高呢？事实上，如果我们到孔庙参观，自必发现在大成殿里，孔子居中，而旁有四配。四配分别是复圣颜渊、述圣子思、宗圣曾参、亚圣孟轲。前面三人，无可争议，也不用争议，一个是孔子爱徒，一个是孔子长孙，一个既是弟子也是长孙的老师，合而言之，皆曾与孔子有真实的接触，关系密切。唯有孟子，除了自言是孔学之后，以及封孔子为偶像以外，时代毫不相合，无缘接触孔子，却在死后得以配享孔子，实在是一段奇特的历程。孟子的升格，路途遥远，道阻且长，到宋代方告成功。六朝时甚至见到最多的是孔颜并称，不枉宋人常言"孔颜乐处"。毕竟，孔子最为爱惜的就是颜渊，《论语·先进》便接连有几章"颜渊死"的记载。颜渊之死，孔子悲伤不已，除了是爱徒之逝，更多是出于学问可能中绝的慨叹。孔子不认识孟子，而后来却渐渐以孔孟并称，也是一种后人对孔孟思想的阅读使然。

第一节 佛教典籍里的孔子及弟子

一、孔门十哲之重要

孔子乃儒家学派创始人。孔子生活在礼崩乐坏的春秋时代，以恢复周文为己任。他知其不可为而为之，周游列国，欲时君可用己说以救世。孔子重仁，强调的是人与人之关系。孔门之教首重在学，后人视孔子为万世师表，乃因其人以学习为教授学生之第一要事。《论语》全书论学之章节甚多，虽然编者未明，惟今本《论语》首为《学而》，①第一节即云"学而时习之，不亦说乎"，以学为先；孔子亦自道"若圣与仁，则吾岂敢？抑为之不厌，诲人不倦"，以为一生所重在于学习而不厌。钱穆《论语新解》于"学而时习之"条下云："孔子一生重在教，孔子之教重在学。孔子之教人以学，重在学为人之道。本篇各章，多务本之义，乃学者之先务，故《论语》编者列之全书之首。又以本章列本篇之首，实有深义。学者循此为学，时时反验之于己心，可以自考其学之虚实浅深，而其进不能自己矣。"②

孔门弟子三千，受业身通者七十有二人，又有孔门十哲之说。

---

① 今所见诸本《论语》皆二十篇，如何晏《论语集解》本、朱熹《四书章句集注》本、阮刻本《十三经注疏》本《论语注疏》等皆然。
② 《论语新解》，页4。

所谓弟子三千，未足相信，前人已有所怀疑。钱穆云："则孔子门人，固仅有七十之数。乌得三千哉？"①三千之数，可与战国四公子养士之风合看，顾立雅云："弟子三千人的说法已是过分夸大了。可是《孟子》及若干其他典籍都说弟子七十人，也许这个就是最高的人数。"②可见弟子三千之说并不可信。司马迁谓孔门"身通六艺者七十有二人"，此72者亦未必实指。就《论语》所见，此中72者，只有27人事迹可考。③其中又以孔门十哲事迹较详，后世作品以其人其事入文亦多。孔门十哲之名字，首见《论语·先进》："德行：颜渊，闵子骞，冉伯牛，仲弓。言语：宰我，子贡。政事：冉有，季路。文学：子游，子夏。"此中德行、言语、政事、文学者，即后人所谓孔门四科，当中又以德行为先，故十位弟子之中以颜渊居首。

第一，颜回，字子渊，小孔子三十岁。刘殿爵云："If Confucius looked upon Yen Yuan as a son, he must have looked upon Tzu-lu as a friend."④孔子与颜渊关系密切，亦师亦父，循循善诱。可惜颜渊33

---

① 钱穆：《先秦诸子系年》（北京：商务印书馆，2001年），页71。
② 顾立雅（H.G.Creel）著、王正义译：《孔子与中国之道》（台北：韦伯文化国际出版有限公司，2003年），页63。
③ 李零指出《史记·仲尼弟子列传》载有孔门弟子77人，分成两类，一类是"显有年名及受业闻见于书传"者，一类是"无年及不见书传"者，前者有35人，其中有27人见于《论语》；后者42人，都不见于《论语》。（详参《丧家狗：我读〈论语〉》，附录，页81。）此27人包括颜路、冉耕、仲由、漆雕启、闵损、仲弓、冉有、宰予、颜渊、巫马施、高柴、宓不齐、子贡、原宪、樊须、澹台灭明、陈亢、公西赤、有若、卜商、言偃、曾参、子张、司马耕、公冶长、南宫括、曾晳。
④ D. C. Lau, "The Disciples as They Appear in the Analects." In D. C. Lau (Trans.), The Analects. Hong Kong: The Chinese University Press, 1992. p.256.

岁而发尽白，早死，孔子悲恸不已。[1]在孔门弟子之中，唯颜渊可称仁。其"箪食瓢饮"之事，虽贫穷而不改其乐道之心，最受后世学者歌颂。《论语》提及颜渊24次。

第二，闵损，字子骞，小孔子15岁。《论语》提及闵损5次。闵损位次孔门德行之科，以孝行著称于世。

第三，冉耕，字伯牛，小孔子7岁。《论语》提及伯牛2次。伯牛亦次德行之科，孟子以其人为"善言德行"。[2]

第四，冉雍，字仲弓，小孔子29岁。仲弓亦以德行著称，且其器量宽弘，孔子以为可使南面。《论语》提及仲弓7次。

第五，冉求，字子有，小孔子29岁。冉有博艺善政，并熟习于军旅之事。《论语》提及冉有16次。

第六，仲由，字子路，小孔子9岁。子路与孔子关系密切，亦师亦友，其为人忠信勇决，质朴率真。《论语》提及子路38次。

第七，宰予，字子我，年岁无考。宰予位列孔门言语之科，孟

---

[1] 有关颜渊之卒年，前贤颇有争论。据《颜子评传》所载，"有颜子享年18岁（《淮南子·精神训》注、《列子·力命篇》），29岁（蒋伯潜《诸子通考·孔子弟子》），31岁（《孔子家语》卷9），32岁（《文选·辨命论》引《家语》），39岁（张剑光《颜子卒年小考》），41岁（《论语正义·雍也》注引李氏锴《尚史》）等几种主要说法。"〔颜景琴、张宗舜：《颜子评传》（济南：山东友谊出版社，1994年），页55。〕又《颜子评传》云："对颜子生卒年的众多说法经过详细考查后，我们认为，李氏锴《尚史》与江氏永《乡党图考》的说法：'颜子卒伯鱼之后，按《谱》，孔子七十而伯鱼卒，是颜子卒当在孔子71之年。颜子小孔子三十岁，是享年四十有一矣。'是可信的。"（《颜子评传》，页57。）
[2]《孟子注疏》，载《十三经注疏（整理本）》，卷3上，页93。

以为宰予"善为说辞",①"智足以知圣人"。②《论语》提及宰予5次。

第八,端木赐,字子贡,小孔子31岁。子贡天资敏达,能言善道,善于学习。《论语》提及子贡38次。

第九,言偃,字子游,小孔子45岁。言偃与卜商并列孔门文学之科,王夫之以其为"传礼乐之遗文,集《诗》《书》之实学"。③《论语》提及言偃8次。

第十,卜商,字子夏,小孔子44岁。子夏尤长于《诗》,据《史记》所载,"孔子既没,子夏居西河教授,为魏文侯师"。《论语》提及子夏19次。

下文利用《孔子资料汇编》、《孔子弟子资料汇编》所辑录孔子及其弟子事迹为据,结合古文献电子资料库,稽查和讨论六朝佛教文献里孔门十哲的概况。先论佛教在中国之传播,以见其如何借助孔门儒家学说作为弘扬学说之媒介,此后分门别类讨论佛典所见孔子事迹,并及佛典里之孔门十哲。

二、早期佛教在中国之传播

佛教自西汉末年传入中国后,西域僧侣如安世高等佛教翻译家已经开始将佛典翻译引入中国。《中国佛教史》云:"佛教传入中国的初期,为了在中国站住脚,先要与中国本土的宗教迷信特别是

---

① 《孟子注疏》,载《十三经注疏(整理本)》,卷3上,页93。
② 《孟子注疏》,载《十三经注疏(整理本)》,卷3上,页95。
③ 王夫之:《四书训义》(清光绪潞河啖柘山房刻本),卷13,页4a。

道教相融合。"据袁宏《后汉纪》所载,东汉人所理解的佛教乃是能有神通,"变化无方,无所不入",与《庄子》之"神人"、"至人"相差无几;"专务清净"、"息意去欲而欲归于无为"亦与黄老道家相近①。

传统以来,中国是小农经济的社会,此中与重视宗法关系的儒家文化关系密切。在儒家文化之中,孔子及其弟子自是弘扬儒家文化的关键点。孔门儒家一直在文化传统上被视为传统、权威,直至上世纪初期的新文化运动仍视孔子为重点批评的对象。②因此,在佛教传入中国之时,如何面对儒家的人和事,实为关键。《列子·仲尼》有以下的小故事:

商太宰见孔子曰:"丘圣者欤?"孔子曰:"圣则丘何敢,然则丘博学多识者也。"商太宰曰:"三王圣者欤?"孔子曰:"三王善任智勇者,圣则丘不知。"曰:"五帝圣者欤?"孔子曰:"五帝善任仁义者,圣则丘弗知。"曰:"三皇圣者欤?"孔子曰:"三皇善任因时者,圣则丘弗知。"商太宰大骇,曰:"然则孰者为圣?"孔子动容有间,曰:"西方之人,有圣者焉,不治而不乱,不言而自信,不化而自行,荡荡乎民无能名焉。丘疑其为圣。弗知真为圣欤?真不圣欤?"商太宰嘿然心计曰:"孔丘欺我哉!"

唐代释道宣在《广弘明集·归正篇》亦尝援引此事。《列子》

---

① 详参袁宏:《后汉纪》,载张烈(点校):《两汉纪》(北京:中华书局,2002年),卷10,页187。
② 后文第四章第二节《孟子的反权贵特质——五四运动打孔不打孟》有详细讨论。

此文指出，孔子在春秋末年时已知道西方有"圣人"，其能"不治而不乱，不言而自信，不化而自行"，超越古代之三皇、五帝、夏商周开国君主等。显而易见，此乃魏晋时期老庄道家学者编造，并非真相，却借孔子之口，美化佛教。

在南北朝时期，鸠摩罗什、佛陀跋陀罗等佛教翻译家来华传教，弘扬佛法。佛教东传，为了争取信众，多借孔门儒家人物以附会佛事，或说明佛理。其中尤以梁武帝时僧祐所编之《弘明集》，最多借用孔门师弟子之事迹以说理。刘立夫、胡勇指出，《弘明集》"从不同角度反映了此一时期佛教的基本教义、传播状况以及佛教与儒家、道教等本土思潮的相互关系"，"从思想史的角度看，儒佛道三教论争是《弘明集》涉及最多的问题，许多文章常常提及'周孔与佛'或'孔老与佛'，其中的周孔就代表儒家，孔老代表儒、道二教，佛即代表佛教。以此而言，《弘明集》也就是一部以佛教为主体的反映汉魏两晋南北朝时期的三教关系的文集。"[1]此可见《弘明集》阐析佛教教义之方法与取向。李小荣云："《弘明集》是我国佛教史上现存最早护法弘教之文献汇编。"[2]《弘明集》所载篇章不时援引孔门弟子事迹，利用儒家人物以证儒、释关系。《中国佛教史》指出《弘明集》"有一些文章是围绕以下重要内容编排的"，

---

[1] 僧祐（编撰）、刘立夫、胡勇（译注）：《弘明集》（北京：中华书局，2011年），前言，页1、7-8。又，《弘明集校笺》之前言认为："若从思想史角度分析，本集讨论最为集中者无非是三教之关系问题"，此所言"三教"自必是儒释道。
[2] 释僧祐（撰）、李小荣（校笺）：《弘明集校笺》（上海：上海古籍出版社，2013年），前言，页8。

其一是"回答人们的疑问,反击对佛教的种种批评,论证佛教与儒家传统思想的社会功能一致,对维护封建纲常和统治秩序也是有利的。如卷一牟子的《理惑论》、未详作者的《正诬论》(当著于东晋)、卷三东晋孙绰的《喻道论》"。总而言之,《弘明集》载有不少弘扬佛教的文章,其中不少内容俱是围绕儒家的人和事,借儒家以突出佛教的特色,以及佛家之与传统文化相合。下文以六朝佛教典籍(以《弘明集》所载为本)为基础,结合先秦儒家典籍所载,探讨佛教如何借助儒家人物事迹以宣扬宗教信仰,并以此改造或增添儒家人物的事迹。

三、佛教典籍中的孔子——借孔子以弘扬佛法

孔子为儒家最重要的人物。因此,佛教典籍经常援引孔子事迹,并加改造,以迎合其传播佛教的目的。但更多时候,佛教典籍皆标举儒、佛两家相通之处,用以吸引信徒。僧祐编撰《弘明集》的宗旨,"就在于驳斥异端,为佛教辩诬御侮,从而达到弘道与明教之目的"。[①]

1. 孔子作为传统文化的代表

在《弘明集》不少篇章内,俱有以孔子与他人并称,作为传统文化的代表。其中尤以周、孔并称最为多,如尧、舜、周文王、周武王等,亦在《弘明集》诸篇并称周、孔之列。举例如下:

> 夫觉海无涯,慧镜圆照。化妙域中,实陶铸于尧、舜;理擅系表,乃

[①]《弘明集校笺》,前言,页21。

埏埴乎周、孔矣。——《弘明集序》

佛道至尊至大,尧、舜、周、孔曷不修之乎?——《牟子理惑论》

且尧、舜、周、孔,各不能百载,而末世愚惑。——《牟子理惑论》

佛与周、孔,但共明忠孝信顺。——《正诬论》

是周、孔、老、庄,诚帝王之师。——《正二教论》

然自上古帝皇,文、武、周、孔。——《谯王书论孔释》

在《弘明集》里,以周、孔并称者,计有54次。《弘明集》全书14卷,除卷9、卷13无周、孔并称外,其他各卷皆有之。所谓周、孔,周即周公旦、孔即孔子。周公制礼作乐,匡扶周室,乃周代得以长治久安之功臣。孔子以周公为偶像,《论语·述而》曰:"甚矣吾衰也!久矣吾不复梦见周公!"孔子以为年纪日大,已经很长时间没有在做梦时看见周公旦。日有所思,夜有所梦,孔子一生希望的是拯救礼崩乐坏的社会,而制礼作乐者正是周公。久不见周公,是孔子深知与救世越走越远。总之,以周、孔并称,是用两人代表儒家的传统文化。

2. 佛教与孔门儒家无别

儒家不是宗教流派，更多的是一种哲学思想、生活态度。佛教传入中国，要走进老百姓的生活，比附儒家，以为佛教与儒家相去不远，乃是重要方法。如《正诬论》云："佛与周、孔，但共明忠孝信顺，从之者吉，背之者凶。"[1]此言佛教与周公、孔子相同，都会强调忠孝信顺，依此而行便当吉利，否则便有不幸。其实，在孔子的学说里，并不作吉和凶的对比，佛教则不然。

又如宗炳《明佛论》云："今黄帝、虞舜、姬公、孔父，世之所仰而信者也。观其纵辔升天，龙潜鸟扬，反风起禾，绝粒弦歌，亦皆由穷神为体。……凡厥光仪符瑞之伟，分身涌出，移转世界，巨海入毛之类，方之黄、虞、姬、孔，神化无方。向者众瑞之晻暧显没，既出形而入神，同惚恍而玄化，何独信此而抑彼哉？冥觉法王，清明卓朗，信而有征，不违颜咫尺，而昧者不知，哀矣哉！"[2]此处以轩辕黄帝、虞舜、周公（姬公）、孔子（孔父）并称，以为四人皆世人所景仰。反风，即风向倒转。《尚书·金縢》云："王出郊，天乃雨，反风，禾则尽起。"《后汉书·和帝纪》："昔楚严无灾而惧，成王出郊而反风"，李贤注："成王疑周公，天乃大风，禾则尽偃；王乃出郊祭，天乃反风起禾。"[3]可见"反风起禾"所言乃周公旦。黄帝乘龙升天，虞舜得帝尧二女预警而脱险，周公自亡为武王延寿

---

[1]《正诬论》，载《弘明集校笺》，卷1，页75。本文在《弘明集》引文以后，一般略作解说，其白话翻译参考自刘立夫、魏建中、胡勇译注《弘明集》北京中华书局2013年版，不另出注。
[2]《明佛论》，载《弘明集校笺》，卷2，页95、97。
[3]《后汉书》，卷4，页182。

祷告而感动上苍,孔子在陈蔡绝粮仍弦歌不衰,四人皆是老百姓所信仰的大圣人。可是,四人如此神异事迹,其实都是以用尽精神为根本,所以才能够得到感应回报而无时空局限。大凡光仪、符瑞的瑰伟相好,以及分身涌出、移转世界、巨海入毛之类的神通,与黄帝、虞舜、周公、孔子一样,都是神化无方的。至于祥瑞之事的昏暗与显盛,已经超出形质而进入神灵之境,与老子的所谓惚恍之道而同时变化。因此,实不必只相信老子的道而要贬抑佛教的神。得大智慧已觉悟的法王,乃是清明卓朗,使人信服而有验证。如此方是与孔子之教并不背离,可是当世愚昧之人却不知道。此可见《明佛论》从传统圣人出发,以孔子陈蔡绝粮为例,指出与佛教相同,皆是因诚心祷告而感动上苍。其实,据《史记·孔子世家》所载,"不得行,绝粮。从者病,莫能兴。孔子讲诵弦歌不衰。""于是使子贡至楚。楚昭王兴师迎孔子,然后得免。"由是观之,孔子所以得脱,乃因派遣子贡出使楚国,结果楚王指派军队营救孔子一行,因此而免祸;而非因诚心祷告而感动上苍。

又,《弘明集》卷3载有《喻道论》一文,全篇以问答形式出之,就佛和佛道、周孔之教与佛教的关系、出家是否违背孝道等问题以作论证,主张佛教、儒家一致。其中有以下一段:

或难曰:周、孔之教,以孝为首。孝德之至,百行之本;本立道生,通于神明。故子之事亲:生则致其养,没则奉其祀;三千之责,莫大无后;体之父母,不敢夷毁。是以乐正伤足,终身含愧也。而沙门之道:委离所生,弃亲即疏;刊剔须发,残其天貌;生废色养,终绝血食;骨肉之亲，等之行路；背理伤情，莫此之甚。而云弘道敷仁，广济群生，斯何异斩刈根本条枝干，而言文殒硕茂？未之闻见"皮之不存，毛将安附"，此大乖于世教，子将何以袪之？

答曰：此诚穷俗之甚所惑，倒见之为大谬，咨嗟而不能默已者也。夫父子一体，惟命同之。故母啮其指，儿心悬骇者，同气之感也。其同无间矣，故唯得其欢心，孝之尽也。父隆则子贵，子贵则父尊，故孝之为贵，贵能立身行道，永光厥亲。若匍匐怀袖，日御三牲，而不能令万物尊己，举世我赖；以之养亲，其荣近矣。夫缘督以为经，守柔以为常，形名两绝，亲我交忘，养亲之道也。

人或有诘难，以为周孔教化以孝德为要，将孝道视为所有德行的基本，本立道生，进而通于神明。所以，子女孝顺父母，在生时应该尽心赡养，逝世后则应恭敬祭拜。此外，周孔之教最重子嗣，故有"不孝有三，无后为大"的说法，又有"身体发肤，受之父母，不敢毁伤"之说，可知儒家向来注重身体发肤之养护。因此，乐正子一足受伤，终生愧疚不安，觉得对不起父母。但是，佛教提倡出家弃亲，远离亲人接近陌生人；剃除须发，残损上天所赋予的容貌；父母在生时废除服侍敬养，父母死后断绝对祖宗的祭祀。将骨肉之情，视如路人，违情背理，实属过分。可是，佛教却以为自己是弘扬道德敦行仁爱，广泽群生，实在是奇论怪谈。俗谓"皮之不存，毛将焉附？"佛教此举实在背离人世教化。《喻道论》答云，上述说法实为世俗迷惑所致，颠倒本末、是非，荒谬之至，让人嗟叹而不能不发议论。父子一体，乃是天命所言。母亲咬指头，儿子自会感到恐惧担心,此母子同气相感之故。此等相同是没有间隔的,故孝道之根本,乃在使父母欢心。在现实生活里,父亲隆盛则儿子自得显贵,儿子显贵则父亲必受尊崇。故儿子孝顺最可贵者,乃在于树立品格、遵行大道,而能光宗耀祖。如果父母在世之时,只知道在其身边打转;父母逝世后,只知道以三牲供奉和拜祭,而不能弘道济世,使天下万物皆依赖于我。以这种方法奉养双亲,其光荣非常浅近,实在是没有什么值得称道。如果能够恒守中道,顺其自然,使事物的内外、亲人和我都能相互隔绝遗忘,此方为最根本的事亲之道。

细考之,此所言佛教"缘督以为经,守柔以为常,形名两绝,亲我交忘"与孔门儒家的孝道是否相同,实属存疑。且看《论语》所载孔子论孝:

子曰:"父在,观其志;父没,观其行;三年无改于父之道,可谓孝矣。"(1.11)

孟懿子问孝。子曰:"无违。"樊迟御,子告之曰:"孟孙问孝于我,我对曰,无违。"樊迟曰:"何谓也?"子曰:"生,事之以礼;死,葬之以礼,祭之以礼。"(2.5)

孟武伯问孝。子曰:"父母唯其疾之忧。"(2.6)

子游问孝。子曰:"今之孝者,是谓能养。至于犬马,皆能有养;不

敬,何以别乎?"(2.7)

子夏问孝。子曰:"色难。有事,弟子服其劳;有酒食,先生馔,曾是以为孝乎?"(2.8)

孔子以为当父亲在世之时,要观察他的志向;父亲过世了,要考察他的行为;若是对父亲的合理部分,长期地不加改变,可以说做到孝了。说的是重视现世、重视生活。又,孟懿子向孔子问孝道,孔子指出不要违背礼节。樊迟不解,孔子以为父母在生的时候,依规定的礼节侍奉他们;死了,依规定的礼节埋葬他们,祭祀他们。此话表面上触及死后世界,实际上可以结合"慎终追远,民德归厚"来看,则孔门儒家仍以现世为上,只是视死如生而已。死者不能感受,所重只是在世者得到安心。又,孟武伯问孝,孔子以为为人父母者只是为孝子的疾病发愁。这也是关心现世的生活而已。又,子游问孝,孔子指出所谓的孝,就是说能够养活父母便是了。对于狗马都能够得到饲养;若不存心严肃地孝顺父母,那养活父母和饲养狗马便不能分别。此言养育父母,所说的也就是活在现世。子夏问孝,孔子以为儿子在父母前经常有愉悦的容色,是件难事。有事情,年轻人效劳;有酒有肴,年长的人吃喝,这不可算得上是孝。这里可见孔子关心的是侍奉父母之心,而不仅是吃喝,所言的乃是孝心更为重要。凡此种种,皆可见孔子所言的孝是现世的,不及死后世界;佛教所言的使亲人和我做到相互隔绝遗忘,根本上与孔门儒家大相径庭,并不相同。

3. 借孔子所言以说佛教义理

在汉代以后，孔子已是至圣，儒家文化成为学术上、思想上的权威。因此，在弘扬佛教之时，借助孔子所言以说理乃是《弘明集》所载各篇宣扬佛教的惯用方法。例如《明佛论》云：

> 今世之所以慢祸福于天道者，类若史迁感伯夷而慨者也。夫孔圣岂妄说也哉？称"积善余庆，积恶余殃"，而颜、冉夭疾，厥胤蔑闻；商臣考终，而庄周贤霸。凡若此类，皆理不可通。然理岂有无通者乎？则纳庆后身，受殃三涂之说，不得不信矣。虽形有存亡，而精神必应，与见世而报，夫何异哉？但因缘有先后，故对至有迟速，犹一生祸福之早晚者耳。然则孔氏之训，资释氏而通，可不曰玄极不易之道哉！

此言世人常以一时之祸福而慨叹天道不公，此皆有如司马迁之感叹伯夷行善而得恶报。《明佛论》更援引孔子话语，以为"积善之家，必有余庆；积不善之家，必有余殃"（《周易·坤·文言》）。可是，孔门弟子颜渊、冉有早死，连后代都没有留下；反之，商臣篡逆而寿终，其子庄王有贤德最终成就霸业。凡此种种，似乎于理不通。然而，真理不会有不贯通的地方。因此，死后享福报、受苦难的说法，实在不能不相信。虽然形体有存亡，但精神不灭，必定有所报应，这与现世获得报应没有太大差别。大抵只是每个人的因缘有先后，所以导致报应有迟有速，好比一生的祸福报应有早和晚。准此，孔子在这方面的教训，加上佛教的三世观报应的思想就更为通达，实际上是玄妙深微且万古不变的至道。此言"善有善报，恶有恶报"的具体情况。孔子、司马迁屡屡称赞伯夷,可是伯夷不得善终,饿死于首阳之山。颜渊、冉有皆孔门十哲,却亦皆早死,没有后嗣。《明佛论》以为在儒家的基础上,如果运用佛教的三世果报观以分析,则可知今之未有善报,实出祸福之先后,因缘未到而已。如以三世观之,则必善恶到头终有报,可见借助佛家道理以通儒家之道。

又如释僧顺《答道士假称张融三破论》,乃借用儒家主张以凸显佛教道理:

论云:不朝宗者。释曰:"孔子云:'儒有上不臣天子,下不事公侯',儒者,俗中之一物,尚能若此,况沙门者方外之士乎?昔伯成子高、子州支伯且希玄慕道,似不近屑人事。"

此处论说不朝见帝王。解释引孔子说,以为儒生对上不称臣于天子,对下不侍奉诸侯。儒者乃俗世的一类,尚且能够如此,何况出家的世外之人呢!从前有伯成子高、子州支伯只希求玄学仰慕大道,所以不接近并轻屑凡俗之事。大抵此处借儒家不臣天子不事公侯以凸显僧人之不屑于人事,表明佛教较诸儒家为高。

4. 以佛教道理批评孔门儒家

《弘明集》所载各篇,论及孔门儒家,以其广为人知,且乃传统以来所习。各篇甚至采用佛教道理批评孔门儒家,以为儒不如佛,其中更有采用庄周之文讥讽孔子。如曹思文《难神灭论》云:

原寻论旨,以无鬼为义。试重诘之曰:孔子菜羹瓜祭,祀其祖祢也。《礼》云:"乐以迎来,哀以送往。"神既无矣,迎何所迎?神既无矣,送何所送?迎来而乐,斯假欣于孔貌;途往而哀,又虚泪于丘体。斯则夫子之祭祀也。欺伪满于方寸,虚假盈于庙堂,圣人之教,其若是乎?而云圣人之教然也,何哉?

此文以佛教道理批评孔子,以为儒不如佛。文中指出反复研寻《神灭论》,其旨意在立无鬼之义,对此,可以进而驳斥。孔子曾以菜羹瓜果祭祀祖宗,《礼记》载"以乐迎之,以哀送之",如果无神识,又何所迎何所送。迎来之时高兴不过是装模作样,送走之时泪洒坟墓乃是虚情假意。如此,则孔子所倡的祭礼,方寸之间皆为欺伪,庙堂仪式亦皆虚假摆设,圣人的礼教当非如是。可是,世人即以此为圣人之教。在孔门儒家的学说里,究竟有没有鬼神存在呢?佛教以此诘难儒家,以为按照儒家对祭祀的重视,实在是承认有鬼神。其实,孔子强调祭如在,祭神如神在。"吾不与祭,如不祭"(3.12),所重在于祭祀的参与,视死如生。面对子路的提问,孔子有以下的答案:

季路问事鬼神。子曰:"未能事人,焉能事鬼?"曰:"敢问死。"曰:"未知生,焉知死?"(11.12)

孔子面对子路的问题,其回答已经肯定了儒家重现世的取向。鬼神之事,只属存而不论。因此,佛教乃是引伸孔子所言,并以此作批评。

又，批评孔子，不止佛家。早在战国时代，庄周便尝对孔门学说多有批评。准此，在《弘明集》各篇亦有借助与《庄子》相类之文以评论孔门儒家者，如释道盛《启齐武帝论检试僧事》云：

昔者仲尼养徒三千，学天文者则戴圆冠，学地理者则履方屦。楚庄周诣哀公曰："盖闻此国有知天文地理者不少，请试之。"哀公即宣令国内知天文者着圆冠，知地理者着方屦来诣门，唯有孔丘一人，到门无不对。故知余者皆为窃服矣。

孔门弟子数量，众说纷纭。此所言"养徒三千"，大抵源自战国养士之风所致。此言孔子养徒三千，学天文者则戴圆冠，学地理者则穿着方履。庄子向鲁哀公表明欲试验鲁国知晓天文地理的人，鲁哀公即宣令国内知天文地理者皆至宫门接受考察。唯有孔子来到门口无所不对，因此知道其他人都是假的。这里表面上称赞孔子，实际上批评孔子之养徒不过徒具儒者的形式，而与孔子相去甚远。此故事典出《庄子·田子方》，但文字上不尽相同。《庄子·田子方》之文如下：

庄子曰："鲁少儒。"哀公曰："举鲁国而儒服，何谓少乎？"庄子曰："周闻之，儒者冠圜冠者，知天时；履句屦者，知地形；缓佩玦者，事至而断。君子有其道者，未必为其服也；为其服者，未必知其道也。公固以为不然，何不号于国中曰：'无此道而为此服者，其罪死'？"于是哀公号之五日,而鲁国无敢儒服者,独有一丈夫儒服而立乎公门。公即召而问以国事,千转万变而不穷。庄子曰:"以鲁国而儒者一人耳,可谓多乎?"

显而易见,《庄子》与《弘明集》所言为同一事,然文字相差颇远,不能逐字逐句排比对读。刘殿爵教授云:"重见文字大体可分两类,一类是同源的重文,一类是不同源的重文。两者明显不同,不容易混淆。同源重文之间有个别互相不同的异文,甚或有详略之别,但必定可以一字一字相对排比起来。不同源的文字则不然,即使内容无甚差别,文字却无法一字一字排比起来。"[1]《庄子》与《弘明集》的关系正是属于"不同源的重文","无法一字一字排比起来"。

又,《弘明集》所载篇章有借用庄子语以论孔子者,僧顺法师《答道士假称张融三破论》云:

避役之谈,是何言欤?孔子愿喙三尺者,虽言出于口,终不以长舌犯人;则子之喙三丈矣,何多口之为累,伤人之深哉!

此文原在讨论有关出家之人不是君子,只不过是在逃避徭役。僧顺法师指出,逃避徭役的说法并不成立。孔子希望嘴有三尺长的人,即使话从嘴里说出来,最终也不要因为长舌多话而冒犯他人。文中最后借此语,指出对方嘴有三尺之长,说如此奇怪的话,

---

[1] 刘殿爵:《秦讳初探》,《中国文化研究所学报》第十九卷(1998年),页251。

因而害人颇深。此中所言"孔子愿喙三尺者",典出《庄子·徐无鬼》,原文云:

仲尼之楚,楚王觞之,孙叔敖执爵而立,市南宜僚受酒而祭曰:"古之人乎!于此言已。"曰:"丘也闻不言之言矣,未之尝言,于此乎言之。市南宜僚弄丸而两家之难解,孙叔敖甘寝秉羽而郢人投兵。丘愿有喙三尺。"

《庄子》本为汪洋恣肆,诡奇怪异,书中所载孔门师弟子事迹,多不真实。此言孔子到楚国,楚王宴请,孙叔敖执酒器站立,市南宜僚取酒祝祭,以为古时的人会在这种情景下讲话。孔子回答,指出自己听过无言的言论,愿在此分享。市南宜僚善弄丸铃,使两家的危难获得解除;孙叔敖安寝恬卧手执羽扇,使楚人停止兵伐。自己并不愿多嘴。其实,孔子从来强调适时才发言,唯恐多言多败,更讨厌佞者。因此,多口本非孔子本意,且此论本出《庄子》,更与孔子原意大相径庭。《弘明集》此文取之,实借孔子以褒扬佛家。

5. 为孔子事迹赋予新义

《弘明集》所载孔子事迹,时而赋予新义,引伸发挥,以符合其为佛家教义说理之处。如慧远法师《三报论》云:

故寻理者,自毕于视听之内。此先王即民心而通其分,以耳目为关键者也。如今合内外之道,以求弘教之情,则知理会之必同,不惑众涂而骇其异。若能览三报以观穷通之分,则尼父之不答仲由,颜、冉对圣匠而如愚,皆可知矣。亦有缘起,而缘生法虽豫入谛之明,而遗受未忘,犹以三报为华苑,或跃而未离于渊者也。

此为原本孔门故事赋予新意义。此言追求至理者仅限于耳目视听之娱乐。先王不离民心而通达其职责,也是以耳目感觉为界限的。如果合佛、儒、道诸家之道,以求弘扬佛教的精神,就会知道彼此之间的精神实质是相同的,就不会迷惑于众多途径而惊骇其间的差异。如果能考察三报,通达一切奥妙,则孔子不回答子路提出的鬼神生死问题,颜渊、冉有对孔子的教导"不违、愚蠢",便皆可理解。又有缘起之说,因缘生法界万象,虽然进入四谛的智慧,但不忘儒家之仁爱学说。三报这样的理论也是如此,虽然属于因缘学说,但也没有离开儒家学说的体系。其实,孔子之不回答子路的问题,与三报(现报、生报、后报)无关,纯粹因为儒家只重现世的精神,故不回应子路有关死后世界的提问。至于颜渊、冉有,皆遵从孔子所言而没有违背:

子曰:"吾与回言终日,不违,如愚。退而省其私,亦足以发。回也,不愚。"(2.9)

此言孔子整天和颜渊讲学,颜渊从不提反对意见和疑问,像个蠢人。等颜渊回去自己研究,却也能发挥自身能力,可见颜渊并不愚蠢。颜渊的"不违如愚",实与佛教三报观没有直接关系。这代表孔子教导乃是至理,舍用心遵从以外无他途。颜渊之不答,与佛教之今生以外的来世等没有关系。

又，据《史记·孔子世家》所言"孔子状类阳虎"，是孔子在长相上与阳虎有所相似，因而在匡地之时为匡人所误围。萧琛《难灭神论》为孔子与阳虎相貌相似一事赋予新义，其曰：

难曰：论云"岂有圣人之神，而寄凡人之器，亦无凡人之神，而托圣人之体"，今阳货类仲尼，项籍似帝舜，即是凡人之神，托圣人之体也。珉玉鸐凤，不得为喻，今珉自名珉，玉实名玉。鸐号鸂鸐，凤曰神凤，名既殊称，貌亦爽实。今舜重瞳子，项羽亦重瞳子，非有珉、玉二名，唯睹重瞳相类。

据范缜《神灭论》言，"岂有圣人之神，而寄凡人之器，亦无凡人之神，而托圣人之体。"事实上，阳虎类似孔子，项籍类似虞舜，这就是凡人之神，寄托于圣人之体。珉和玉、鸐和凤区别之说，并不是很恰当的比喻。珉本自名为珉，玉就是玉，鸐号鸂鸐，凤曰神凤，名称本自不同，其质当然有别。但是虞舜重瞳，项羽亦重瞳，并不像珉玉那样有二名，而在重瞳这一点是共同的。其实，孔子状类阳虎，本是事实。而且，阳虎年纪较长，不可能是"阳虎类仲尼"，而是"孔子状类阳虎"，《难灭神论》所言不实。至于《难灭神论》借此而论阳虎是凡人之神，却寄托在圣人之体，自是过份引伸，未必有理。

四、儒家不如佛家？——孔门弟子与六朝佛典

孔门弟子众多，以下集中讨论孔门十哲在六朝佛教典籍里出现的状况。孔门四科十哲，皆属孔门高弟子，以下在四科之中选取若干例子细言之。

1. 颜渊

颜渊乃孔子最爱惜的学生，孔子曾对颜渊多番称赞。《论语·雍也》："回也，其心三月不违仁，其余则日月至焉而已矣。"（6.7）此处孔子称赞颜渊能够做到其心三月不违背仁德。又如同篇："贤哉，回也！一箪食，一瓢饮，在陋巷，人不堪其忧，回也不改其乐。贤哉，回也！"（6.11）称誉颜渊贤德，此文前后两次"贤哉，回也"，孔子推崇颜渊之情尽见。钱穆《论语文解》指出文末"贤哉，回也"句乃"呼应结"。颜渊虽是孔子爱徒，但生活条件困乏，苦不堪言，却仍安贫乐道，但仍让孔子忧心。《论语·先进》："回也其庶乎，屡空。赐不受命，而货殖焉，亿则屡中。"（11.19）孔子以为颜渊的学问道德已经差不多了，可是非常穷困。反之，子贡不安本分，囤积投机，猜测行情，竟每每猜对了。宗炳《明佛论》有就颜渊的"屡空"作引伸：

> 佛经所谓变易离散之法，法识之性空，梦幻影响，泡沫水月，岂不然哉？颜子知其如此，故处有若无，抚实若虚，不见有犯而不挍也。今观颜子之屡空，则知其有之实无矣。况自兹以降，丧真弥远，虽复进趋大道，而与东走之疾，同名狂者，皆违理谬感，遁天妄行，弥非真有矣。况又质味声色，复是情伪之所影化乎。

佛经提及佛身变易离散的神通，法识的缘起性空之理，认为世间一切如梦幻、影响、泡沫、水月，此说并不误。正因为颜渊知晓事物如此的道理，故能做到虽然处于实有之中，却如同在虚无之中，受到别人的触犯或无礼也不计较。现在来体察颜渊的贫困生活，则能明白他确实是把实有当作虚无。自此以后，人们越来越远离真谛，即便想再要进趋正道，却也只是名同实异了。人们的生活违背真理，遁天妄行，早就不是真正的实有。更何况人们所执着的那些形质、气味、声响、颜色，其实都是人的情欲思想所幻化出来。颜渊的"屡空"，所指乃是在生活物质上的缺乏，伴随的是精神上的满足。箪食瓢饮的生活条件，并不改变颜渊乐道之心。此处《明佛论》借用颜渊事迹，结合自身的道理以引伸佛教教义。儒家的安贫乐道，乐天知命，皆在目前、在现世。即使论及果报，也不过是传统农业社会对大自然、对人生的往复循环的一种验证，与宗教信仰的关系并不密切。

颜渊早卒，孔子更有"天丧予"（11.9）之悲恸！又伯牛身患重疾（6.10），皆可见有德未必寿考，仁人而不得善终。《弘明集》所载诸文对此皆有描述，并言"颜、冉"，复以佛理作解释。举例如下：

今世之所以慢祸福于天道者，类若史迁感伯夷而慨者也。夫孔圣岂妄说也哉？称'积善余庆，积恶余殃'，而颜、冉夭疾，厥胤蔑闻；商臣考终，而庄则贤霸。凡若此类，皆理不可通。然理岂有无通者乎？则纳庆后身，受殃三涂之说，不得不信矣。虽形有存亡，而精神必应，与见世而报，夫何异哉？但因缘有先后，故对至有迟速，犹一生祸福之早晚者

耳。然则孔氏之训,资释氏而通,可不日玄极不易之道哉!——宗炳《明佛论》

七十二子,虽复升堂入室,年五十者,曾无数人:颜夭冉疾,由醢予族,赐灭其须;匡、陈之苦,岂可胜言?忍饥弘道,诸国乱流,竟何所救?以佛法观之,唯见其哀,岂非世物宿缘所萃邪?若所被之实理,于斯犹未为深弘。若使外率礼乐,内修无生,澄神于泥洹之境,以亿劫为当年,岂不诚弘哉?——宗炳《答何衡阳书》

《洪范》说生之本,与佛同矣。至乎佛之所演,则多河汉,此溺于日用矣。商臣极逆,后嗣隆业;颜、冉德行,早夭无闻。——郑鲜之《神不灭论》

宗炳《明佛论》亦借儒家人物以明佛理。世人每多因一时之祸福而慨叹天道不公,如司马迁感叹伯夷行善事而恶报即为一例。《周易·坤·文言》亦指出:"积善之家,必有余庆。积不善之家,必有余殃。"相传孔子作《文言》,因此孔子似乎亦强调善恶有报。可是,颜渊与伯牛夭疾,没有子嗣;反之,楚成王太子商臣篡逆却能寿终,至其子庄王有贤德而终成霸业。此等例子,《明佛论》以为儒家之因果关系似有不通。此处借颜、冉为说,其为人也仁德而未能寿考,因果虽然未报,只是迟速而已。

又,宗炳《答何衡阳书》以为孔门七十二贤能年寿过五十者,寥寥可数。其中颜渊早逝,伯牛得病,子路死于卫国内乱,宰予因作乱而遭灭族，子贡灭须而为妇人。孔子及其弟子亦有匡地之厄，凡此种种，可见贤人之落难多不胜数。孔门师弟子周游列国，欲救礼崩乐坏之世，却皆逢不幸。宗炳以为倘以佛理观之，只能得见彼等之哀，然则其遭际盖亦前世宿缘所致。孔门弟子所行之道实未深弘，只能外修礼乐，在内未有修及无生，以致灭尽烦恼和度脱生死之泥洹之境（即涅槃，又作泥曰、般泥洹等）。因此，其屡遭厄难，乃学道不深所致。准此，宗炳此文取颜渊、伯牛为说，只为说明二人之仁德未能弘深，儒家之学并不能使之超脱。

至《神不灭论》所言，亦谓颜渊、伯牛早夭；至若楚成王太子商臣篡逆却能寿终，其子庄王更有贤德而终成霸业。此文引用颜、冉之事，亦旨在说明佛家之因果报应而已。

2. 子贡

子贡乃孔门十哲之一，属言语科。子贡能言善道，乃孔子晚年时之重要弟子。根据《史记·仲尼弟子列传》所载，齐欲伐鲁，孔门弟子争相出仕以解难，"子路请出，孔子止之。子张、子石请行，孔子弗许。子贡请行，孔子许之"。孔子乃知人善任的老师，明白学生才能各异，因此在子路、子张、子石、子贡等四人之中，只选择口才出众的子贡出使各国。结果，"子贡一出，存鲁，乱齐，破吴，强晋而霸越。子贡一使，使势相破，十年之中，五国各有变"[①]。此子贡之才能可见矣。佛教典籍亦有以子贡事迹入文，宗炳《答何衡阳书》即有"赐灭其须"句。宗炳以为儒家治国虽不乏短暂的和平昌盛，但不会长久。孔子贤弟子72人，学识虽高，但寿命能超过的50岁的绝

---

① 《史记》，卷67，页2201。

无几人，其中子贡在卫蒯聩之乱中割掉胡须方得脱身。子贡灭须之事，见《论衡·龙虚》："子贡灭须为妇人，人不知其状"[①]。其实，细考孔门弟子寿命，颜渊实属短命，固无可疑，而子贡则不然。子贡生于公元前520年，卒于公元前456年，年寿远超50岁。宗炳《答何衡阳书》以为孔门弟子忍饥捱饿弘扬儒家之道，对于诸国的混乱流弊，竟然什么都挽救不了。质言之，宗炳所言未必符合事实真相。前引《史记·仲尼弟子列传》所言，子贡出使，使十年之内五国形势有变，实际上已是有极大的影响力了。

又，释慧通《驳顾道士夷夏书》一文乃代表当时佛教对夷夏之论的看法，其中在援引子贡事迹，作为"淫妖之术，触正便挫"的佐证。其曰：

"大道既隐，小成互起。辩讷相倾，孰与正之？"夫正道难毁，邪理易退。譬若轻羽在高，遇风则飞；细石在谷，逢流则转。唯泰山不为飘风所动，盘石不为疾流所回。是以梅李见霜而落叶，松柏岁寒之不凋，信矣。夫淫妖之术，触正便挫。子为大道，谁为小成？想更论之，然后取

[①] 黄晖：《论衡校释》（北京：中华书局，1990年），卷6，页292。宗炳《答何衡阳书》所言即本此。然子贡灭须之事，《太平御览》卷374引曹大家《幽通赋》注曰："卫蒯聩乱，子羔灭髭鬓，衣妇人衣逃，得出。曰：'父子争国，吾何为其间乎？'"〔李昉等：《太平御览》（北京：中华书局，1960年），卷374，页1a。〕此言子羔，与《论衡》、《答何衡阳书》言子贡者有异。据《墨子·非儒下》"子贡、季路辅孔悝乱乎卫"〔孙诒让：《墨子闲诂》（北京：中华书局，1986年），卷9，页278〕、《盐铁论·殊路》"子路仕卫，孔悝作乱，不能救君出亡，身菹于卫；子贡、子皋逃遁，不能死其难"（王利器：《盐铁论校注》（北京：中华书局，1992年），卷5，页271〕，此子皋即子羔，则灭须为妇人事，子贡或亦在其中。

辩。若夫颜回见东野毕之驭,测其将败;子贡观邾鲁之风,审其必亡。子何无知,若斯之甚!故标愚智之别,撰贤鄙之殊,聊举一隅,示子望能三反。

此言大道已经隐退,各种小的修炼成就竞相兴起,善于辩解或木讷无语的人相互倾轧,谁能纠正如此情况。其实所谓正道,是难以被毁灭的,邪恶的理论却容易被击退。就好像轻盈的羽毛在高空,遇到风就飞起来;细小的石头在山谷,到溪流就旋转。只有泰山不会因为暴风而动摇,盘石不会因为湍急的水流而回旋,因此梅李遇见霜露就落叶,松柏在天气寒冷的时候却不凋零。因此,淫邪的道术遇上正道就会挫败。如欲执行大道之礼,则谁愿意兴起小成之术。这就好像颜渊看见东野稷驾驭的马,预测他会失败;子贡看邾鲁两君的作风,知道他们一定死亡。释慧通谈论愚笨的人和智慧的人的区别,以及贤能和鄙陋之人的区别,故上举一例,希望对方能够理解更多。此处援引子贡之事,典出《左传·定公十五年》。细考《左传》原文,重点在于"邾子执玉高,其容仰",鲁定公"受玉卑,其容俯",而礼是"死生存亡之体"。邾子高仰是骄,定公卑俯是替,"骄近乱,替近疾",因此二人皆死亡。由是观之,《左传》原文讨论重点在于礼,而《驳顾道士夷夏书》所言则在淫邪的道术遇上正道就会挫败,二者取向实有所不同。

3. 子路

子路亦孔门十哲之一,属政事科。子路年纪只比孔子小九岁,属孔门大师兄,与孔子亦师亦友。子路性格冲动,孔子尝多次劝阻。又因其性冲，好勇斗狠，孔子因材施教，循循善诱，每多就其行为多所批评。《论语》诸篇载有子路的性格，今列举如下：

子曰："道不行，乘桴浮于海。从我者，其由与？"子路闻之喜。子曰："由也好勇过我，无所取材。"(5.7)

子谓颜渊曰："用之则行，舍之则藏，唯我与尔有是夫！"子路曰："子行三军，则谁与？"子曰："暴虎冯河，死而无悔者，吾不与也。必也临事而惧，好谋而成者也。"(7.11)

闵子侍侧，訚訚如也；子路，行行如也；冉有、子贡，侃侃如也。子乐。"若由也，不得其死然。"(11.13)

第一段引孔子所言，以为自己主张行不通了，想坐个木筏到海外去，跟随者恐怕只有子路！子路知之，十分高兴。可是，孔子以为子路这个人太勇敢了，好勇的精神大大超过了自己，没有什么可取。第二段文字孔子对颜渊说，如果得到重用，便努力起来；不受重用，便将本领收藏，能够做到这样收放自如只有颜渊和自己。子路听到此话后，便问孔子，如果要率领军队，会找谁共事？孔子响应，以为赤手空拳和老虎搏斗，不用船只去渡河，这样死了都不后悔的人，我是不和他共事的。如要选取与他共事的，一定是面临任务便恐惧谨慎，善于谋略而能完成的人。第三段写闵子骞站在孔子身旁，恭敬而正直；子路侍奉时，样子很刚强；冉有、子贡侍奉时，则温和而快乐。孔子高兴起来，因为学生各有不同。不过，孔子又说，像子路这样，恐怕不得好死。比合三文，可见孔子对学生认识颇深，亦了解到子路在性格上的特点，以至为其命运感到担忧。佛教典籍里的子路，亦多提及其性格冲动的特点，例如何承天《答宗居士书》云：

　　昔在东邑，有道含沙门自吴中来，深见劝警，甚有恳诚，因留三宿，相为说练形澄神之缘，罪福起灭之验，皆有条贯。吾拱听谠言，申旦忘寝，退以为士所以立身扬名、著信行道者，实赖周、孔之本。子路称"闻之，而未之能行，唯恐有闻"，吾所行者多矣，何遽舍此而务彼？又寻称情立文之制，知来生之为奢，究终身不已之哀，悟受形之难再。圣人我师，周、孔岂欺我哉？

　　此言作者从前住在东邑，有沙门名为道含，从吴中来，见识深远，劝说明白，为人诚恳。何承天因而留其住宿三天，沙门为作者解说净化心灵、修炼形体，以求超脱因缘，以及罪福起灭的验证，说得很有条理和系统。作者恭听沙门正直的言论，通宵达旦，并以为士人之所以能够立身扬名、著信行道，实有赖周、孔之教。作者援引子路作言，听说了却没有行动，唯恐有所听闻。作者以为自己所行很多，怎么舍此而务彼。又想到古代"称情立文"的制度，知道来生仍然能转世为人是一种很奢侈的事。面对父母的死亡，终生都感到悲哀，由此领悟到很难再次形成身体之形。圣人是我们的老师，周、孔难道会欺骗我们吗？在这段文字里，何承天以大量儒家文献入文，以见佛教道理与传统儒家相去不远。此处援引子路云云，典出《论语·公冶长》之文："子路有闻，未之能行，唯恐有闻。"（5.14）子路有所闻，还没有能够去做，只怕又有所闻。说的是子路性急，行事争先。结合《论语》其他状写子路的章节，可知此实为子路的缺点。何承天反而用此作为行动需快而及时的佐证，其实与《论语》原意不甚相符，也为此文赋予了新义。

又，子路性格冲动，在孔子众弟子之中必先回答老师所问，然因思虑未周，每为孔子所抑。王谧《答桓太尉》云：

答曰：夫神道设教，诚难以言辨。意以为大设灵奇，示以报应，此最影响之实理，佛教之根要。今若谓三世为虚诞，罪福为畏惧，则释迦之所明，殆将无寄矣。常以为周、孔之化，救其甚弊。故言迹尽乎一生，而不开万劫之涂。然远探其旨，亦往往可寻。孝悌仁义，明不谋而自周；四时之生杀，则矜慈之心见。又屡抑仲由之问，亦似有深旨。但教体既殊，故此处常昧耳。静而求之，殆将然乎？殆将然乎？

此言神道设教，实在是难以言辨。作者王谧以为大设灵奇，示以报应，是最具影响的实理，也是佛教的根本要点。如今假设认为三世为虚诞，罪福为畏惧而设，那么释迦之所明悟的大道，最终将无寄托了。作者常常认为周、孔的教化，重点在于挽救社会的严重弊害，因此他们的语言事迹只能穷尽一生，而不能展开万劫之途。然而，远探周孔的宗旨，可见孝悌仁义与佛教不谋自同是很明显的；顺应四时之生杀，则矜慈之心在在可见。又比如孔子不回答子路有关生死的提问，也似有深远旨意。但教化体系既然不同，因此在这方面并不明显。静而求之，大抵正是如此。事实上，子路问及鬼神之事〔见《论语·先进》(11.12)，具见上文，此处不赘〕，孔子不加回答，所表现的乃是儒家重现世的积极精神，并非有什么三世祸福的想法。王谧所言，其实是过度引伸，未必符合《论语》原文的旨意。

4. 子夏

孔门十哲之一，属文学科。《论语》所谓孔门四科，其中文学一科的概念与今天所言文学不尽相同。杨伯峻云："文学——指古代文献，即孔子所传《诗》、《书》、《易》等。"①在《论语》中，有见子夏与孔子讨论《诗》。《论语·八佾》云：

子夏问曰："'巧笑倩兮，美目盼兮，素以为绚兮。'何谓也？"子曰："绘事后素。"曰："礼后乎？"子曰："起予者商也！始可与言《诗》已矣。"（3.8）

子夏问孔子，"有酒窝的脸笑得美呀，黑白分明的眼流转得媚呀，洁白的底子上画着花卉呀"，这几句诗是什么意思？孔子回答说，这是先有纸，然后画花的意思。子夏进一步引伸，以为是不是先有仁义，后有礼乐呢？孔子称赞子夏，以其为能够启发自己的人，以后可以跟子夏讨论《诗》。就此文所见，子夏正是孔门弟子之熟悉《诗》者，故能位次文学一科。在《弘明集》卷六释道恒《释驳

---

①杨伯峻：《论语译注》（北京：中华书局，1980年），页110。

论》有"商也悭恡"句,亦在援引子夏故事,其文曰:

> 又且志业不同,归向途乖,岐径分辙,不相领悟;未见秀异,故其宜耳。古人每叹才之为难,信矣。周号多士,乱臣十人;唐、虞之盛,元凯二八。孔门三千,并海内翘秀,简充四科,数不盈十:于中伯牛废疾,回也六极,商也悭恡,赐也货殖,予也难雕,由也凶愎,求也聚敛,任不称职;仲弓虽骍,出于犁色,而举世推德,为人伦之宗,钦尚高轨,为搢绅之表,百代咏其遗风,千载仰其景行。

此言志向事业不尽相同,皈依的道路不同,道路也会分岔,所以不能相互领会晓悟。没有见到对方的优异突出之处,所以发生这种情况十分正常。古人常慨叹人才难得,乃是事实。周朝尝言读书人很多,但能治理天下的臣子也不过十人。尧舜时代,人才也只有八恺八元。孔门弟子三千,称得上全国杰出的人才,能够满足四科要求者,也不过十人。其中伯牛生病,颜渊早死,子夏吝啬,子贡做买卖,宰予难以教导,子路凶暴,冉有搜刮财富,任不齐不能胜任所担当的职务。仲弓虽然出身低微,但普天下都推崇其德行,是世间社会人与人之间伦理关系的宗师,为人们所崇敬。仲弓高尚的行为规范,是有官职的或表率,百代百姓歌颂他遗留下来的风骨,千载百姓景仰他高尚的德行。这里的"商也悭恡",典出《论语·子路》,其曰:

> 子夏为莒父宰,问政。子曰:"无欲速,无见小利。欲速,则不达;见

第二章 外来文化带来的冲击——六朝的孔子及其弟子　*145*

小利，则大事不成。"（13.17）

此言子夏成为莒父的县长，问如何管治。孔子以为不要图快，不要顾小利。图快，反而不能达到目的；顾小利，就办不成大事。孔子教学，每多因材施教，此处既言"见小利"，则子夏或易受小利所吸引，因而显得吝啬。据《释驳论》所言，大抵以子夏之吝啬为缺点，其实孔子教导子夏治国而"无见小利"，亦未必与吝啬有直接关系，但可作为延伸阅读之一隅。

第二节 志怪小说里的孔门弟子

何满子云："志怪小说亦常与人事密合。非仅刻画鬼神，每肖人事；抑且多取历史人物与实有事变，依从结撰，遂与纪世事之野史接壤。"[1]孔门弟子乃历史上之儒家人物，其人和事代表了儒家文化之点滴。自秦汉以至六朝，孔门弟子形象逐渐变化，其出现不单亦不必只在儒家典籍，反映出各个学术流派主张之消长。又鲁迅云："中国本信巫，秦汉以来，神仙之说盛行，汉末又大畅巫风，而鬼道越炽；会小乘佛教亦入中土，渐见流传。凡此，皆张皇鬼神，称

---

[1] 何满子：《唐前志怪小说辑释小引》，李剑国：《唐前志怪小说辑释》（上海：上海古籍出版社，1986年），页3。

道灵异,故自晋讫隋,特多鬼神志怪之书。"①指出六朝时志怪小说特盛,乃因秦汉以来神仙巫术释氏之言皆主鬼神所使然。其中,汉代谶纬之学乃是六朝志怪小说里怪异元素之关键。

本节以《论语》和《史记·仲尼弟子列传》所载为基础,利用古文献电子资料库(包括汉达文库、汉籍电子文献、中国基本古籍库等)及工具书(如《古微书》、《七纬》、《纬书集成》、《孔子弟子资料汇编》)等,稽查和讨论六朝志怪小说里有关孔门弟子故事和形象之发展与变化。所谓六朝者,②言人人殊。本文以香港中文大学中国文化研究所刘殿爵中国古籍研究中心"魏晋南北朝"数据库所载典籍为基础。

一、汉代谶纬里之孔门弟子

周予同云:"两汉以来的孔子只是已死的孔子;他随着经济组织、政治现象与学术思想的变迁,而换穿着各式各样奇怪的服装。"③徐兴无《作为匹夫的"玄圣素王"——谶纬文献中的孔子形

---

① 鲁迅:《中国小说史略》(北平:北新书局,1927年),页37。
② 有关"六朝"所指,众说纷纭,莫衷一是。唐人许嵩《建安实录》以东吴、东晋,以及南朝之宋、齐、梁、陈等建都建康之六个朝代命名为六朝。宋人司马光《资治通鉴》则以曹魏、两晋,以及南朝之宋、齐、梁、陈等有继承关系之六个朝代命名为六朝。至于清人严可均辑《全上古三代秦汉三国六朝文》,其中"六朝文"之部,兼包《全后魏文》、《全北齐文》、《全后周文》以及《全隋文》。然则其所谓六朝者,泛指后汉以后至隋统一天下以前之时期。本文所谓六朝,亦以三国两晋南北朝为限,盖取其广义也。
③ 周予同:《纬谶中的孔圣与他的门徒》,朱维铮编:《周予同经学史论著选择》(上海:上海人民出版社,1983年),页292。

第二章 外来文化带来的冲击——六朝的孔子及其弟子　　147

象与思想》、《异表：谶纬与汉代的孔子形象建构》、[1]邢义田《汉代孔子见老子画像的社会思想史意义》等，皆详析孔子形象在汉代谶纬和画像上之变化。不单是孔子，作为孔门儒家学说之重要传播者，孔门弟子同样起着各式各样之变化。以下且就汉代谶纬所见孔门弟子稍作分析：

> 孔子制作《孝经》，使七十二弟子向北辰星而磬折，使曾子抱《河》、《洛》事北向。孔子簪缥笔，绛单衣，向北辰而拜。告备于天曰：《孝经》四卷，《春秋》、《河》、《洛》凡八十一卷，谨已备。天乃虹郁起，白雾摩地，赤虹自上下化为黄玉，长三尺，上有刻文。孔子诡受而读之曰："宝文出，刘季握，卯金刀，在轸北，字禾子，天下服。"（曾参）——《孝经纬·孝经援神契》

> "《孝经》者，篇题就号也。所以表悑括意，叙中书名出义，见道曰著。一字苞十八章，为天地喉襟，道要德本，故挺以题符篇冠就。曾子撰斯，问曰：'孝文乎，驳不同何？'子曰：'吾作《孝经》，以素王无爵之赏、斧钺之诛，故称明王之道。'曾子避席复坐。子曰：'居，吾语女，顺孙以避灾祸，与先王以托权。'目至德要道以题行，首仲尼以立情性，言子曰以开号，列曾子示撰辅，《书》《诗》以合谋。"（曾参）——《孝经纬·孝经钩命决》

> 孔子在庶，德无所施，功无所就，志在《春秋》，行在《孝经》。孔

---

[1] 徐兴无《异表：谶纬与汉代的孔子形象建构》，《经纬成文：汉代经学的思想与制度》，页248–280。

子曰:吾志在《春秋》,行在《孝经》。以《春秋》属商,以《孝经》属参。(子夏、曾参)——《孝经纬·孝经钩命决》

鲁哀公十四年,孔子夜梦三槐之间、丰沛之邦有赤烟气起,乃呼颜渊、子夏往视之,驱车到楚西北范氏街,见刍儿摘麟伤其左前足,薪而覆之。孔子曰:'儿来,汝姓为谁?'儿曰:'吾姓为赤诵,名子乔,字受纪。'孔子曰:'汝岂有所见耶?'儿曰:'见一禽,巨如羔羊,头上有角,其末有肉。'孔子曰:'天下已有主也。为赤刘,陈项为辅,五星入井从岁星。'儿发薪下麟示孔子,孔子趋而往,麟蒙其耳,吐三卷图,广三寸,长八寸,每卷二十四字。其言赤刘当起曰:'周亡,赤气起,火耀兴,玄丘制命,帝卯金。'(颜渊、子夏)——《孝经谶·孝经援神契》

孔子作《春秋》一万八千字,九月而书成,以授游、夏之徒,游、夏之徒不能改一字。(子游、子夏)——《春秋微》

孔子谓子夏曰:得麟之月,天当有血书鲁端门。子夏至期往,逢一郎,言门有血书,往写之,血蜚为赤鸟,他为帛。鸟消,书出,署曰《演孔图》。(子夏)——《春秋微·春秋说题辞》

昔孔子受端门之命,制《春秋》之义,使子夏等十四人求周史记,得百二十国宝书,九月经立。(子夏)——《春秋微·春秋说题辞》

得麟之后,天下血书鲁端门曰:趋作法,孔圣没,周姬亡,彗东出,秦政起,胡破术,书记散,孔不绝。子夏明日往视之,血书飞为赤鸟,化

为白书，署曰《演孔图》，中有作图制法之状。(子夏)——《春秋纬·春秋演孔图》

颜回尚三教，变虞夏如何？曰：教者所以追补败政、靡弊、涸浊，谓之治也。舜之承尧，无为易也。(颜渊)——《乐纬·乐稽耀嘉》

子路感雷精而生，尚刚好勇，亲涉卫难，结缨而死，孔子闻而覆醢。每闻雷鸣，乃中心恻怛。故后人忌焉，以为常也。(子路)——《论语谶·论语比考谶》

子路与子贡过郑神社，社树有鸟，子路搏鸟神，社人牵挛子路。子贡说之，乃止。(子路、子贡)——《论语谶·论语比考谶》

水名盗泉，仲尼不漱。里名胜母，曾子敛襟。(曾参)——《论语谶·论语比考谶》

邑名朝歌，颜渊不舍。七十弟子掩目，宰予独顾，由蹑堕车。(颜渊、宰予、子路)——《论语谶·论语比考谶》

叔孙氏之车子曰鉏商，樵于野而获麟焉，众莫之识，以为不祥，弃之五父之衢。冉有告孔子曰："有麋肉角，岂天下之祆乎？"夫子曰："今何在？吾将观焉。"遂往，谓其御高柴曰："若求之言，其必麟乎。"到视之曰："今宗周将灭，无主，孰为来哉？兹日麟出而死，吾道穷矣。"乃作歌曰："唐虞之世麟凤游，今非其时来何由，麟兮麟兮我心忧。"(冉有、

高柴）——《论语谶·论语摘衰圣承进谶》

孔子胸应矩是谓仪古，颜渊山庭日角，曾子珠衡犀角。子贡山庭斗绕口，南容井口。（颜渊、曾参、子贡、南容）——《论语谶·论语摘辅象》

仲弓钩文在手，是谓知始。宰我手握户，是谓守道。子游手握文雅，是谓敏士。公冶长手握辅，是谓习道。子夏手握正，是谓受相。（仲弓、宰予、子游、公冶长、子夏）——《论语谶·论语摘辅象》

仲尼为素王，颜渊为司徒，子贡为司空，又左丘明为素臣。（颜渊、子贡）——《论语谶·论语摘辅象》

樊迟山额，有若月衡，反宇陷额，是谓和喜。（樊迟）——《论语谶·论语摘辅象》

澹台灭明岐掌，是谓正直。（澹台灭明）——《论语谶·论语摘辅象》

颜回有角额，似月形。渊，水也。月是水精，故名渊。（颜渊）——《论语谶·论语撰考谶》

孔子谓子夏曰："群鹄至，非中国之禽也。"（子夏）——《礼纬·礼稽命征》

孔子谓子夏曰："礼以修外，乐以制内，丘已矣夫。"（子夏）——《礼纬·礼稽命征》

以上所见二十二则谶纬之文，皆见孔门弟子，其中有与孔子同时出场，亦有弟子独当一面，言行举止外貌具见者。此中牵涉十四人，今列如下：

颜回，字子渊，小孔子30岁。《论语》提及颜渊24次，谶纬载有颜渊6次。

冉雍，字仲弓，小孔子29岁。《论语》提及仲弓7次，谶纬载有仲弓1次。

冉求，字子有，小孔子29岁。《论语》提及冉有16次，谶纬载有冉有1次。

仲由，字子路，小孔子9岁。《论语》提及子路38次，谶纬载有子路3次。

宰予，字子我，年岁无考。《论语》提及宰予5次，谶纬载有宰予2次。

端木赐，字子贡，小孔子31岁。《论语》提及子贡38次，谶纬载有子贡3次。

言偃，字子游，小孔子45岁。《论语》提及子游8次，谶纬载有子游2次。

卜商，字子夏，小孔子44岁。《论语》提及子夏19次，谶纬载有子夏9次。

以上为孔门四科十哲其中八位，此外，十哲尚有闵损与伯牛，本皆德行之科，惟汉代谶纬之中并没有相关记载。以下六位，本不在十哲之列，然谶纬亦尝论之。

曾参，字子舆，小孔子46岁。曾参何以不在十哲之列，前人讨论甚多。[①]曾参事亲至孝，为人称颂。传儒家之道，"守约"二字乃其精神之所重。《论语》提及曾参15次，谶纬载有曾参5次。

澹台灭明，字子羽，小孔子39岁。澹台灭明为人正直，行不由径，不抄小路。惟其状貌甚恶，终离开孔门，孔子后亦追悔之，以为"以貌取人，失之子羽"。[②]《论语》提及澹台灭明1次，谶纬载有澹台灭明1次。

公冶长，字子长。生卒年不详。公冶长乃贤德之人，故孔子以女儿嫁之。《论语》提及公冶长1次，谶纬载有公冶长1次。

南宫适，姓南宫，名适，字子容。生卒年不详。南容为人进退有道，行事谨慎且有口才。《论语》提及南容2次，谶纬载有南容1次。

[①] 或可试从《论语》之分章入手。《论语·先进》"子曰：从我于陈蔡者，皆不及门也"（11.2）章，郑玄以为与"德行：颜渊，闵子骞，冉伯牛，仲弓。言语：宰我，子贡。政事：冉有，季路。文学：子游，子夏"（11.3）章当合，陆德明云："郑云以合前章，皇别为一章。"（《经典释文》，卷24《论语音义》，页12b。）邢昺云："郑氏以合前章，皇氏别为一章。"（《论语注疏》，《十三经注疏（整理本）》，卷11，页160。）据此知郑玄本《论语》合此二章，皇侃《义疏》本则分。朱熹《集注》亦从郑说，并引程颐云："四科乃从夫子于陈、蔡者尔，门人之贤者固不止此。曾子传道而不与焉，故知十哲世俗论也。"准此，所谓孔门十哲者，盖与孔子厄于陈蔡之弟子矣。是以贤弟子如有不在十哲之列者，乃因不共此厄而已，非谓孔门之贤德者尽在于此。（《四书章句集注》，论语集注，卷6，页123。）
[②]《史记》，卷67，页2206。

南容与南宫敬叔是否一人,历来颇有争论。详见前文《汉书·古今人表》并见"南容"(第三等)与"南宫敬叔"(第四等)之讨论。

高柴,字子羔,小孔子30岁。高柴为人谨厚纯笃,能孝,亦尝出仕。《论语》提及高柴2次,谶纬载有高柴1次。

樊须,字子迟,《史记·仲尼弟子列传》谓其小孔子36岁,《孔子家语》则谓小46岁。观乎《左传·哀公十一年》尝载鲁齐郎之战,时冉有为左帅,樊迟为车右,而季孙言"须也弱"。据《史记》则樊迟已32岁,《家语》则尚且22岁,所谓"弱"者,唯《家语》所载年岁可足称之。樊迟并不敏慧,然其人勤学好问,似在其他弟子之上。《论语》提及樊迟6次,谶纬载有樊迟1次。

以上所载孔门弟子14人,此中事迹皆见汉代谶纬,较诸《论语》、《史记·仲尼弟子列传》而言,此等事迹皆未尝见于前书,今独见于谶纬之中,乃汉人对孔门弟子在各方面之改造,当中有对六朝志怪小说之启迪,具见后文讨论。

二、六朝志怪小说里之孔门弟子

汉末以后,政治动荡,社会混乱,百姓追求信仰,并寄托心灵于神道。上引鲁迅《中国小说史略》之言,以为神仙之说盛行、佛教之传入,乃六朝志怪小说盛行之主因。侯忠义《汉魏六朝小说史》以为有五项原因:巫风、方术之兴盛与传播;佛教传入与佛经翻译;批判政治黑暗、追求自由爱情与幸福生活之思想;对鬼神态度之转变;文人和方士作为小说作家。今以孔门弟子为考察对象,可见六朝志怪小说作者以此入文,多与《论语》和《史记·仲尼弟子列传》所载有异，更多是取材自汉代谶纬之书，并在原有记载以外之空间游弋，为孔门弟子赋予新形象。此中又以干宝《搜神记》，以及殷芸《小说》载录孔门弟子事迹最多，故下文即以此二书为基础，并辅之以其他六朝志怪小说，以见孔门弟子在六朝之变化。

1. 孔子之辅助

在不少六朝志怪小说里，孔门弟子不是主角，而是以辅助孔子之形式出场。如在《搜神记》卷四《麟书》：

《孝经右契》曰：鲁哀公十四年，孔子夜梦三槐之间，丰、沛之邦，有赤烟气起，乃呼颜回、子夏侣往观之。驱车到楚西北范氏之庙，见刍儿捶麟，伤其左前足，束薪而覆之。孔子曰："儿来，汝姓为谁？"儿曰："吾姓为赤松，字时侨，名受纪。"孔子曰："汝岂有所见乎？"儿曰："吾所见一禽，如麕，羊头，头上有角，其末有肉，方以是西走。"孔子曰："天下已有主也。为赤刘，陈、项为辅，五星入井，从岁星。"儿发薪下麟示孔子，孔子趋而往，麟蒙其耳，吐三卷书，广三寸，长八寸。每卷二十四字，其言赤刘当起，曰："周亡，赤气起，大耀兴，玄丘制命，帝卯金。"孔子精而读之。

考之此文，上引《七纬》以为即属《孝经援神契》之文；《初学记》卷29、《六帖》卷95、百卷本《记纂渊海》卷4、《山堂肆考》卷217所引皆以为出自《搜神记》。宋代类书《太平御览》卷889以为出自《孝经右契》，《古今合璧事类备要》别集卷62同。相较而言，《初学记》时代较早，以为出自《搜神记》，其说较为可信。《御览》

引书屡见不善，此处显为漏掉原书书名，而以引文"孝经右契"四字置首，《古今合璧事类备要》不知其误，直接抄录，因与之同。此文既出《孝经》谶纬，《搜神记》之孔门弟子形象便与谶纬无别，可知志怪小说或有源于汉代谶纬。此文孔门弟子（颜渊、子夏）只是配角。哀公十四年时，孔子夜梦丰沛一带有赤色烟气，遂召唤颜渊、子夏同往观之。孔子在范氏街之路上看见一小孩打麒麟，孔子问之，知小孩姓赤松，名时侨，字受纪。孔子遂问小孩看见什么，小孩表示看见鹿状、羊头、有角、角端有肉之动物。孔子因谓天下有主，赤帝子刘，陈胜、项羽为辅佐。小孩取火使孔子见麟。[1]麒麟见孔子，孔子掩耳，麒麟吐出三卷图，宽三寸，长八寸，每卷图有24字。此意赤帝子刘邦即将兴起，而"周朝灭亡，赤气升起，火德兴旺，玄圣孔丘颁布天命，皇帝姓刘。"大抵寓意刘邦将代周而兴，建立汉朝。汉儒以为孔子为汉制法，又以为汉室皇权天授，因而生出此类故事。其事涉虚妄神怪，自为六朝小说所好，故《搜神记》纳入此文。

又如殷芸《小说》，姚振宗尝言此书特色，其曰："案此殆是梁武帝作《通史》时事，凡此不经之说为《通史》所不取者，皆令殷芸别集为《小说》，是此《小说》因《通史》而作，犹《通史》之外乘也。"[2]以此论《小说》之书，其所载故事大抵即正史以外之补充，代表了主要故事之周边发展。其中卷二《周六国前汉人》所载孔子之游山：

---

[1] 麟为何物，前人未有表明。杨伯峻《春秋左传注》（北京：中华书局，1995年版，页1680）以为或即长颈鹿。详参拙著《绝笔于获麟》，《国学新视野》2017年9月秋季号，页132-135。
[2] 姚振宗：《隋书经籍志考证》（上海：上海古籍出版社据浙江图书馆藏开明书店铅印师石山房丛书本影印，1995年），卷32，页499。

孔子尝游于山,使子路取水,逢虎于水所,与共战,揽尾得之,内怀中;取水还,问孔子曰:"上士杀虎如之何?"子曰:"上士杀虎持虎头。"又问曰:"中士杀虎如之何?"子曰:"中士杀虎持虎耳。"又问:"下士杀虎如之何?"子曰:"下士杀虎捉虎尾。"子路出尾弃之。因恚孔子曰:"夫子知水所有虎,使我取水,是欲死我。"乃怀石盘,欲中孔子。又问:"上士杀人如之何?"子曰:"上士杀人使笔端。"又问曰:"中士杀人如之何?"子曰:"中士杀人用舌端。"又问:"下士杀人如之何?"子曰:"下士杀人怀石盘。"子路出而弃之,于是心服。

这个故事记载孔子与子路共游山,而孔子使子路取水,子路于水源处遇虎,揽虎尾而杀之。子路之勇可见。然而,孔子以为子路只属下士之举,子路不服,欲以所怀石盘击打孔子,而孔子同样以为只有下士才会如此攻击别人。于是,子路放弃击打孔子之念,明白老师乃欲其成为上士之道理,心悦而诚服。据殷芸原注,此文出自专门载录孔门师弟子神怪事迹之《冲波传》。[①]在子路遇虎之故事里,孔子仍然是主角,重点是如何令到子路心悦诚服。当然,因材施教与循循善诱都在其中。至于子路虽是配角,然其"性鄙,好勇力,志伉直"[②]仍是不变,保存先秦两汉以来之子路形象。志怪小说所载,一般而言较为夸张失实,此文亦不例外。子路因老师使其至有虎之处取水,因欲击杀孔子,实涉虚妄,本不必然,实乃此事之志怪根本。

①参李剑锋:《〈冲波传〉:一部关于孔子及其弟子故事的志怪小说》,《鲁东大学学报(哲学社会科学版)》2010年第27卷第5期,页64-68。
②《史记》,卷67,页2191。

又如殷芸《小说》所载另一则故事：

颜渊、子路共坐于门，有鬼魅求见孔子，其目若日，其形甚伟。子路失魄口噤；颜渊乃纳履拔剑而前，卷握其腰，于是化为蛇，遂斩之。孔子出观，叹曰："勇者不惧，知者不惑，仁者必有勇，勇者不必有仁。"

诸部《小说》皆未载此则故事出处。余嘉锡云："此条不注书名，以下条及子路取水条推之，必《冲波传》也。盖此四条皆引《冲波传》，而总注于末条之下耳。其事颇与《搜神记》十九记子路杀大鲲鱼事相类，疑即一事，传闻异词，要之皆荒谬不可据。"[1]余氏以为较诸殷芸引书情况而言，此文仍当出《冲波传》。余说是也。此则所重仍在孔子，颜渊、子路之形象有所颠覆，此以颜渊为拔剑斩蛇者，而子路则是"失魄口噤"。考诸《论语》，子路有"兼人"[2]之勇，且"好勇"[3]甚于孔子，自是事无所畏。可是子路在《小说》里却因见鬼魅而大惊，失魂落魄，口不能言。反之，箪食瓢饮，[4]"发尽白，蚤死"[5]之颜渊，却是勇猛无比，抵挡鬼魅。鬼魅意欲求见孔子，终为子路所灭，孔子至此方告现身，故事之末，作者结合两则《论语》以说理，分别是：

---

[1] 余嘉锡：《殷芸小说辑证》，载余嘉锡《余嘉锡论学杂著》（北京：中华书局，2007年），页296。
[2] 《论语·先进》(11.22)。
[3] 《论语·公冶长》(5.7)。
[4] 《论语·雍也》(6.11)。
[5] 《史记》，卷67，页2188。

子曰:"知者不惑,仁者不忧,勇者不惧。"(9.29)

子曰:"有德者必有言,有言者不必有德。仁者必有勇,勇者不必有仁。"(14.4)

《小说》之文结合以上两则《论语》,因成"勇者不惧,知者不惑,仁者必有勇,勇者不必有仁。"孔子以此两则《论语》评价颜渊与子路,大抵颜渊为仁者而有勇,反之子路貌似勇猛而实不然。

史家载事,大多提取传主生平事迹之关键,援笔为文。然历史事件每每留有大量空间,填补历史缝隙便成为小说家创作之要事,也是小说所以耐人寻味之重要原因。以下《搜神记·五酉》便属此类:

孔子厄于陈,弦歌于馆中。夜有一人,长九尺余,着皂衣高冠,大叱,声动左右。子贡进,问:"何人耶?"便提子贡而挟之。子路引出,与战于庭,有顷未胜。孔子察之,见其甲车间时时开如掌,孔子曰:"何不探其甲车,引而奋登?"子路如之,没手仆于地。乃是大鳀鱼也,长九尺余。孔子叹曰:"此物也,何为来哉?吾闻物老则群精依之,因衰而至。此其来也,岂以吾遇厄绝粮,从者病乎?夫六畜之物及龟蛇鱼鳖草木之属,久者神皆凭依,能为妖怪,故谓之五酉。五酉者,五行之方,皆有其物;酉者老也,故物老则为怪矣。杀之则已,夫何患焉!或者天之未丧斯文,以是系予之命乎?不然,何为至于斯也?"弦歌不辍。子路烹之,其味滋,病者兴。明日遂行。

此文甚为有趣。根据《论语·卫灵公》:"在陈绝粮,从者病,莫能兴。子路愠见曰：'子亦有穷乎？'子曰：'君子固穷，小人穷斯滥矣。'"(15.2)又，《史记·孔子世家》亦记孔子与弟子厄于陈蔡，其曰："于是乃相与发徒役围孔子于野。不得行，绝粮。从者病，莫能兴。孔子讲诵弦歌不衰。"此后孔子以《诗·小雅·何草不黄》为问，考核子路、子贡、颜渊"'匪兕匪虎，率彼旷野'。吾道非邪？吾何为于此？"孔子以颜渊所言为是，最后孔子派遣"子贡至楚。楚昭王兴师迎孔子，然后得免"。此记孔子厄于陈，在住处弹琴唱歌。至晚上有19尺高之黑衣人突然来临，并大声吼叫。子贡问此人从何而来，即被其挟走。子路将黑衣人引出房间，与之大战，顷之而未胜。孔子在旁观察，及见黑衣人之甲与两腮之间常如手掌般张开，以为此乃其弱点，可向彼处加强攻击。子路知悉，遂击退之，竟见原来黑衣人实一大鳀鱼也。孔子以为遇此怪物，乃因其时困于陈、蔡，从者绝粮，神灵遂依附在六畜动物之上，变成妖怪而来袭。孔子博学多才，以为五方之物，老而成为妖怪，谓之"五酉"。把五酉杀死了，便没有值得担忧之事。是以孔子弦歌不衰，不受打扰。子路把鳀鱼妖怪杀死后，取之烹煮，味道鲜甜，病者吃后皆得好转，第二天便可继续上路。考鳀鱼变成妖怪之事，自是虚妄而不可能，惟干宝编纂此书，其目的本为"撰记古今怪异非常之事"[①]，故亦不足为奇。在此事中，展示了孔子之博学、子路之勇武，此皆按照前世有关孔子、子路之性格特点发展而来。《论语》、《史记》载孔门弟子"从者病，莫能兴"如何解决呢？史无明文。因此，《搜神记》便有斩杀鳀鱼吃之的神笔。鳀鱼"味滋"，吃后遂使"病者兴"，结果翌日便可起行。《晋书》评论《搜神记》时指出干宝"博采异同，遂

---

①干宝：《撰〈搜神记〉请纸表》，载《新辑搜神记》，页17。

混虚实",①今就子路大战鲲鱼一事观之,即可知悉此混合虚实之意,亦是利用历史遗留下来之空隙,由小说家为历史创造证据。

2. 独当一面之孔门弟子

除了是辅助孔子之重要人物,孔门弟子在六朝志怪小说每多各擅胜场,独当一面。其实,即使在《论语》里,亦有孔门弟子之间对话而不涉孔子者,故《汉书·艺文志》才有:"《论语》者,孔子应答弟子时人及弟子相与言而接闻于夫子之语也。当时弟子各有所记。夫子既卒,门人相与辑而论篹,故谓之《论语》。"可知《论语》本有老师不在而弟子相与讨论之部分,当中亦可见孔门弟子之鲜明形象。

殷芸《小说》载有子路与颜渊在洙水见五色鸟之故事。其曰:

子路、颜回浴于洙水,见五色鸟。颜回问子路曰:"由,识此鸟否?"子路曰:"识。"回曰:"何鸟?"子路曰:"荧荧之鸟。"后日,颜回与子路又浴于泗水,更见前鸟,复问:"由,识此鸟否?"子路曰:"识。"回曰:"何鸟?"子路曰:"同同之鸟。"颜回曰:"何一鸟而二名?"子路曰:"譬如丝绢,煮之则为帛,染之则为皂,一鸟而二名,不亦宜乎?"

在《论语》中,颜渊"闻一而知十",[2]"回也不愚",[3]"好谋而成事",[4]在孔门弟子之中能传夫子之道,屡受孔子称赞。在《小说》里,子路和颜渊在洙水和泗水先后碰见五色鸟,颜渊不知为何物,两次皆请益于子路。性格冲动之子路,此处变成博学多才之

---

① 房玄龄:《晋书》(北京:中华书局,1974年),卷82,页2150。
② 《论语·公冶长》(5.9)。
③ 《论语·为政》(2.9)。
④ 《论语·述而》(7.11)。

人,与《论语》之描述大不相同。子路指出一鸟之有二名并不奇怪,故五色鸟一名荧荧之鸟,二名同同之鸟,情况一如丝绢煮之有一名,染之有一名。由此,在《论语》里最受孔子喜爱,唯一能仁之颜渊,在这里也只能屈居在子路之下。

殷芸《小说》又有一则载及子贡出使,颜渊聪明机智之事,其文如下:

孔子尝使子贡出,久而不返,占得鼎卦无足,弟子皆言无足不来;颜回掩口而笑。孔子曰:"回笑,是谓赐必来也。"因问回:"何以知赐来?"对曰:"无足者,盖乘舟而来,赐且至矣。"明旦,子贡乘潮至。

此记孔子派子贡出使,却久而未返,孔子于是占卦问其吉凶,得鼎卦,即"九四:鼎折足,覆公𫗧,其形渥,凶"。[1]孔门弟子皆以为乃凶兆,子贡或许一去不返。唯有颜渊掩口而笑,以为"鼎折足"(即"无足")代表子贡必定乘船而回,不用双足,并非凶兆。果然,子贡在第二天便从海上归来。在《论语》里,孔子两次称赞颜渊"好学",[2]且其为学进步日不可止,[3]远胜其他孔门弟子。此记子贡出使,考诸《论语》,子贡能言善道,位次言语科之中,讨论《诗·卫风·淇奥》之文,孔子誉之为"告诸往而知来者"(1.15)。在陈蔡之厄时,孔子亦只"使子贡至楚。楚昭王兴师迎孔子,然后得免"。[4]知孔子弟子之中独子贡最擅外交辞令。颜渊、子贡此事固然

---

[1]《周易正义》,《十三经注疏(整理本)》,卷5,页244。
[2]《论语·雍也》(6.3)。
[3]《论语·子罕》(9.21)。
[4]《史记》,卷47,页1932。

属志怪小说所增益，然其依托原则则与《论语》、《史记》所载二人之形象无别。

上文载有汉代谶纬所记孔门弟子，其实六朝志怪小说亦有袭取彼处之文。如《发蒙记》云："子路感雷精而生，尚刚好勇。"《发蒙记》作者是晋人束皙，据其本传所载，"皙才学博通，所著《三魏人士传》、《七代通记》、《晋书》纪、志，遇乱亡失。其《五经通论》、《发蒙记》、补亡诗、文集数十篇，行于世云。"① 此书早佚，观其佚文，大抵属于博物地理一类。② 今《玉函山房辑佚书》卷62有辑佚本，共得佚文25条。③ 上引《论语谶·论语比考谶》云："子路感雷精而生，尚刚好勇。"即与《发蒙记》此文完全相同。子路好勇，上文已论，此处不赘。至于"刚"，孔子尝与子路讨论"六言六蔽"，其中有"好刚不好学，其蔽也狂"（17.8），刚强而不好学，其弊病就是胆大妄为。子路侍侧，孔子以其为"行行如也"，即样子刚

---

①《晋书》，卷51，页1434。
②侯忠义《汉魏六朝小说史》以内容分魏晋志怪小说为三类，一为记怪类，二为博物类，三为神仙类。其中博物类载有《博物志》、《玄中记》等小说，束皙《发蒙记》大抵与此相类。
③详参马国翰辑：《玉函山房辑佚书》（上海：上海古籍出版社，1990年），卷62，束皙《发蒙记》。马国翰云："《隋志》小学有《发蒙记》一卷，晋著作郎束皙撰。《地理志》又有《发蒙记》一卷，束皙撰，载物产之异。两书同名而分著之与，抑一书而两载失于厘定欤？疑不能明。书佚已久，陶宗仪《说郛》辑录凡15条，内1条为《启蒙记》，9条未详所据，姑依录之，复搜辑11条，补录于后。"据马说，是《发蒙记》乃小学之书，然就所得佚文观之，大抵较为接近博物地理一类。考"发蒙"二字，东方朔《七谏·初放》"将方舟而下流兮，冀幸君之发蒙"句，王逸注："言我将方舟随江而浮，冀幸怀王开其蒙惑之心而还已也。"（洪兴祖：《楚辞补注》，北京：中华书局，1983年，卷13，页241。）据此知"发蒙"二字意指开启蒙惑之心。

第二章 外来文化带来的冲击——六朝的孔子及其弟子

强，只能落得"不得其死然"之下场（11.13）。及后，子路终死于卫国内乱，自是"好刚"之恶果。然而子路是否"感雷精而生"，后世自无由得知，汉代谶纬以此为天人交感之结果，六朝志怪小说爱奇，自必采之入文。

又如张华《博物志·史补》："子路与子贡过郑神社，社树有鸟，神牵率子路，子贡说之乃止。"[1]神社即土地庙。此载子路与子贡过郑国之土地庙，二人见社树有鸟在上，子路为人冲动，即往捕之。然社树乃神社之标志，子路此举惹怒社神，社神拉住子路。在孔门十哲中，子贡以口才见称，是以子贡劝说社神，方把子路放走。就此事而言，"社神"云云语涉虚妄，王嘉谓《博物志》乃"考验神怪"[2]之作，信哉是言也！然此神怪之事，《博物志》仍按照子路与子贡之性格特点以作润饰，即子路性冲，而子贡口才绝佳也。又，上引《论语谶·论语比考谶》亦有"子路与子贡过郑神社"之文，盖即《博物志》所本。

张华《博物志·史补》录有一段魏文侯与子夏之对话。据《史记·仲尼弟子列传》所载，"孔子既没，子夏居西河教授，为魏文侯师。"知子夏尝为魏文侯师矣。《博物志》之文如下：

---

[1] 张华撰、范宁校证：《博物志校证》（北京：中华书局，1980年），卷8，页95。范宁注"神牵率子路"句云："'神'上《艺文类聚》卷90引作'子路捕鸟社'五字。'率'作'牵'，《汉魏》本亦作'牵'，其作'牵'是也。《易中孚》：'有孚挛如。'疏云：'挛，相牵系不绝也。'故牵有牵义，当据正。"（《博物志校证》，卷8，页100，注24。）
[2] 王嘉：《拾遗记》（北京：中华书局，1981年），卷9《晋时事》，页211。

赵襄子率徒十万狩于中山，藉芳燔林，扇赫百里。有人从石壁中出，随烟上下，若无所之经涉者。襄子以为物，徐察之，乃人也。问其奚道而处石，奚道而入火，其人曰："奚物为火？"其人曰："不知也？"魏文侯闻之，问于子夏曰："彼何人哉？"子夏曰："以商所闻于夫子，和者同于物，物无得而伤，阅者游金石之间及蹈于水火皆可也。"文侯曰："吾子奚不为之？"子夏曰："刳心知智，商未能也。虽试语之，而即暇矣。"文侯曰："夫子奚不为之？"子夏曰："夫子能而不为。"文侯不悦。

此记赵襄子遇见一人，此人能够处石而涉火。魏文侯知此事，遂问子夏。子夏以为因此人可保存纯和之气，身心与外物相应合，故能在金石间和水火中跳跃。魏文侯问子夏何以不能这样做，子夏以为要剔除思欲、摒弃智慧方能趋此，自己尚未能做到。魏文侯再追问孔子能否做到，子夏以为孔子可以做到，只是不欲如此而已。魏文侯知悉后感到不悦。其实，"刳心去智"自是道家语，不当出自孔门师弟子口中，《博物志》所言自是出于依托。考《博物志》此事，《列子·黄帝》所载与之相同，杨伯峻云："张华《博物志》载此事与愿此基本相同。"[1] 二书所载此事，最大分别乃在《博物志》记为"文侯不悦"，《列子》则作"文侯大悦"，虽差一字，却谬之千里。观乎子夏为魏文侯师，司马迁《史记·儒林列传》更以其人为"好学"，[2] 故其于细听子夏分析以后，理当"大悦"而非"不悦"。子夏授与何等知识予以魏文侯，史无所载，能够保存纯真，出入火石

---

[1] 杨伯峻：《列子集释》（北京：中华书局，1979年），卷2，页68-69。
[2] 《史记》，卷121，页3116。

者，自是修炼道家者也。而借儒家人物表达道家思想，亦是六朝志怪小说常见之主题。

又《搜神记》载有曾参啮指痛心之事，此事后世入之二十四孝故事之中。《搜神记》之文如下：

曾子从仲尼，在楚而心动。辞归，问母，曰："思之啮指。"孔子闻之曰："曾参至诚，精感万里。"

此言曾参追随孔子在楚国之时，突然心里有所感应，遂向孔子告辞归家。回家后，始知因母亲念己，咬动指头，故有所感。孔子知之，以为曾参至诚之孝，能够感应万里。曾子虽不在孔门十哲之列，然其人以孝道著称，《韩非子·八说》尝言"修孝寡欲如曾、史"，此中"曾"即指曾参。又如《孔子家语·六本》、《说苑·建本》并载曾参耘瓜误斩其根，致使父亲曾皙以杖击背之事，皆可见曾参之孝。此后曾参之孝亦有所发展，从父至母，遂有啮指痛心之事。元人编录《全相二十四孝诗选》（简称《二十四孝》）之时，便次录此事于其中，此可见六朝志怪故事改造孔门弟子对后世之影响。

张华《博物志》尚载有其他新增之曾参事迹。此书卷9载云：

上古男三十而妻，女二十而嫁。曾子曰："弟子不学古知之矣，贫者不胜其忧，富者不胜其乐。"[①]

[①]《博物志校证》，卷9，页104。《博物志校证》原依底本连上文有"黄帝治天下百年而死。民畏其神百年，以其数百年，故曰黄帝三百年"句，今据丛书集成本不连上文，而只录"上古男三十而妻"云云。

曾子曰："好我者知吾美矣，恶我者知吾恶矣。"

曾参虽不在孔门十哲之列，然其对孔门儒家之传授，至为关键，因孔子之孙子思正是曾门弟子。《汉书·古今人表》次第孔门弟子，十哲皆在第二等（上中仁人），而曾子只在第三等（上下智人）。杨慎云："传道者曾子，乃书于冉、闵、仲弓之下，盖不知曾子不与四科之故也。"[1]杨氏所言可谓真知灼见。且曾子地位之提升，初不在孔子之时，孔门四科以德行居首，而曾子之行为后世所称者，首曰其孝。惟较诸德行四子而言，曾子当时年纪太小[2]，在孔门弟子中仅属后辈，故不得列德行之科。《博物志》此言古代男子30岁而娶妻，女子20岁而出嫁。曾子因谓弟子如不案古礼行事，结果可知；贫困者会不堪愁苦，富贵者亦不胜快乐。又，曾子以为喜欢他人如喜欢自己，必知其好处何在，不喜欢者亦必知其坏处何在。在孔门弟子之中，因颜渊早死，唯曾参能传孔子之道。故《论语》中曾参单独出现，称为"曾子"者，亦屡有所见，合共有12章，以"子"为称，位居孔门弟子之首。

张华《博物志》亦两载澹台灭明之事，分见卷八《史补》与卷七《异闻》，其文分列如下：

澹台子羽子溺水死，欲葬之，灭明曰："此命也，与蝼蚁何亲？与鱼

---

[1] 杨慎所言，转引自凌稚隆《汉书评林》，同治甲戌（1874年）仲冬长沙魏氏养翿书屋校刊本，卷20，页48b。
[2] 德行科四子，颜渊小孔子30岁，闵子骞小孔子15岁，冉伯牛小孔子7岁，仲弓小孔子29岁。曾子则小孔子46岁，相较其他孔门弟子而言，曾子乃是孔门里的小师弟。

鳖何仇?"遂不使葬。

澹台子羽渡河,赍千金之璧于河,河伯欲之,至阳侯波起,两鲛挟船,子羽左挡璧,右操剑,击鲛皆死。既渡,三投璧于于河伯,河伯跃而归之,子羽毁而去。①

据《博物志·史补》所载,澹台灭明之子为水淹死,其弟子欲收葬之。澹台灭明却不以为然,以为其子之死乃是命运安排,故不用下葬与蝼蚁为伴,而与鱼鳖为仇。澹台灭明遂使弟子不用收葬其子。其豁达之风,与道家相若,却与慎终追远之儒家文化不相合。至于《异闻》所载,谓澹台灭明带着千金玉璧渡河,河神欲得此璧,在船渡一半之时,兴波作浪,使两条蛟龙将船夹在中间。澹台灭明左手握玉璧,右手握剑,击杀两条蛟龙。渡河以后,澹台灭明三次投璧予河神,河神皆奉还。最后,澹台灭明毁掉玉璧,继续上路。可见澹台灭明所以为河神所袭击,乃因身怀玉璧,意指财富实祸患之根源。过河以后,澹台灭明深明此理,遂将玉璧给予河神。及后即使河神不要玉璧,澹台灭明早已感悟,不欲为财富所羁绊,遂放弃玉璧,战胜物欲。澹台灭明虽非孔门十哲,然其人尝为子游举荐,"行不由径,非公事,未尝至于偃之室也"(6.14),可见其为人正直,绝不徇私。据《史记·仲尼弟子列传》所载,其"状貌甚恶","孔子以为材薄"。及后离开孔门,"退而修行"。澹台灭明及后取

---

①《博物志校证》,卷7,页85。干宝《搜神记》亦载此文,李剑国云:"本条《文选》卷5左思〈吴都赋〉刘逵注引,出干宝《搜神记》。明孙毂《古微书》卷25按语亦引《搜神记》。事又载《博物志》卷7、《水经注》卷5《河水》,文字较详。"(《新辑搜神记》,卷25,页414。)

得很大成就，孔子悔之，以为自己"以貌取人，失之子羽"[①]。《博物志》所记澹台灭明仍然正直不阿，与《论语》、《史记》无别，只是子死不葬、杀两蛟龙，皆言之夸张，语涉荒诞，乃六朝志怪所增益。

3. 仲尼四友

顾名思义，孔门弟子皆受教于孔子，自可并称，然于六朝志怪小说之中，却可见不同类型之结合并称。《历代名人并称辞典·前言》云："并称是具有概括性的。我们通过对并称的研究，可以了解到学术流派的异同，文学艺术的流派和风格，某一时代的背景和习尚，其一时代的背景和习尚，某些学派的师承关系，以及某一地方、某一氏族的各类名家等。"举例而言，四配、孔门十哲、孔门七十二弟子等，便是与孔门儒家相关之并称。张华《博物志·人名考》提出"仲尼四友"之称：

仲尼四友，颜渊、子贡、子路、子张。

有关仲尼四友之说，虽非始自《博物志》，然诸家所言"四友"或有差异，或其序次亦有所不同。范宁云："《孔丛子》及《圣贤群辅录》同此。惟陶渊明《与子俨等疏》云'子夏有言："死生有命，富贵

[①] 《史记》，卷67，页2206。澹台灭明状貌如何，颇有争论。《韩非子·显学》云："澹台子羽，君子之容也，仲尼几而取之，与处久而行不称其貌。"（《韩非子新校注》，卷19，第1137页。）又《孔子家语·七十二弟子解》云："有君子之姿，孔子尝以容貌望其才。"（《孔子家语》，卷9，页499。）可见二书所记刚与《史记》所言"状貌甚恶"相反，唐人司马贞《史记索隐》早已疑之。

第二章 外来文化带来的冲击——六朝的孔子及其弟子

在天。"四友之人，亲受音旨'云云，与此异辞。"①是范氏谓《孔丛子》、《圣贤群辅录》、陶渊明文皆有"仲尼四友"之说，分见如下：

懿子曰："夫子亦有四邻乎？"孔子曰："吾有四友焉。自吾得回也，门人加亲，是非胥附乎？自吾得赐也，远方之士日至，是非奔辏乎？自吾得师也，前有光，后有辉，是非先后乎？自吾得由也，恶言不至于门，是非御侮乎？"——《孔丛子·论书》

据《孔丛子》所载，四友当指颜渊、子贡、颛孙师（子张）、子路。《孔丛子》虽题作孔子八世孙孔鲋所作，惟梁启超云："其材料像很丰富，却完全是魏晋人伪作，万不可轻信。"②《汉书·艺文志》并无《孔丛子》之著录，是书最早见于曹魏时期，其著录则始见于《隋书·经籍志》，③故亦可视之为六朝文献。

"闳夭、太公望、南宫适、散宜生"条，云："右文王四友。《尚书大传》云：'闳夭、南宫适、散宜生三子，学于太公望，望曰："嗟乎！西伯，贤君也。"四子遂见西伯于羑里。'孔子曰：'文王有四臣，丘亦得四友。'此四人则文王四邻也。"——《圣贤群辅录》

---

① 《博物馆》卷6，页76。
② 梁启超：《梁启超论儒家哲学》（北京：商务印书馆，2012年），页128。
③ 《隋书》："《孔丛》七卷。"注："陈胜博士孔鲋撰。"（魏征：《隋书》，北京：中华书局，1973年，卷32，页937。）

此处谓"四友"者,未有明指。此文所重似乎在于文王四友,而仲尼四友则未加讨论,亦未知其所指"四友"谁孰。

> 子夏有言曰:"死生有命,富贵在天。"四友之人,亲受音旨。——陶渊明《与子俨等疏》

此处"四友"包括子夏,与《孔丛子》所载不同。袁行霈云:"《孔丛子》所谓'四友'无子夏。或渊明另有所据,四友包括子夏;或意谓子夏与四友同列。"[1]至于子夏以外之三人谁孰,亦未加指明。

准上所说,诸家就仲尼四友众说纷纭,四人所指未明,甚或未加解说。且《博物志》所列四友之序次为颜渊、子贡、子路、子张,与《孔丛子》之颜渊、子贡、子张、子路亦有差异。《历代名人并称辞典》只据上引《孔丛子·论书》立说,未有胪列《博物志》等之说解,失诸简略,应可稍作补充。

第三节 其他文献里的孔门师弟子

一、以孔门四科连言孔门弟子

孔门弟子众多,其中又有孔门十哲。在唐代之时,已有孔门十哲之称号,详见《旧唐书·礼仪志》所载。[2]又《旧唐书·玄宗本纪》

---
[1]《陶渊明集笺注》,卷7,页534,注5。
[2] 详参刘昫:《旧唐书》(北京:中华书局,1975年),卷24,页919-921。

开元二十七年八月云:"甲申,制追赠孔宣父为文宣王,颜渊为兖国公,余十哲皆为侯,夹坐。后嗣褒圣侯改封为文宣公。"[1]此所谓"十哲"者,即孔门四科十位高弟也。

在六朝文献里,孔门四科十哲多有按类并称,可知后世学者援笔之时,多有参考《论语》之说。此中并称者,又有数类,一为颜渊、闵损并称,以颂扬其德行:

被褐怀珠玉,颜、闵相与期。——阮籍《咏怀诗》

假令世士移博弈之力而用之于诗书,是有颜、闵之志也。[……]如此则功名立而鄙贱远矣。——《三国志·吴书·韦曜传》

行侔颜闵,学拟仲舒,文参长卿,才同贾谊,实瑚琏器也。——《高士传》卷下赞恂

年四十,通游、夏之艺,履颜、闵之仁。——《后汉书·郎𫖮传》

此皆以颜、闵并称,以见德行之高,以为楷模。阮籍《咏怀诗》其十五指出颜渊、闵损二人虽贫穷而怀有才德,故可为自己的目标。韦昭[2]则以为世人只用力于博弈之贱事,却没有追求功名;遂以颜渊、闵损为楷模,以为能用力于《诗》、《书》,则功名得立而贱事

---

[1]《旧唐书》,卷9,页211。
[2] 韦昭,因晋代魏以后,司马炎追尊司马昭为晋文帝,故改"昭"为"曜"。《三国志》裴注:"曜本名昭,史为晋讳,改之。"(《三国志》,卷65,页1460。)

远矣。《高士传》载录历代高节之士,其中赘恂为后汉人,时人举荐赘氏,以其人有嘉行,同于颜渊、闵损。至乎《后汉书》郎颛举荐李固,亦以为其人能践行颜渊、闵损之德。又德行科既列四科之首,自为重中之重,故有以颜渊与伯牛并称其德者:

周、孔以之穷神,颜、冉以之树德。——嵇康《黄门郎向子期难养生论一首》

则颜、冉之亚。——《后汉书·文苑列传》

虽仲尼至圣,颜、冉大贤,揖让于规矩之内,闾闾于洙、泗之上,不能遏其端。——李萧远《运命论》

考之颜、冉并称,又因二人或皆早亡,不幸短命而死,未能传授孔门之教。据《孔子家语·七十二弟子解》云:"年二十九而发白,三十一早死。"《论语·雍也》哀公问:"弟子孰为好学?"孔子对曰:"有颜回者好学,不迁怒,不贰过。不幸短命死矣,今也则亡,未闻好学者也。"(6.3)是孔子以为颜渊早夭,不得永年矣。至于伯牛,《论语》:"伯牛有疾,子问之,自牖执其手,曰:'亡之,命矣夫!斯人也而有斯疾也!斯人也而有斯疾也!'"(6.10)伯牛身患何疾,是否早夭,史无明文,惟《史记》作"有恶疾",盖为疾之恶者也。旧说以为伯牛患疠,然此为高度传染之疾,孔子不当执其手,故程树德以"厉"为热病,伯牛乃冬厉也。程说可参。总之,颜渊早夭、伯牛得恶疾,皆不幸之事,故后人多并称二人以论仁者不必寿。此待下文详论。

至于言语科,其中宰予、子贡于此科特别出色,盖二人皆口才出众,能言善道。六朝文献亦有以宰予、子贡并称。例如《三国志·魏书·方技传》裴注:"以言取之者,以变辩是非,言语宰我、子贡是也"。又政事科,冉有、子路皆为治国之材,乃辅弼股肱之臣。《三国志·魏书·方技传》裴注引《傅子》:"若政事冉有、季路,[……]虽圣人之明尽物,如有所用,必有所试,然则试冉、季以政。"又《三国志·蜀书·郤正传》:"侃侃庶政,冉、季之治也。"是皆以二人有治国之材,故并称之。

六朝是文学自觉的年代。20世纪初期,铃木虎雄《中国诗论史》"提出魏代是"中国文学的自觉期",鲁迅《魏晋风度及文章与药及酒之关系》谓"曹丕的一个时代可说是'文学的自觉时代',或如近代所说是'为艺术而艺术'的一派"。孔门四科之文学科,其意义虽与后世之文学不尽相同,乃指古代文献。①可是六朝文献里每多以子游、子夏并称,比附文人。今举例如下:

昔尼父之文辞,与人通流,至于制《春秋》,游、夏之徒乃不能措一辞。过此而言不病者,吾未之见也。——曹植《与杨德祖书》

---

① 此杨伯峻语。杨氏云:"文学——指古代文献,即孔子所传的《诗》、《书》、《易》等。皇侃《义疏》引范宁说如此。《后汉书·徐防传》说:'防上疏云:经书礼乐,定自孔子;发明章旨,始于子夏。'似亦可为证。"(杨伯峻:《论语译注》,北京:中华书局,1980年第2版,页110。)

若使素士则昼躬耕以糊口，夜薪火以修业；在位则以酣宴之余暇，时游观于劝诫，则世无视内，游、夏不乏矣。——《抱朴子外篇·崇教》

今子所说，非圣人之言不谈，子游、子夏之俦，不能过也。——《拾遗记·魏》

子游、子夏以文学科著称，是以后世文人著书立说者，多以二人为论，如上文《抱朴子外篇·崇教》所言，即以为寒素士人如能努力学习，使学有所成，便如同游、夏再生，更可与之匹敌。曹植所言，盖本《史记·孔子世家》"至于为《春秋》，笔则笔，削则削，子夏之徒不能赞一辞"。以为子游、子夏虽以文学著称，仍不能在《春秋》里妄加一笔。至于《拾遗记》所载，则为曹丕之言。时薛夏博学绝伦，曹丕与之讲论，对答如流，曹丕因此称誉薛夏"非圣人之言不谈，子游、子夏之俦，不能过也"。此可见游、夏并非指修习古代文献之人，而是如游、夏口材出众而已，或非文学科之本真。

二、仁德与寿考并不两存

《左传·襄公二十四年》载叔孙豹论"三不朽"，其言曰："大上有立德，其次有立功，其次有立言。"三者尤以立德为尚，此可见古人之所重。然而，有德者未必寿考，孔门之颜渊、伯牛虽以德行见称却仍短寿，便是显例。司马迁《史记·伯夷列传》对此感慨万分，其曰："七十子之徒，仲尼独荐颜渊为好学。然回也屡空，糟糠不厌，而卒蚤夭。天之报施善人，其如何哉？盗跖日杀不辜，肝人之肉，暴戾恣睢，聚党数千人横行天下，竟以寿终。是遵何德哉？"以为有德之颜渊不当早卒，无道之盗跖不应长寿。自东汉以后，国家分裂，战争频繁，生灵涂炭，《古诗十九首》已有时人对"生年不满百，常怀千岁忧"的慨叹。由于年寿有时而尽，因此而有"仙人王子乔，难可与等期"①之想法，以为应当及时行乐。因此，对于颜渊、伯牛等有德者之早夭，六朝时人多所感叹。

据《论语》所载，颜渊"闻一知十"（5.9）、"三月不违仁"（6.7）、"箪食瓢饮"（6.11）、"语之而不惰"（9.20），乃孔子最疼爱的弟子。可惜颜渊早卒，孔子更有"天丧予"（11.9）之悲恸！又伯牛身患重疾（6.10），皆可见有德未必寿考，仁人而不得善终。六朝文人雅士对此深表婉惜。举例如下：

然善事难为，恶事易作，而愚人复以项托、伯牛辈，谓天地之不能辨臧否，而不知彼有外名者，未必有内行，有阳誉者不能解阴罪，若以荠麦之生死，而疑阴阳之大气，亦不足以致远也。——《抱朴子内篇·微旨》

贤不必寿，愚不必夭，善无近福，恶无近祸，生无定年，死无常分，盛德哲人，秀而不实，窦公庸夫，年几二百，伯牛废疾，子夏丧明，盗跖穷凶而白首，庄蹻极恶而黄发，天之无为，于此明矣。——《抱朴子内篇·塞难》

颜回希舜，所以早亡。[……]生也有涯，智也无涯，以有涯之生，逐无涯之智，余将养性养神，获麟于金楼之制也。——《金楼子·立言篇九上》

---

① 《文选》，卷29，页1349。

释二曰：夫信谤之征，有如影响；耳闻眼见，其事已多，或乃精诚不深，业缘未感，时傥差阑，终当获报耳。善恶之行，祸福所归。九流百氏，皆同此论，岂独释典为虚妄乎？项橐、颜回之短折，原宪、伯夷之冻馁，盗跖、庄蹻之福寿，齐景、桓魋之富强，若引之先业，冀以后生，更为通耳。如以行善而偶钟祸报，为恶而傥值福征，便可怨尤，即为欺诡；则亦尧、舜之云虚，周、孔之不实也，又欲安所依信而立身乎？——《颜氏家训·归心》

葛洪《抱朴子内篇》乃道教典籍，①据其中《微旨》所言，以为好事难做，坏事易行，只有愚笨之人才会取项托和颜渊之早夭以证天地未能明确褒贬，却不知项、颜之徒或许只具外表，未必有内德，有表面赞誉之人不能解脱阴私之罪孽。如果用荠麦反常之生死来怀疑阴阳大气之规律，自不可以此运用到远大之事情上。此处葛洪以项托和颜渊为喻，其中项托七岁而为孔子师，却于十岁而早夭。颜渊大德，位居孔门四科十哲之首，后世儒者无异议。惟葛洪此文则以为颜渊未必真有德行，此借孔门弟子为论而以为儒家不如道家也。

至于同书之《塞难》，则论述了儒道二家之难易差异，以善人不得善终以见不必有德，天无意志。此处指出贤者不必长寿，愚者不必早夭，善行既无眼前之福佑，恶德亦无就近灾祸。即使有盛德之哲人，却只有开花而不结果；窦公只是一介凡夫，年寿接近二百。

① 葛洪《抱朴子》分为《内篇》和《外篇》，据其《自叙》所言，"其《内篇》言神僊、方药、鬼怪、变化、养生、延年、禳邪、却祸之事，属道家；其《外篇》言人闲得失，世事臧否，属儒家"。（《抱朴子外篇校笺》，卷50，页698。）

第二章 外来文化带来的冲击——六朝的孔子及其弟子　177

伯牛患有痼疾，子夏失去视力；盗跖极为凶险却活到白头，庄蹻极为邪恶亦得长寿。准此，天之无为可以考知。

及至梁元帝萧绎《金楼子》，其《立言》亦有引及颜渊早亡之事。此中所指"颜回希舜"，意谓颜渊取法乎舜。有关颜渊"希舜"之事，《金楼子》所言乃据《孔子家语·颜回》。可是，以舜为取法对象，目标似过于远大，《金楼子》遂以此为颜渊"早亡"之因由。此后《金楼子》以道家"生也有涯，智也无涯"之理为论，以为颜渊做法实不可取。准此，《金楼子》借颜渊之早亡，说明不当"逐无涯之智"。

又颜之推《颜氏家训·归心》亦以推崇佛教为务，以为佛家博大精深，非儒家所能及。上文所引主在讨论因果报应之问题。有时报应未现，颜之推以为乃当事者精诚不足所致，是以"业"与"果"尚未发生感应故也。颜氏谓因果报应为佛家重要概念，不可以此为虚妄。否则，项讬、颜渊短命而死，伯夷、原宪挨饿受冻；盗跖、庄蹻却是有福长寿，齐景公、桓魋又是富足强大。如果将这些因果关系看成为此等人物之先世所作所为之报应，那便非常合理。反之，如果因为有人行善而偶然遭祸，为恶却意外得福，由是而以为佛教之因果报应为欺诈，则如同以尧、舜、周公、孔子之事皆不可信。如此，则无事可足称信，何以立足于世。颜之推为当世大儒，此以孔门弟子（颜渊、原宪[①]）事迹为说，结合儒、佛思想，析说佛家

[①] 原宪虽非孔门十哲，然其安贫乐道之事，亦广为后世称颂。据《史记·仲尼弟子列传》所载，"孔子卒，原宪遂亡在草泽中。子贡相卫，而结驷连骑，排藜藿入穷阎，过谢原宪。宪摄敝衣冠见子贡。子贡耻之，曰：'夫子岂病乎？'原宪曰：'吾闻之，无财者谓之贫，学道而不能行者谓之病。若宪，贫也，非病也。'子贡惭，不怿而去，终身耻其言之过也。"（《史记》，卷47，第2208页。）又《庄子·让王》、《韩诗外传》卷1、《新序·节士》、《高士传》等皆有相类记载。

之因果报应。

三、据《论语》所载事迹以说理

汉代立国以后，儒家经典越趋重要，汉文帝时有一经博士之立，至汉武帝时已具立五经博士矣。《论语》虽不在五经之列，惟据王国维考证，"孝文时置《尔雅》、《孝经》、《论语》博士，至孝武废之者，非废其书，乃因此三书人人当读，又人人自幼已受之，故博士但限五经。"[①]"是通经之前，皆先通《论语》、《孝经》。"[②]《论语》之重要性可见一斑。有关孔门师弟子之事迹，《论语》无疑是最重要之依据。六朝文献采用孔门十哲之事迹，亦多以《论语》所载为据，以阐析一己之道理。今举例如下：

建初元年三月诏："昔仲弓季氏之家臣，子游武城之小宰，孔子犹诲以贤才，问以得人。明政无大小，以得人为本。"——《后汉书·肃宗孝章帝纪》

案：冉雍，字仲弓。此诏言仲弓为"季氏之家臣"，事见《论语·子路》：

仲弓为季氏宰，问政。子曰："先有司，赦小过，举贤才。"曰："焉知贤才而举之？"子曰："举尔所知；尔所不知，人其舍诸？"（13.2）

[①] 房鑫亮主编：《王国维全集》（杭州：浙江教育出版社，2009年），第15册《书信》，《致罗振玉》1916.8.15，页183。
[②] 王国维：《汉魏博士考》，载《王国维全集》，第8册《观堂集林》，页110。

宰为总管之意。此言仲弓为季氏总管，向孔子问政之道。孔子以为应由负责官员带头，不计较别人的小错误，并向主人提拔优秀人才。仲弓不解，不知怎去识别并提拔优秀人才。孔子以为应当提拔自己所了解的；至于自己并所了解的人才，也自然会有人能了解他，加以举荐。此为孔子向仲弓"诲以贤才"之事。又，言偃，字子游。此诏所言"子游武城之小宰"事，见《论语·雍也》：

子游为武城宰。子曰："女得人焉耳乎？"曰："有澹台灭明者，行不由径，非公事，未尝至于偃之室也。"（6.14）

武城为鲁国之小邑，在今山东费县西南，子游为武城县长。此邑虽小，可是孔子仍问子游有否获得贤才。子游在武城找得澹台灭明，①子游以为此人走路不插小道，如非公事，绝不会到子游之府第。可见澹台灭明为人正直，不做徇私枉法之事，故子游以其为人才。汉章帝此诏以仲弓、子游之事入文，自是希望录用人才，愿大臣可加以引荐。

初，亮见世路屯险，著论名曰《演慎》，[……]仲由好勇，冯河贻其苦箴。[……]因斯以谈，所以保身全德，其莫尚于慎乎。——《宋书·傅亮传》

---

① 澹台灭明：字子羽，据《史记·仲尼弟子列传》所载，乃孔子学生。杨伯峻云："从这里子游的答话语气来看，说这话时（笔者案：澹台灭明）还没有向孔子受业。因为'有……者'的提法，是表示这人是听者以前所不知道的。若果如《史记》所记，澹台灭明在此以前便已经是孔子学生，那子游这时的语气应该与此不同。"（《论语译注》，页60。）

傅亮，字季友，西晋文学家傅咸玄孙。刘宋时官至左光禄大夫、中书监、尚书令。傅亮因见世途艰险，故撰写《演慎》一文。此中以为如能像起始般谨慎对待事情之终结，事无不成。傅亮引仲由之事，以为其人只能好勇，逆耳劝诫。傅亮于文中遍举例证，以为保全自身使德行完美，当以谨慎为上。考此言"仲由好勇，冯河贻其苦箴"，事见《论语》，其文如下：

子谓颜渊曰："用之则行，舍之则藏，唯我与尔有是夫！"子路曰："子行三军，则谁与？"子曰："暴虎冯河，死而无悔者，吾不与也。必也临事而惧，好谋而成者也。"（7.11）

在孔门弟子当中，子路每有兼人之勇，故孔子每抑之。此处孔子与颜渊讨论用行舍藏，孔子以为唯有颜渊与自己相似，可以收放自如。子路大抵心有不甘，遂问夫子如欲领兵打仗，则与谁人同行。孔子欲抑子路，因言赤手空拳和老虎搏斗，不用船只去渡河，以身犯险而毫无悔意之徒，孔子绝不与之同行。能与夫子同行者，必然是面临任务便戒慎戒惧，善于谋略而能完成任务之人。此处以为行事当应谨慎，遂以子路故事作为反证。及后子路果死于卫之内乱，孔子悲痛不已，亦证明其"暴虎凭河"之忧累不无道理。

宰予昼寝，粪土作诫。——曹植《学官颂》

曹植此处以宰予昼寝之事为说，以为为学贵乎勤勉。诚是警告之义，即以昼寝之事为诫。考宰予昼寝之事，见《论语·公冶长》，其文如下：

宰予昼寝。子曰："朽木不可雕也，粪土之墙不可杇也；于予与何诛？"子曰："始吾于人也，听其言而信其行；今吾于人也，听其言而观其行。于予与改是。"（5.10）

白天本是为学求道之时，然宰予却于其时睡觉。孔子知之，遂以为腐烂之木头不得雕刻，粪土似的墙壁粉刷不得。宰予在白天睡觉，自是可堪责备。孔子又以为曾听人说听其言而信其行，可是在宰予昼寝之事以后，孔子以为可以改为在听到别人之说话后，必要考察其行径。宰予位列孔门言语之科，能言善道，故孔子有此慨叹。

裴注引孙盛《晋阳秋》："顗弟粲，字奉倩。何劭为粲传曰：粲字奉倩。粲诸兄并以儒术论议，而粲独好言道，常以为子贡称夫子之言性与天道，不可得闻，然则六籍虽存，固圣人之糠秕。"——《三国志·魏书·荀彧传》

荀粲乃荀彧之子，字奉倩，魏晋玄学代表人物。其父兄家族俱好以儒术议论，唯荀粲独好道家，以为《诗》、《书》、《礼》、《易》等经典皆为圣人通往大道时所遗下之糟粕。此处引子贡所言，以为夫子所言性与天道，不可得闻，今所得闻者，只为六经之糟粕而已。考子贡所言，典出《论语·公冶长》，其文如下：

子贡曰:"夫子之文章,可得而闻也;夫子之言性与天道,不可得而闻也。"(5.13)

此处"文章"二字,皇侃云:"文章者,六籍也。"①上引《晋阳秋》谓"六籍虽存"云云,可知《晋阳秋》释"文章"之义与《义疏》相同。《晋阳秋》此文引子贡所言,指出孔子所重者并非可以得见之六经,而是不可得见之"性与天道"。此又可参看另一章《论语》:

子曰:"予欲无言。"子贡曰:"子如不言,则小子何述焉?"子曰:"天何言哉?四时行焉,百物生焉,天何言哉?"(17.19)

弟子只是唯言是求,实则孔子之行藏语默,全是教材,弟子当细心体察之,方能称是。

子游治武城,夫子发割鸡之叹。[……]德小而任大,谓之滥也。德大而任小,谓之降也。而其失也,宁降无滥。是以君子量才而授任,量任而授爵,则君无虚授,臣无虚任。故无负山之累,折足之忧也。——《刘子·均任第二十九》

《刘子·均任》所引"子游治武城"之事,见于《论语·阳货》,其文如下:

---

① 《论语义疏》,卷3,页110。

子之武城,闻弦歌之声。夫子莞尔而笑,曰:"割鸡焉用牛刀?"子游对曰:"昔者偃也闻诸夫子曰:'君子学道则爱人,小人学道则易使也。'"子曰:"二三子!偃之言是也。前言戏之耳。"(17.4)

据上文所引,子游当时乃武城之县长。时孔子刚巧到武城,听到弹琴瑟唱诗歌之声。孔子以为割鸡不必用牛刀,武城只一小邑,不必以礼乐教化,所谓"治小用大"是也。子游不以为然,援引从前曾听夫子所言,礼乐教化可令人和而易使。孔子闻子游所答,深以为然,以为自己前言有失,故告诫弟子为戏言之矣。《刘子》此篇名为《均任》,篇中所述亦以才华与职任相匹为尚,故以子游之材而治武城,实非量才而授任,而是大材小用。惟《刘子》所欲申论者,与《论语》原意稍有不同。《论语》原为子游之"治小用大",与在上位者本无关系;至于《刘子·均任》,通篇以国君如何量任而任人着眼,故二者析述之角度不尽相同。

第四节 小结

本章的第一节讨论了六朝佛教典籍里所载录的孔门师弟子。自佛教在汉代东来以后,为了争取信徒,其初期之传递方式多与儒家思想有所关联。本文选取《弘明集》所载各篇作为主要分析对象。前人学者主要讨论《弘明集》与佛、道、儒之关系,以及儒佛会通,或佛教如何中国化等问题,少有从文本细读出发,讨论孔门师弟子的事迹在六朝佛典里的转变,以及新增事迹所带出的旨趣。据上文分析,可总之如下:

第一,佛教东传以后,为使中国老百姓可易于了解,因而在说理时多以儒家的人和事附益之。即使所说理与儒家经典未尽相符,但亦可借此得见当时佛教徒眼中的儒家经典和思想。

第二,孔子乃儒家最重要的人物,如要使佛教教义广为人所接受,借用孔子的思想与事迹以说理自是非常重要。本文从五个角度分析佛教篇章借用孔子事迹说理的情况。第一是将孔子与古圣贤并称,作为传统文化的代表;第二是指出佛教与孔门儒家无别;第三是借孔子所言以说佛教义理;第四是以佛教道理批评孔门儒家;第五是为孔子事迹赋予新义。

第三,除孔子外,孔门弟子亦是六朝佛教典籍里常见的儒家人物。孔门弟子众多,受业而身通者七十有二人,其中有四科十哲,最为重要。本文选取德行科的颜渊,言语科的子贡,政事科的子路,文学科的子夏,以此四人为例,以见四人在佛教文献里的形象与事迹。

本章的第二节以汉代谶纬与六朝志怪小说为本,讨论了该等典籍里所载录的孔门弟子。六朝志怪小说所载孔门弟子之篇幅颇多,其中有与前代所言相近相合者,亦有借用《论语》、《史记》为基础而增润事迹,使之丰赡多变。究其要者,可总之如下:

第一,六朝志怪小说与汉代谶纬之关系。汉人特重天人交感,以此附会社会上之人和事颇多,六朝志怪小说里孔门弟子之神怪事迹，据今可考者或源于汉代谶纬之描述。其中如《孝经援神契》、《论语比考谶》等俱为六朝志怪小说之参考对象，六朝志怪小说有于其中直接袭取相关描述。

第二，善用历史记载之空间。古代史家援笔记事，遗留不少空间，可供后世作者发挥。六朝志怪小说作者多在不改变原有史事之情况下，增加情节，填补历史之空隙。如上举《搜神记·五酉》末尾记载子路大战鲲鱼以后，"子路烹之，其味滋，病者兴。明日遂行"，将鲲鱼吃掉，解决了原来《论语》和《史记》里"从者病，莫能兴"之困局。

第三，六朝志怪小说时而颠覆传统以来孔门弟子之形象。据上引殷芸《小说》所记鬼魅求见孔子之故事里，向来勇猛无比之子路变得"失魄口噤"，弱不禁风之颜渊却可以拔剑斩蛇。如此耳目一新之描述，仿与俄国形式主义之陌生化相符。陌生化所重乃是在内容与形式上违反读者习见之常情、常理、常事，同时在艺术上超越常境。颜渊挥刀舞剑斩杀蛇妖，无疑也达到了如此效果。

第四，孔门弟子故事之增益与儒家文化之发展。孔门儒家尚仁，并以此为其核心价值。早期儒家多示人易入之途，《论语·述而》："仁远乎哉？我欲仁，斯仁至矣。"（7.30）又，有若指出，孝悌为仁之本。[①]汉代文化亦特重孝，帝王皆谥孝，提拔人才亦有察孝廉之制度。至于六朝，如曾参"啮指痛心"之记载便出现在《搜神记》里，为后世因成"二十四孝"奠下基础。

第五，六朝志怪小说每据《论语》等典籍所载，为孔门弟子增

[①]《论语·学而》（1.2）。

加新事迹。然而,在变化之时,部分作品选择保留孔门弟子之精神面貌,以及性格要点。志怪小说改造孔门弟子之时,多以其性情为基础加以描刻,使小说中之人和事更为立体,人物之性格特征更为典型。如子路性格冲动、子贡口才绝佳等,皆透过六朝志怪小说之描写变得更为具体可信。

第六,孔门弟子之并称问题。孔门弟子众多,三千未必是其实,七十二贤亦有泰半事迹难考。《论语·先进》载有孔门四科十哲,后世学者或以此即孔门最为重要之弟子。然在六朝时期,《博物志》、《孔丛子》、《圣贤群辅录》等皆有"仲尼四友"之说,其中《博物志》以为即颜渊、子贡、子路、子张四人。颜渊深得孔子喜爱,子路实乃孔子诤友,子贡对孔子死后传扬儒家居功至伟,皆可见三人除了作为孔门弟子以外更为重要的一面。唯独子张,其人仪表壮伟,却难与人并为仁,何以能成孔子四友之一,实在发人深思。文献不足征,疑者阙焉,以待来兹。

第七,曾参与澹台灭明在六朝志怪小说里描述颇多。曾参小孔子46岁,乃孔门小弟子。其人虽鲁而愚孝,后来却成为孔子长孙子思之师,而《论语》篇章亦多以"子"称之。在唐高宗时始有封赠,宋有追加,至宋度宗时升列四配。六朝志怪小说载录不少曾参言论,可见曾参事迹正在层累积迭地增加。至于澹台灭明,其人因状貌甚恶而为孔子逐出师门,孔子及后悔之,本已具备相当戏剧性,《博物志》两载其正直不阿之故事,正见其不在孔门之下,仍当受人景仰,乃小说家之曲笔。

本章的第三节在前两节的讨论基础下,除却佛典与志怪小说以外，讨论他典籍所载录的孔门师弟子。此中所见六朝各类文献记载孔门十哲颇多，其中有与前代所言相近相合者，亦有借孔门十哲事迹以说理者，甚或增润事迹，使之丰赡多变。究其要者，可总之如下：

第一，多据前代典籍所载为文立说。自汉武帝罢黜百家，独尊儒术以后，儒家对中国文化传统之影响越来越重要。因此，六朝文献叙事说理之时，每多援引孔门十哲为例，加以说理。先秦两汉文献载有不少孔门弟子事迹，皆为六朝文献所资取，其中尤以《论语》与《史记·孔子世家》、《仲尼弟子列传》等为多。

第二，四科十哲之分类对后世文献影响深远。孔门四科自是孔门教育之所重，古今无异议。至于十哲是否孔门最重要之弟子，抑或是孔子某时期之弟子，时有聚讼。今以六朝文献所载为例，可见多有以四科弟子并称者，如德行之颜冉（颜渊、冉耕）或颜闵（颜渊、闵损）、言语之宰予子贡、政事之冉季（冉有、季路）、文学之游夏（子游、子夏）。且四科之中以德行居首，是以六朝文献言及孔门教学，必多举德行为例，佛、道文献要说理时，亦多以德行作为儒家教化之关键。

第三，六朝乃文学自觉之时代，孔门师弟子或以著述等身，是以文人如有下笔为文之时，每多以孔门文学科之子游、子夏加以比附。曹丕《典论·论文》云："盖文章经国之大业，不朽之盛事。年寿有时而尽，荣乐止乎其身。二者必至之常期，未若文章之无穷。"[1]时人多寄身于翰墨，正是六朝文人每以游、夏为喻之因由。

---

[1]《文选》，卷52《典论论文》，页2271。

第四,道家文献里之孔门十哲。儒术既为学术思想之主导,则其他学派欲改变时人之思想,亦必以儒家之人物和事情为论述对象。举例而言,葛洪《抱朴子内篇》乃道家典籍,其《自叙》谓篇中"言神仙、方药、鬼怪、变化、养生、延年、禳邪、却祸之事"。[1]书中便有借儒家之人和事以论道。

---

[1]《抱朴子外篇校笺》,卷50,页698。

第三章
周游列国的启示

读万卷书,不如行万里路。我们都觉得游学好不愉快!一边旅游,一边学习,十分惬意!古人安土重迁,都不喜爱旅游。游的契机,每多是流放、被贬、左迁、失意。例如唐代柳宗元的《永州八记》,其实是在被贬为永州司马时撰写的。如果他在官场一帆风顺,官运亨通的话,几乎可以肯定柳宗元是不会写下这些文学作品的。

孔孟的周游列国都身不由己。孔子是鲁国人,周游列国,乃因在鲁国不受重用。孔子身处礼崩乐坏的社会,其主张就是要恢复社会秩序,因当时是陪臣执国命。周天子无人理会,鲁国君主早被三家大夫瓜分了权力,而三家大夫里如季孙氏的实权也落到家臣阳虎手上。在这样光怪陆离的政治氛围下,孔子居然希望恢复社会秩序,实在是知其不可为而为之。孔子在鲁国时,在位的君主分别是襄公、昭公、定公、哀公。作为鲁国大臣,孔子肯定希望能够辅助鲁君。鲁君大权旁落,虽然齐鲁夹谷之会是孔子陪同定公前赴,也取得了在齐鲁外交上的一次重大胜利。可是,及后齐国以美女文马离间鲁国君臣,《史记·孔子世家》也只是记载季桓子"微服往观再三",而没有鲁国君主的份儿。可怜的鲁君,大权旁落得连美女文马亦不得参与,下之僭上到了如斯地步,鲁国已非孔子可以待下去的地方了。

在《论语》、《史记》,我们都可以看到孔门师弟子在周游列国时的颠沛流离:

> 子曰:"富与贵,是人之所欲也;不以其道得之,不处也。贫与贱,是人之所恶也;不以其道得之,不去也。君子去仁,恶乎成名?君子无终食之间违仁,造次必于是,颠沛必于是。"(4.5)

在颠沛流离之时也不要违背仁德,不就是在周游列国时的最佳训勉吗?

> 在陈绝粮,从者病,莫能兴。子路愠见曰:"君子亦有穷乎?"子曰:"君子固穷,小人穷斯滥矣。"(15.2)

在陈国之时,粮食也吃光了,这显然不是旅游,是颠沛流离的求职之旅。但即使如此,孔门依然停留在人性积极光辉的一面上:君子穷就是穷,小人穷困起来便会为非作歹。在《史记·孔子世家》,孔子向子路、子贡、颜渊同样问了一道问题,援引《诗·小雅·何草不黄》之句,大意谓吾等不是兕也不是虎,为何会流落在荒郊野外呢?是否出于我们的主张不合时宜,才使吾等沦落至此?三个学生的答案各有不同,但最后颜渊的回答十分精彩:

颜回曰:"夫子之道至大,故天下莫能容。虽然,夫子推而行之,不容何病,不容然后见君子!夫道之不修也,是吾丑也。夫道既已大修而不用,是有国者之丑也。不容何病,不容然后见君子!"孔子欣然而笑曰:"有是哉颜氏之子!使尔多财,吾为尔宰。"

颜渊指出师生所以沦落至此,并非孔门学说的问题,而是在上位者之所做成。孔门修德从自己开始,一直要求达到齐家治国平天下。在上位者不能重用,在上位者应该感到羞愧。颜渊的解说多么动听,使得孔子放下了老师的身分,直言如果颜渊富有的话,自己愿意为他管理钱财。

总之,孔门师弟子的周游列国,可说是穷困潦倒极了,但他们并没有放弃儒家的坚持。孟子的周游列国跟孔子很不同。孟子到过不少的诸侯国,他已经没有孔子那种恢复周文的宏愿,纯粹希望用王道仁政对抗当时流行的霸道。此举用心良苦却注定是失败。孟子的心性论旨在证明人皆有恻隐之心,帝王亦然,因此看见百姓受苦,便当拯救黎民于水火之中。春秋无义战,战国时代尤甚。以军事行动侵略别国,从而称霸诸侯,快捷妥当。行王道仁政的话,不知要多少光景才可以成功,人皆急功近利,孟子便难有成功的可能。我们也不可以说孟子过于理想化,从不考虑现实。事实上,滕文公自当世子时,已对孟子言听计从。如果孟子一直留在滕国,滕文公必定重用孟子,毋庸置疑。可惜滕只是小国,不为大国所灭已是万幸,孟子还可以使滕国借着王道仁政而富强吗?根本不可能。孟子离滕,正是对现况的妥协,而不流于理想化。在梁,大抵已是梁惠王的晚年,及后襄王继位,望之不似人君,孟子只能离去。但要谨记梁在当时是大国,既然在小国未能施展毕生抱负,来到大国便是机会。错过了梁国,剩低给孟子的选择已经越来越少。

孟子的最后一站是齐国。齐是东方大国,齐宣王广纳贤材,算得上是有为之君。因此孟子到齐国游说齐宣王行王道仁政。可惜,齐宣王只有好贤之名,却不采纳孟子进言,更三番四次用不同的借口拒绝施行仁政。孟子没有成为只是讲学议论的稷下学士,志不在此之余,更与孟子救世的想法不相合。孟子的王道仁政主张自是反战,当时的霸政则显然依靠战争扩充领土。齐宣王好战不是一朝一夕的事,孟子努力过了,甚至在离开时还故意慢慢地走,在古者诸侯不出疆的情况下,只要不离开齐国,齐宣王是可以来挽留孟子的。但齐宣王没有这样做,孟子唯有离齐。

孔子、孟子的周游列国,在今天看来都以失败告终。他们希望有君主可以重用自己的主张,孔子时候的季桓子,孟子时候的滕文公和梁惠王,皆甚为接近。回鲁、归邹,孔孟改为著书立说讲学,教化世人。二人希望世界变得更为美好的抱负,没有因为君主是否重用而放弃。从政治舞台,转换成为在教育事业的努力,孔孟让我们看到人性的闪闪光辉,而且一直照耀着千百年后的人们。

我们读《论语》、《孟子》,但孔孟的人生才更是人类的楷模。要"切己"的不单止是读他们的书,而是要参考他们的行为。我们常常说老师要做到以身作则,要能够身教,孔孟之于世人,正是以他们伟大的人格而行乎身教。今人处世,以孔孟为榜样,傥庶几乎!

第一节 或仕或止的孔孟之道

孟子的偶像是孔子，孔子在各方面都影响着孟子。春秋之时，礼崩乐坏，诸侯放恣，陪臣执国命，犯上作乱者多有之。孔子以重新建立社会秩序为己任，周游列国，欲时君能重用己说，匡救天下。就《论语》、《史记·孔子世家》等所见，孔子之仕进与退隐皆有原则，既对所侍君主要求严谨，亦有个人出处进度之法度。孟子生于战国时代，其时天下形势混乱，国与国之间攻伐频繁，较诸"无义战"之春秋时代而言，战国诸侯更是"五霸之罪人也"。孟子亦一如孔子般周游列国，尝见梁惠王、齐宣王、滕文公、邹穆公等，其中滕文公能重用孟子，惜滕国小力弱，不足以行王道。孟子面对梁惠王、梁襄王、齐宣王等，皆义正词严，理直气壮，引君当道至于仁。《史记·孟子荀卿列传》谓梁王以为孟子所言"迂远而阔于事情"，其实孟子已经毫不迂阔，更能灵活变通，只是当时人行事没有原则而已。孔子去鲁，孟子离齐，皆见其出处进退之原委，本文即以此为论，辅之以二人或仕或隐之态度，以见孔孟儒家之风骨观。

一、孔子对君主的要求

孟子的偶像是孔子。就《孟子》一书所见，孟子非常仰慕孔子。在《孟子·公孙丑上》中："乃所愿，则学孔子也"，"自有生民以来，未有孔子也"(3.2)。又言"孔子，圣之时者也。孔子之谓集大成"(10.1)。可见孟子非常景仰孔子，视他为"圣人"。孟子的思想也深受孔子影响，如仁政思想（如《公孙丑上》3.1"行仁政而王，莫之能御也。"）、①民本思想（如《尽心下》14.14"民为贵，社稷次之，君为轻"）等，均是有迹可寻，是在孔子的基础上，再加以发挥和继承。孔、孟还有一点非常契合，那便是对于君主的态度。

孔子、孟子对君主的要求都很严格。在鲁国，鲁公大权旁落，季桓子手执国政，孔子自鲁定公九年出仕，时年51岁。《左传》记载定公十年（前500年）的齐鲁夹谷之盟，孔子辅助鲁定公，在两国盟会上力抗强齐，齐国更因而归还侵略鲁国的旧地，取得鲁国外交上的重大胜利。定公十二年（前498年），孔子计划瓦解鲁国三桓之势力，恢复鲁君治权，先堕郈（叔孙氏），再堕费（季孙氏），最后将堕成（孟孙氏），却以失败告终。到了定公十四年（前496年），孔子56岁，以大司寇的身分摄行相事。与闻国政三月，营商的不欺诈，男女行者井然分开，路不拾遗，鲁国渐强。齐人因怕鲁得孔子辅佐，逐渐变强而反侵齐地，因而以美女文马献予鲁国，掌国政者季桓子往观再三，怠于朝政。子路以为季氏无心恋政，因劝孔子离鲁。《史记·孔子世家》云：

子路曰："夫子可以行矣。"孔子曰："鲁今且郊，如致膰乎大夫，则吾犹可以止。"桓子卒受齐女乐，三日不听政；郊，又不致膰俎于大

---

① 又《梁惠王上》记孟子游说齐宣王时，欲其为君行王道，以为若能行王道，自能"保民而王，莫之能御也"。(1.7) 王道乃孟子由孔子之谓"行仁政"演化而来，故"保民而王"亦与"行仁政而王"之义相同。

夫。孔子遂行，宿乎屯。而师己送，曰："夫子则非罪。"孔子曰："吾歌可夫？"歌曰："彼妇之口，可以出走；彼妇之谒，可以死败。盖优哉游哉，维以卒岁！"师己反，桓子曰："孔子亦何言？"师己以实告。桓子喟然叹曰："夫子罪我以群婢故也夫！"

子路为人直率，以为孔子可以离开鲁国。孔子行事审慎，指鲁国即将郊祀祭天，如果季氏在祭祀过后依然记得将祭肉分予大臣，则尚算尊重大臣而合礼，可以留下。结果是怎样呢？季桓子沉迷美女文马，接受齐国女乐，三日不听政，郊祭时更没有将祭肉分予大臣。孔子只能离开。没有祭肉，在我们看来只是小事，茹素或许有助强身健体。不过，在孔子眼中，这是原则的问题。春秋时代礼崩乐坏，孔子要恢复周文，重建社会秩序。因此，祭肉虽小，可以喻大。孔子离开鲁国都城曲阜，却没有走得太远，便停留在屯这个地方。据裴骃《史记集解》，"屯在鲁之南也。"①屯是鲁邑名，在曲阜之南。没有立刻跑得老远，可能代表事情尚有转弯的余地，可是季桓子没有前来挽留，来的只是师己。师己是乐师名己者的意思，号为乐师，自是知音人。因此，雅好音乐的孔子便高歌一曲，道出所

---

① "屯"之所在，诸家说法不一。钱穆云："《汉志》：'魏郡馆陶，河水别出为屯氏河。'馆陶，今山东馆陶县西南四十里。盖馆陶境有邑名屯氏，故河水别出即名屯氏河也。孔子自鲁适卫经此。裴骃谓在鲁南，恐非。"〔钱穆：《史记地名考》（北京：商务印书馆，2001年），卷10，页474。〕孟宪斌《孔子周游列国志》以为"屯"是西郓邑，其云："孔子'宿乎屯'的地方，就是春秋鲁国屯兵的西郓邑。"〔孟宪斌：《孔子周游列国志》（沈阳：辽海出版社，2001年），页20。〕又云："即今山东郓城。"（页219）又，今山东省阳谷县安乐镇后屯村有"孔子宿处"碑，此碑立于清光绪十五年（1889年），属"宿"地之另说。

以离开鲁国的原因。孔子高歌一曲,后世名之为《去鲁歌》,其曰:"彼妇之口,可以出走;彼妇之谒,可以死败。盖优哉游哉,维以卒岁!"大抵表明自己所以离开,实因季桓子接受齐国女乐而荒废朝政。孔子最终离鲁,师已向季桓子报告孔子所言,桓子心知孔子离去实因自己钟情齐女乐。此后孔子便展开了14年的周游列国之行。至哀公三年(前492年),季桓子临终前对其嗣子季康子说,昔日鲁国几乎兴盛,只因自己得罪了孔子,事才不成,因而遗命儿子他日为鲁相而必召孔子回国。由是观之,孔子虽因一块祭肉而离开鲁国,最后失去了在政坛上大展抱负的舞台;可是,做错事的人毕竟后悔终生,这块祭肉毫无疑问地起了举足轻重的作用。

孔子多次到访卫国,君主是卫灵公,也有奇怪的遭遇。曾经,卫灵公想重用孔子,问孔子在鲁国俸禄多少,孔子答曰"奉粟六万",卫人亦以此予以孔子,待孔子尚算不俗。可惜,不久以后有人在灵公面前潛毁孔子,灵公遂使人监视孔子。《史记·孔子世家》云:"灵公使公孙余假一出一入。"这个"一出一入"便是使人监视孔子,因怕动辄得咎,孔子在十个月后便离开卫国。这时是鲁定公十三年(前497年),当时孔子55岁。

卫灵公在位时间很长,一年之后,孔子又再回到卫国。在卫国,孔子住在道德之士蘧伯玉家中,说来也奇怪,君子居然是卫国的"特产",[①]而蘧伯玉便是卫君子的佼佼者。在得到卫灵公接见之前,孔子先要与灵公夫人南子见面。南子恶名昭彰,前人讨论已

[①]《史记·吴太伯世家》云:"说蘧瑗、史狗、史鳅、公子荆、公叔发、公子朝曰:'卫多君子,未有患也。'"(《史记》,卷31,页1458。)

多，孔子应否见她，是对是错难以追论。清人邵泰衢《史记疑问》直云："马迁诬圣，罪在难宽。"此是言之太过。司马迁以孔子为"至圣"，涉仰景行，心向往之，不以成败论英雄，置孔子于世家，哪有"诬圣"之理？南子之见与不见，正反映孔子求仕的内心挣扎，"吾岂匏瓜也哉？焉能系而不食？"事后孔子对弟子发誓见南子只是礼答，惹起轩然大波。接着，还有一件事令孔子忍无可忍。一个多月后，卫灵公和南子同车出门，孔子坐在第二辆车，后面第三辆坐的是太监雍渠。卫灵公与孔子终究是有缘无分，大抵卫灵公以为此举是代表了与孔子的亲近，但在孔子心目中，与南子、雍渠同行，无疑是难堪的羞辱。《论语·子罕》："吾未见好德如好色者也。"（9.18）未有前文后理，不知针对谁人而发。可是，司马迁已将此句置于孔子次乘之事，为《论语》之文系年。在如此奇耻大辱之下，孔子只能再次离开卫国。

孔子周游列国，李零说，孔子"只到过九个国家，范围不出今山东、河南二省。他到处奔走，为什么？主要是找官做"。[1]所以，卫灵公即使如何不是，孔子很快又再次回到卫国。哀公二年（前493年），孔子由鲁至卫。这次，卫灵公不敢怠慢，"郊迎"孔子，似乎十分恭敬。孔子在卫国留了三年，《史记·孔子世家》云："灵公老，怠于政，不用孔子。"不能施展才能，俸禄多少也是徒然。卫灵公为人有一大坏处，那便是做事不够专心。孔子对此很不满意，也导致了他再次离开卫国。《史记·孔子世家》云："灵公问兵陈。孔

---

[1] 李零：《去圣乃得真孔子：〈论语〉纵横读》（香港：三联书店，2008年），页271。

子曰：'俎豆之事则尝闻之，军旅之事未之学也。'明日，与孔子语，见蜚雁，仰视之，色不在孔子。孔子遂行，复如陈。"卫灵公问孔子关于行军布阵之事，孔子强调自己只能做些祭祀，行军布阵方面未尝学习。第二天，卫灵公与孔子谈话，当他看见有一只大鸟飞过时，卫灵公只顾抬头望向异物，没有将目光集中在孔子上。这一年的夏天，卫灵公卒，孔子离开卫国。我们常常说与人交谈之时，眼神接触十分重要。孟子曾经说过："存乎人者，莫良于眸子。眸子不能掩其恶。胸中正，则眸子瞭焉；胸中不正，则眸子眊焉。听其言也，观其眸子，人焉廋哉？"（7.15）眸子本指瞳仁，后泛指眼睛。观察人的眼睛，可以看清楚他的一切，存心正直善良，眼神就明亮；存心邪恶，眼神就混浊不明。卫灵公只将目光集中在飞鸟之上，而忽视孔子，视贤人如无物，没有眼神接触，做事不够专心，难怪孔子忿而离开。

二、孔子的或仕或隐

何时出仕，何时退隐，在《论语》里讨论颇多。天下有道之时，臣子固然要尽力辅助君主治国，以行臣子之道；国君无道，天下混乱，世衰道微，臣子又当如何自处呢？以下为《论语》里的讨论：

子曰："甯武子，邦有道，则知；邦无道，则愚。其知可及也，其愚不可及也。"（5.21）

子曰："笃信好学，守死善道。危邦不入，乱邦不居。天下有道则

第三章 周游列国的启示　199

见,无道则隐。邦有道,贫且贱焉,耻也;邦无道,富且贵焉,耻也。"(8.13)

宪问耻。子曰:"邦有道,谷;邦无道,谷,耻也。""克、伐、怨、欲不行焉,可以为仁矣?"子曰:"可以为难矣,仁则吾不知也。"(14.1)

子曰:"邦有道,危言危行;邦无道,危行言孙。"(14.3)

子曰:"直哉史鱼!邦有道,如矢;邦无道,如矢。君子哉蘧伯玉!邦有道,则仕;邦无道,则可卷而怀之。"(15.7)

长沮、桀溺耦而耕,孔子过之,使子路问津焉。长沮曰:"夫执舆者为谁?"子路曰:"为孔丘。"曰:"是鲁孔丘与?"曰:"是也。"曰:"是知津矣。"问于桀溺。桀溺曰:"子为谁?"曰:"为仲由。"曰:"是鲁孔丘之徒与?"对曰:"然。"曰:"滔滔者天下皆是也,而谁以易之?且而与其从辟人之士也,岂若从辟世之士哉?"耰而不辍。子路行以告。夫子怃然曰:"鸟兽不可与同群,吾非斯人之徒与而谁与?天下有道,丘不与易也。"(18.6)

以上六则《论语》引文,均可见孔子对国家有道、无道时为臣者出处进退的看法。甯武子(5.21)是卫国大夫,孔子以为他在国家太平时便聪明,在国家无道时便装傻。别人能赶得上其聪明的部分,但装傻的能力则无人能及。甯武子大抵是能够韬光养晦的人,只是愚不可及,并非孔子认同的态度。又,孔子(8.13)以为不要进入危险的国家,不居住在祸乱的国家。天下太平之时,可以为官治民;天下不太平时则要隐居。此外,在政治清明之时,贫贱便是耻辱;政治黑暗之时,富贵便是耻辱。这里所见的仍然是韬光养晦,不立危墙之下。原宪问耻(14.1),孔子以为国家有道之时,自当为官领取俸禄;政治黑暗之时为官领取俸禄,便是耻辱。孔子指出国家无道之时应当离职,无道则隐,不要同流合污。孔子(14.3)谓国家政治清明之时,言行正直;至乱世之时,行为依然正直,可是言语上则要稍为谦顺。大抵生在乱世,暴君横行,胡言乱语,容易招致杀身之祸。因此,乱世时务必慎言。乍眼一看,孔子似乎缺乏勇气,不敢在乱世之中直言是非对错;然细心一想,生命只有一次,在不必要的情况下因妄言而牺牲,以后便无救世的可能。因此,"危行言孙"实在是合情合理。孔子评论史鱼和蘧伯玉二人(15.7)。二人俱卫国人。史鱼正直不屈,政治清明时如箭一般直,政治黑暗时丝毫无变。孔子称赞蘧伯玉为君子,其人于政治清明时出仕,政治黑暗时便收起自己的本领。这与上文所言"天下有道则见,无道则隐"(8.13)、"危行言孙"(14.3)等仍然是一脉相承的。以上的"隐",是否我们所想象的隐居吗?大概不是。在与长沮、桀溺(18.6)的对话中便可以得到答案。长沮、桀溺是典型的隐士,二人以为孔子只是"辟人之士",即是周游列国,寻求明君;二人则是"辟世之士",与山川草木鸟兽虫鱼为伍。孔子以为"鸟兽不可与同群,吾非斯人之徒与而谁与",斩钉截铁地指出自己不是隐士,不会与鸟兽同住。因此,孔子之隐不过是在重整旗鼓,以待贤君,适时而出,并非隐居山林，不问世事。

孔子对君主的严格要求，彰显在季桓子的一块祭肉、卫灵公的缺乏眼神接触，以及仕隐的态度，都深深影响孟子。

三、孟子对君主的态度

打开《孟子》，看见孟子在廷说诸侯的过程中，气势凌人，手下败将多不胜数。而且，孟子的讨论对手并非一般人，不少是当时各国的诸侯，故其大无畏的精神，更是教人心生向往。觐见梁惠王、梁襄王、齐宣王时，孟子分别与之有以下的对话：

孟子见梁惠王。王曰："叟！不远千里而来，亦将有以利吾国乎？"
孟子对曰："王！何必曰利？亦有仁义而已矣。"（1.1节录）

孟子见梁襄王，出，语人曰："望之不似人君，就之而不见所畏焉。"（1.6节录）

齐宣王问曰："齐桓、晋文之事可得闻乎？"
孟子对曰："仲尼之徒无道桓文之事者，是以后世无传焉，臣未之闻也。无以，则王乎？"（1.7节录）

朝见梁惠王时，孟子不理会梁惠王的要求，而不以利说之，改说仁义之道。见梁襄王，因其没有仁德君主所具备的素质，遂直斥之为"不似人君"。及见齐宣王，宣王欲修前代齐桓公霸道之事，孟子则以孔子后学无由闻之，改说之以王道。能够朝见当世诸侯，本属大事，亦唯此可行一己之主张。然而，孟子以其强大的气势，压倒权高位重的诸侯，为其往后的说辞奠下重要的基础。

孟子先后两次到过齐国，第一次是齐威王在位，第二次是齐宣王。现在主要想谈一谈第二次到齐，以及孟子是何以离齐。在《孟子·公孙丑下》中，有连续四段文字都是以"孟子去齐"起始的。以下说的是其中两段：

孟子去齐，宿于昼。有欲为王留行者，坐而言。不应，隐几而卧。
客不悦曰："弟子斋宿而后敢言，夫子卧而不听，请勿复敢见矣。"
曰："坐！我明语子。昔者鲁缪公无人乎子思之侧，则不能安子思；泄柳、申详无人乎缪公之侧，则不能安其身。子为长者虑，而不及子思；子绝长者乎？长者绝子乎？"（4.11）

孟子去齐。尹士语人曰："不识王之不可以为汤武，则是不明也；识其不可，然且至，则是干泽也。千里而见王，不遇故去，三宿而后出昼，是何濡滞也？士则兹不悦。"
高子以告。曰："夫尹士恶知予哉？千里而见王，是予所欲也；不遇故去，岂予所欲哉？予不得已也。予三宿而出昼，于予心犹以为速，王庶几改之！王如改诸，则必反予。夫出昼，而王不予追也，予然后浩然有归志。予虽然，岂舍王哉！王由足用为善；王如用予，则岂徒齐民安，天下之民举安。王庶几改之！予日望之！予岂若是小丈夫然哉？谏于其君而不受，则怒，悻悻然见于其面，去则穷日之力而后宿哉？"
尹士闻之，曰："士诚小人也。"（4.12）

齐国是当时大国，孟子希望齐王能够施行王道。齐宣王元年（前319年），孟子前赴齐国。[①]当时，孟子徒众甚多，"后车数十乘，从者数百人"（6.4）。孟子在齐之时，多次与齐王论政，更曾出使于滕。齐王亦授以孟子卿位。董洪利云："时间既久，孟子发现齐宣王并不准备实行仁政，甚至还要求孟子改弦易辙，服从他的指挥，这是孟子绝对不能接受的。"[②]而在伐燕之事上，孟子与齐宣王有重大分歧，直接导致孟子去齐。齐宣王四年（前316年），燕王哙将君主之位让予相国子之，导致燕国内乱。齐宣王派匡章伐燕，五十天而破燕。齐臣沈同曾私下问孟子可否伐燕，孟子以为然，理由是"子哙不得与人燕，子之不得受燕于子哙"（4.8）。齐伐燕后，孟子反对，理由是齐之伐燕不过是以暴易暴，"为天吏，则可以伐之"（4.8）。齐宣王问孟子可否取燕，孟子的回答是"取之而燕民悦，则取之"，"取之而燕民不悦，则勿取"（2.10）。齐宣王不听，后来"燕人叛"，"甚惭于孟子"（4.9）。此后，齐宣王欲见孟子，孟子称病不朝，二人关系紧张，最终的结果是因了解而分开。

孟子去齐，与孔子离开曲阜都城相同，都没有立刻离开。孔子宿乎屯，孟子宿于昼，其地在齐之西南。[③]孟子不立刻离开的原因，是希望齐王能够赶来并加以挽留。首先，有人欲替齐王挽留孟子，孟子却不加理会，伏在靠几上睡觉。那人很不高兴，以为孟子执意离开。孟子举鲁缪公为例，以为贤人一日不在君主身旁，君主便不

[①] 钱穆：《先秦诸子系年》（北京：商务印书馆，2001年），页325–326。
[②] 董洪利：《孟子研究》（南京：江苏古籍出版社，1997年），页36。
[③] 杨伯峻云："昼在临淄之西南，为孟子自齐返邹必经之道。"〔杨伯峻：《孟子译注》（北京：中华书局，1960年），页107。〕

安心;其实是齐王不能重用自己,而非孟子执意去齐(4.11)。另一段则是孟子与齐人尹士的对话。尹士以为孟子是沽名钓誉的人。如果孟子早知齐王不能成为贤君却仍跑到齐国,那便是贪图富贵;如要离开,便应立刻离开,不应在昼县停留三天。孟子以为尹士并不了解自己,这三天在尹士心目中可能很长,但孟子以为仍是太短。他所以在昼县停留,目的在于等待齐王回心转意,改变态度,共拯天下苍生,而不是像小人生气般急步离开。尹士听了孟子的解释后,明白到自己所说的只是小人之言(4.12)。结果,孟子的深情剖白当然得不到齐宣王的回报,齐王还是没有亲身挽留,而孟子最终也离开了齐国。

在去齐的途中,孟子还曾在休地稍为停留,[①]并且在与弟子公孙丑的对话中,再次道出去齐的因由。公孙丑问孟子任官职而不受俸禄,是否合乎古道。孟子以此为非,并早有去齐之志。然而齐国连年战争,孟子不宜请辞添乱;又因与齐王意见分歧,久留于齐实非孟子本意(4.14)。张居正云:"盖孟子之志,欲行仁义之道,以比隆汤武;而齐王之志,欲窃富强之略,以效法桓文;如此方圆之不相入矣。道既不合,而乃欲以万钟之禄縻之,岂所以待孟子哉?可见君子之遭时遇主,惟精神志意之感孚,为足以尽其用,而爵禄名宠之制御,不足以系其心,此又用人者所当知也。"[②]孟子与齐王意见不合,方枘圆凿,面对君主而毫无惧色的他,自不可能长留齐

[①]阎若璩《四书释地续》指出"故休城在今兖州府滕县北一十五里,距孟子家约百里"。
[②]张居正:《四书集注阐微直解》(清八旗经正书院刻本),孟子卷17,页35b—36a。

国，唯有黯然离去。

四、乃所愿则学孔子也

孔子的或仕或隐，同样影响孟子。对于孔子的仕进态度，孟子云："可以仕则仕，可以止则止，可以久则久，可以速则速，孔子也。""乃所愿，则学孔子也。"（3.2）在这里，孟子以为孔子能够在应该做官的时候做官，应该辞职的时候便辞职，应该继续做的便继续做，应该马上走的便马上走。孟子也说："古之人未尝不欲仕也，又恶不由其道。不由其道而往者，与钻穴隙之类也。"（6.3）指出古人不是不想做官，只是讨厌不经合乎礼义的道路来做。孟子更运用比喻，以为不合乎礼义的道路，就像男女的钻洞扒门缝一样。上文提及孟子去齐，也就是孔子所说"天下有道则见，无道则隐"的延伸。

孔子、孟子生于春秋战国时代，仕途坎坷，不受重用。孔子面对季桓子、卫灵公；孟子面对梁惠王、梁襄王、齐宣王等，虽欲求仕，然终不肯枉尺直寻。二人与君主意见不合，愤而离开，看似小气，实不必然。孔、孟都希望君主可以改过，只是离开国都，而不出边境，宿乎屯、昼。只要君主回心转意，亲自前来，孔、孟自必重新辅助君主以行仁政。应仕则仕，当止则止。《史记·孟子荀卿列传》云："适梁，梁惠王不果所言，则见以为迂远而阔于事情。"在战国之时，能够以权行事的孟子尚且被视为迂阔，不守"要盟"的孔子相信亦不例外。由是观之，当时做人做事没有原则，随时迁移的大有人在。孔、孟的一点"小气"，正是时人所缺乏的坚守原则与做人的风骨。这也是孔子、孟子为后世景仰的重要原因。

第二节 孟子的抉择

孟子一生周游列国，游说诸侯，欲时君能采其王道仁政之学说以救世。孟子尝言："君子之事君也，务引其君以当道，志于仁而已。"据孟子所说，君子侍奉君主，所重者在于专心致志使其趋于正路，有志于仁。骤眼看来，孟子似乎强调只要目的达成便可，过程如何并不重要。其实不然。孟子一生周游列国，尝至邹、鲁、滕、宋、魏、齐等国，见邹穆公、鲁平公、滕文公、宋康王、梁惠王、梁襄王、齐威王、齐宣王等诸侯。其中孟子在齐、梁所待时间较长，在齐任卿，惟在伐燕一事之上，孟子与齐宣王意见相异，最终只能出走离齐，不事不贤之君。《孟子》书中有关孟子离齐之事，多有提及。

面对利禄与救世，孟子立场清晰，毫不含糊。在梁，先见梁惠王，孟子欲说以仁义之道，然惠王只欲国之有利，孟子直斥其非，以为"王何必曰利，亦有仁义而已矣"（1.1）。及见梁襄王，更谓其"望之不似人君"（1.6）。至齐，见齐宣王，王欲问春秋五霸之事，孟子则以孔子后学未尝闻之而改以王道说之（1.7）。面对君主而毫无惧色，此为孟子可贵之处。

一、孟子的周游列国

孟子生活在战国时代，周游列国，欲得诸侯重用。在先秦诸子中，孟子游历的诸侯国不算很多，主要只在邹、鲁、滕、宋、魏、齐等国从事政治活动。大约在40岁以前，孟子在邹鲁小国聚徒讲学，以及为小国之君出谋划策。

有关孟子周游列国之次序，前人多有论述。孟子为邹人，其始仕亦当在邹。周广业云："孟子之仕，自邹始也。"[1]时邹穆公（生卒、在位时间俱不详）在位。《孟子·梁惠王下》尝载孟子与邹穆公之对话，孟子如非已仕，自不可能与穆公对话。因此，孟子在周游列国之前已告出仕。

《史记·孟子荀卿列传》云："道既通，游事齐宣王，宣王不能用。适梁，梁惠王不果所言，则见以为迂远而阔于事情。"据司马迁所言，孟子先到齐国，时齐宣王在位；及后游梁，乃梁惠王之世。然而，齐宣王即位之时，梁惠王已逝，孟子实不可能先见齐宣王后见梁惠王，故司马迁所言未是。《孟子·公孙丑下》尝载陈臻问孟子曰："前日于齐，王馈兼金一百，而不受；于宋，馈七十镒而受；于薛，馈五十镒而受。"（4.3节录）据此，孟子当在离齐后始赴宋国。宋之称王改元，乃在周显王四十一年（前328年），时宋康王在位。周广业云："孟子书先梁后齐，此篇章之次，非游历之次也。"[2]钱穆《先秦诸子系年》云："余考《孟子》书，其初在齐，乃

---

[1] 周广业：《孟子四考》〔上海：上海古籍出版社据复旦大学图书馆藏清乾隆六十年（1795）省吾庐刻本影印，1995年〕，卷4《孟子出处时地考》，页42a。

[2] 《孟子四考》，卷4《孟子出处时地考》，页23b。

值威王世。去而至宋滕诸国。及至梁，见惠王襄王，又重返齐，乃值宣王也。"[1]准此，孟子首次至齐，是在齐威王（前356年至前320年在位）的早期或中期时。孟子听说即位不久的宋康王想要实行仁政，就从齐奔宋。孟子感到宋国对实行仁政缺乏诚意，只能离开宋国，途经薛地（齐之封邑），又回到邹、鲁一带活动。及后，滕文公邀孟子为上宾，言听计从。孟子约于前322年左右在滕，此后，魏国有招纳贤士之举，孟子遂离滕赴魏。在前321年至前320年前后，梁惠王"卑词厚币以招贤者"，为振兴魏国聚集人才。此时，60岁左右的孟子，率领门生"后车数十乘，从者数百人"，浩浩荡荡地到达魏国。前319年，梁惠王去世，襄王继位，孟子离魏赴齐。齐宣王在位，孟子在齐国担任客卿。齐人伐燕失败之后，孟子与齐宣王的政见越益不合，约于前312年（周赧王三年）离齐回乡。离齐时，孟子已70余岁，无力周游列国。回乡以后，孟子及其弟子一起整理《诗》、《书》等文献，并总结一生游历、思想，成《孟子》一书。约于前300年左右，孟子去世，终年80余岁。[2]

　　总之，孟子周游列国，游说时君，尝见邹穆公、齐威王、宋康王、薛君、鲁平公、滕文公、梁惠王、梁襄王、齐宣王等，其或许或留，如何抉择，实可堪玩味。《论语》说："道不同，不相为谋。"（15.40）又云："以道事君，不可则止。"（11.24）可知与意见不合之君主，孔子不与共谋；又以合乎道之方法侍奉君主，然君主如屡劝

---

[1] 钱穆：《先秦诸子系年》（北京：商务印书馆，2001年），页364。
[2] 以上孟子周游列国之梗概，主要参考自董洪利：《孟子研究》（南京：江苏古籍出版社，1997年），页22—37。

不听，则当停止。孟子说："可以仕则仕，可以止则止，可以久则久，可以速则速，孔子也。"（3.2节录）对于孔子的或仕或隐，孟子心生景仰。因此，孟子明言"乃所愿，则学孔子也"（同上），视孔子为偶像，访寻圣王贤君以救世。以下即就孟子之或仕或止或久或速，以诸侯为单位，略论孟子在周游列国时之抉择。

二、孟子所见诸侯及其离去

1. 藏富于民的邹穆公

孟子生于邹，故始仕于此。邹穆公乃较受人称颂之诸侯。贾谊《新书·春秋》、刘向《新序·刺奢》尝载邹穆公以粃换粟之事。二书借邹穆公取仓粟移之民为喻，以见藏富于民之思想。《孟子·梁惠王下》载邹与鲁哄一事，其文如下：

邹与鲁哄。穆公问曰："吾有司死者三十三人，而民莫之死也。诛之，则不可胜诛；不诛，则疾视其长上之死而不救，如之何则可也？"

孟子对曰："凶年饥岁，君之民老弱转乎沟壑，壮者散而之四方者，几千人矣；而君之仓廪实，府库充，有司莫以告，是上慢而残下也。曾子曰：'戒之戒之！出乎尔者，反乎尔者也。'夫民今而后得反之也。君无尤焉！君行仁政，斯民亲其上、死其长矣。"（2.12）

邹、鲁两国冲突。邹穆公以为邹国因此牺牲了33名官员，老百姓却没有为此等官吏殉难。要杀死老百姓的话，老百姓杀之不尽；如不杀，则百姓皆张目看着长官被杀而不营救，实在可恨。穆公问孟子该如何处理,孟子以为邹之老百姓在凶年时生活不好,而在上位者却库府满盈。当此之时,邹国官吏并不曾上报百姓之苦,甚至残害他们。待人如何,人亦必以此相待。孟子以为百姓乃志在报复,君主不当责备他们。孟子进而指出如果穆公可行仁政,老百姓必然因此爱护上级官吏,甘愿为之牺牲而在所不辞。

周广业以为孟子"四十始仕",[①]指出孟子初仕时为40岁。杨泽波云:"孟子何时出仕,何时去邹,不得而知。这里权且依据'四十始仕'之说,定孟子出仕在公元前333年,去邹在公元前330年。"[②]孟子何以离邹,史无明文,然而邹乃当时小国,在《孟子·梁惠王上》载孟子与齐宣王之讨论中,尝援引邹国为例,其曰:

(孟子)曰:"邹人与楚人战,则王以为孰胜?"
(齐宣王)曰:"楚人胜。"
(孟子)曰:"然则小固不可以敌大,寡固不可以敌众,弱固不可以敌强。海内之地方千里者九,齐集有其一。以一服八,何以异于邹敌楚哉?盖亦反其本矣。(1.7节录)

孟子问齐宣王,如果邹与楚战,谁将取胜。齐王答楚人胜。孟子指出,小不可以敌大,寡不可以敌众,弱不可以胜强。准此,知邹仅为弱小之国而已,故孟子取之以与大国作对比。儒家主张"学而优则仕",如要一展抱负,必要有适当之场所。因此,即使邹穆公

[①]《孟子四考》,卷4《孟子出处时地考》,页42b。
[②]杨泽波:《孟子评传》(南京:南京大学出版社,1998年),页62。

乃有德之君，然因国土太小，势孤力弱，不可发挥孟子之才能，更枉论如何救天下。抉择之下只能另觅贤君，离开邹国。

2. 无缘一见的齐威王

历来有关孟子游历之讨论，究竟是先齐后梁，还是先齐、后梁、再齐，学者聚讼不已。钱穆《先秦诸子系年》以为孟子曾先后两次至齐，此说较通达，有理可从。[1]同书之中，钱穆撰有《孟子在齐威王时先已游齐考》，列举四项证据以明孟子在齐威王时已游历齐国。钱先生所言大抵有理可从。至于孟子何时至齐，杨泽波在《孟子评传》云：

> 钱穆《先秦诸子系年》考辩据与匡章游，定此年稍前于公元前335年，而本书认为孟子出仕自邹始，故将此年向后推至公元前330年。此时孟子听说齐威王招贤立稷下学宫，就由邹来到了齐国。

此又牵涉孟子是否列于稷下学宫之问题。邹君尚算有德之君，然而孟子怀有抱负，必待一展所能。齐乃当时大国，后人每多执着于稷下大夫乃"不治而议论"、[2]"不任职而论国事"，[3]因而以为孟子不应任此职。其实，稷下学宫既是纳贤之地，孟子即或至此，初虽未能治民，惟诚如孟子引齐人之言曰："虽有智慧，不如乘势；虽有鎡基，不如待时。"（3.1节录）纵有聪明，仍得依仗形势；纵

---

[1]《先秦诸子系年》，页363–367。
[2]《史记》，卷46，页1895。
[3] 桓宽（撰）、王利器（校注）：《盐铁论校注》（北京：中华书局，1992年），卷2《论儒》，页149。

有锄头，还得等待农时。静待时机，以为所用，实属正常，故不必以孟子尝在稷下学宫与否而论列其是非。

在《孟子》中，并无孟子与齐威王对话之记载。相较齐宣王而言，《孟子》出现13次。大抵孟子初次至齐之时，并未受到重视，因此书中并无关于齐威王与孟子会面或对话之记载。《孟子·滕文公下》云：

公孙丑问曰："不见诸侯何义？"

孟子曰："古者不为臣不见。段干木逾垣而避之，泄柳闭门而不纳，是皆已甚；迫，斯可以见矣。阳货欲见孔子而恶无礼，大夫有赐于士，不得受于其家，则往拜其门。阳货矙孔子之亡也，而馈孔子蒸豚；孔子亦矙其亡也，而往拜之。当是时，阳货先，岂得不见？曾子曰：'胁肩谄笑，病于夏畦。'子路曰：'未同而言，观其色赧赧然，非由之所知也。'由是观之，则君子之所养，可知已矣。"（6.7）

公孙丑是孟门高弟，此处其问孟子不主动谒见诸侯是什么意思。孟子以为不是诸侯之臣属便不主动谒见，并举段干木、泄柳、孔子之不见为例。据此，大抵《孟子》所以不载与齐威王之对话，乃因当时孟子并非齐威王之臣属，故不用主动谒见。因不得重用，孟子只能离齐而赴他国。

杨泽波以为"孟子第一次游齐时间比较长"，时间约在前330年至前324年。战国时代，齐国乃东面大国，齐威王任用邹忌为相改革政治，又任用田忌、孙膑为将，齐国遂变得强大。因此，孟子在齐国时间稍长，乃欲威王能加以重用，以其王道仁政管治国家。可是，既然不得重用，孟子也只能黯然离开。

3. 未必有道的宋康王

孟子离开齐国以后，首先到了宋国，当时宋之诸侯为宋康王（或称宋君偃、宋王偃、宋献王）。《孟子·公孙丑下》云：

陈臻问曰："前日于齐，王馈兼金一百，而不受；于宋，馈七十镒而受；于薛，馈五十镒而受。前日之不受是，则今日之受非也；今日之受是，则前日之不受非也。夫子必居一于此矣。"

孟子曰："皆是也。当在宋也，予将有远行，行者必以赆；辞曰：'馈赆。'予何为不受？当在薛也，予有戒心；辞曰：'闻戒，故为兵馈之。'予何为不受？若于齐，则未有处也。无处而馈之，是货之也。焉有君子而可以货取乎？"（4.3）

这里提及孟子游历所至之地，包括齐、宋、薛等。陈臻乃孟子弟子，谓孟子在齐之时，齐王尝送上等金一百镒；在宋之时，宋君送七十镒；在薛，薛君送五十镒。此章文字之重点固然在于受与不受之问题，然就考察孟子游历而言，却意义深远。崔述《孟子事实录》云：

齐称前日而宋、薛称今日，则是至宋、薛在至齐后也。然则孟子去齐之后，先至宋、薛，然后至滕矣，故《滕文章》称"过宋而见孟子"也。

据崔述所言，孟子是先齐，后宋，然后至薛。孟子书中并不见孟子与宋王之对话，大抵在宋时间不长，但亦有论及宋国之事。《孟子·滕文公下》云：

万章问曰："宋，小国也；今将行王政，齐楚恶而伐之，则如之何？"

孟子曰："[……]《太誓》曰：'我武惟扬，侵于之疆，则取于残，杀伐用张，于汤有光。'不行王政云尔；苟行王政，四海之内皆举首而望之，欲以为君；齐楚虽大，何畏焉？"（6.5节录）

结合孟子与戴不胜之讨论（6.6），知道宋国此时已告称王，此则云宋国将行王道仁政，是其称王未久之时。万章对于宋康王能行王道仁政表示质疑，以其乃小国也，且屡受齐、楚等大国攻伐，故未知该如何应对。孟子对宋国充满信心，以为即使小国，只要能行王政，天下各地人民都会拥护其当君王，齐、楚即使如何强大亦不必惧怕。准此而论，大抵宋康王亦是有道之君，欲行王政以治国。

其实，宋康王是否有道之君，颇有争议。据《史记·宋微子世家》所载，在宋剔成君四十一年，其弟偃（即宋康王）"攻袭剔成，剔成败奔齐，偃自立为宋君"。虽有谓宋康王"脸有神光，力能屈伸铁钩"，然而仅出后世小说，未足采信。在《战国策·宋卫策》里，宋康王"剖伛之背，锲朝涉之胫"，劈开驼子的背，斩断早晨过河人的小腿。如此诸侯，实不足以行王政。又在《搜神记》中，宋康王因垂涎韩冯妻之美色而致使韩冯家散人亡。宋康王究竟是否暴君，

第三章 周游列国的启示　215

似乎尚待考证。顾颉刚《纣恶七十事的发生次第》尝列举纣恶出于《尚书》6项,战国增加20项,西汉增21项,东晋增13项。纣恶"因年代的久远而积迭得更丰富"。[1]后朝越长,有关前朝覆亡之故事便越多。宋康王之事盖亦类此。毕竟,《孟子》书成战国,《战国策》由西汉刘向集录,《搜神记》更是晋代的作品。后生者何以得知宋康王如此恶行,亦值得怀疑。

《孟子》虽未有孟子与宋康王之对话,然观其有"于宋,馈七十镒而受"之语,则二人或尝相会。大抵宋之国小,且康王是否贤君亦存疑问,因此孟子离宋,辗转前赴邻近地区。

4. 馈五十镒的薛君

离开宋国以后,孟子之薛。周广业云:"孟子所在之薛,乃齐靖郭君田婴封邑,非春秋之薛也。"[2]薛本为周初小国,姓任,春秋初期仍独立存在。[3]薛为齐所灭。故城在今山东滕县四十四公里处。后齐威王以故薛之地封田婴,田婴因此号为靖郭君。

《孟子》并无孟子与薛君讨论之记载,然据上引"于薛,馈五十镒而受"、"当在薛也,予有戒心;辞曰:'闻戒,故为兵馈之。'"(4.3节录)孟子大抵尝见薛君。薛即使未亡以前,已属小国;此时更已亡国,依附于齐,自无可能重用孟子而行王道仁政。因此,孟子亦只是稍作停留,继而转赴他国。

---

[1] 顾颉刚:《纣恶七十事的发生次第》,载《古史辨》(北京:朴社,1930年),第二册上编,页88。
[2] 《孟子四考》,卷4《孟子出处时地考》,页58a。
[3] 《春秋·隐公十一年》:"十有一年,春,滕侯、薛侯来朝。"《春秋·庄公三十一年》:"夏,四月,薛伯卒。"据此可知薛尝独立存在。

5. 不得而遇的鲁平公

离开宋国以后,孟子回邹,后辗转赴鲁。孟子至鲁,乃因其弟子乐正子为鲁平公所重用。《孟子·告子下》云:

鲁欲使乐正子为政。孟子曰:"吾闻之,喜而不寐。"

公孙丑曰:"乐正子强乎?"

曰:"否。"

"有知虑乎?"

曰:"否。"

"多闻识乎?"

曰:"否。"

"然则奚为喜而不寐?"

曰:"其为人也好善。"

"好善足乎?"

曰:"好善优于天下,而况鲁国乎?夫苟好善,则四海之内皆将轻千里而来告之以善;夫苟不好善,则人将曰:'訑訑,予既已知之矣。'訑訑之声音颜色距人于千里之外。士止于千里之外,则谗谄面谀之人至矣。与谗谄面谀之人居,国欲治,可得乎?"(12.13)

鲁国欲使乐正子治政,孟子得知以后,高兴得彻夜难眠。在与另一弟子公孙丑的对话中,可知乐正子并非实力超卓,可是能够听取善言,孟子以为仅此便足以治理天下。进言之,孟子指出好善甚至可以治理天下,此因善言可听,谗言不入,实乃治国之根本。孟子因弟子得重用而赴鲁，实与孔子因冉有受季康子重用而以币迎回鲁情况相类。①赵岐尝言孔、孟遭际相似，"旨意合同，若此者众"。②孔子回鲁以后，"然鲁终不能用孔子，孔子亦不求仕"，③可算是失败告终。孟子亦然。《孟子·梁惠王下》详载孟子不遇于鲁之事：

鲁平公将出，嬖人臧仓者请曰："他日君出，则必命有司所之。今乘舆已驾矣，有司未知所之，敢请。"

公曰："将见孟子。"

曰："何哉，君所为轻身以先于匹夫者？以为贤乎？礼义由贤者出；而孟子之后丧逾前丧。君无见焉！"

公曰："诺。"

乐正子入见，曰："君奚为不见孟轲也？"

曰："或告寡人曰：'孟子之后丧逾前丧'，是以不往见也。"

曰："何哉，君所谓逾者？前以士，后以大夫；前以三鼎，而后以五鼎与？"

曰："否；谓棺椁衣衾之美也。"

曰："非所谓逾也，贫富不同也。"

乐正子见孟子，曰："克告于君，君为来见也。嬖人有臧仓者沮君，君是以不果来也。"

曰："行，或使之；止，或尼之。行止，非人所能也。吾之不遇鲁

---

① 参《史记》，卷47，页1934–1935。
② 《孟子注疏》，载《十三经注疏（整理本）》，赵岐《孟子题辞》，页10。
③ 《史记》，卷47，页1935。

侯,天也。臧氏之子焉能使予不遇哉?"(2.16)

鲁平公本欲出门拜访孟子,却为嬖臣臧仓阻挠。臧仓以为孟子只是一介平民,君主不应该主动往见。臧仓更指出孟子母丧之规格超越父丧,行为不合礼仪,并非贤德之人。结果,鲁平公便打消往见孟子之念头。乐正子当时在鲁国辅政,遂质询鲁平公何以不拜访孟子,鲁平公更将臧仓所言再说一遍,以为孟子丧母时之棺椁精美超越父丧之时。乐正子辩说,此乃贫富不同之故。后来,乐正子往见孟子,道出鲁平公因臧仓之言而未有前来拜访之始末,孟子以为自己不遇鲁平公全因天命使然,并不是臧仓一己之力。准此,鲁平公大抵亦非贤德之君,徒因一嬖人之言而不见孟子。孟子亦于不久之后离鲁而赴滕。

6. 言听计从的滕文公

滕乃小国,然滕文公能重用孟子,此乃孟子生平之中唯一一次君主于己言听计从。当滕文公仍为世子之时,便已多次跟孟子联系。《孟子·滕文公上》云:

滕文公为世子,将之楚,过宋而见孟子。孟子道性善,言必称尧舜。
世子自楚返,复见孟子。孟子曰:"世子疑吾言乎?夫道一而已矣。成覸谓齐景公曰:'彼,丈夫也;我,丈夫也;吾何畏彼哉?'颜渊曰:'舜,何人也?予,何人也?有为者亦若是。'公明仪曰:'文王,我师也;周公岂欺我哉?'今滕,绝长补短,将五十里也,犹可以为善国。《书》曰:'若药不瞑眩,厥疾不瘳。'"(5.1)

滕文公当时为世子,在宋国与孟子相见。世子由楚返滕,经宋,再与孟子相会。孟子说以性善之说,行王政而可以致尧舜之世。世子大抵信心不足,以为滕为小国,未必可行王政。孟子援引成覸、颜渊、公明仪所言,指出不必惧怕任何人,且有所作为者亦可为圣人。孟子以为滕国虽小,惟能推行王政,仍可以是一个好国家,所重者乃在能对症下药。

及后,滕定公薨,对于如何办理丧事,滕文公派遣然友向孟子请益。此时孟子已经离宋归邹,故然友前赴邹国。世子此时仍然信心不足,孟子鼓励之,以为尽力办丧即可,遂听孟子之言,行三年之丧,并不必顾虑鲁国君主从未实行,以及滕国父老官吏之反对。孟子强调,君子之德如风,小人之德如草,风吹向哪边,草便向哪边倒。因此,事之执行成功与否,全仗世子本人而已。最后,世子居于丧庐五月,居丧之时不曾颁下任何命令和禁令。滕之官吏同族皆以世子为知礼。丧礼举行之时,四方之人前来,世子容色悲惨,哭泣哀痛,吊者均非常满意(5.2)。准此,滕国虽小,但滕文公真能听从孟子以行事,故孟子可谓得遇于滕。

孟子及后亲至滕,《孟子》书载有滕文公与孟子之讨论。《孟子·梁惠王下》云:

滕文公问曰:"齐人将筑薛,吾甚恐,如之何则可?"

孟子对曰:"昔者大王居邠,狄人侵之,去之岐山之下居焉。非择而取之,不得已也。苟为善,后世子孙必有王者矣。君子创业垂统,为可继也。若夫成功,则天也。君如彼何哉?强为善而已矣。"(2.14)

滕为小国，绝长补短才不过五十里，摄乎大国之间，命悬一线。《孟子·梁惠王下》连续载录三段滕文公与孟子之对话，其主题皆围绕以滕之弱小，如何抵抗强敌，并得老百姓之死效。滕文公见齐国准备加强薛之城池，伺机发动战争，因而感到惧怕。孟子援引从前周太王之旧事，指出狄人来犯，太王乃率众避逃岐山之下定居，后来方有武王之得天下。即使现今弱小而要避祸，如能施行仁政，德泽流及子孙，功莫大焉。因此，面对当前困局，孟子以为唯有勉力行仁政而已。当世之时，孟子虽得"迂远而阔于事情"[1]之评价，然观乎孟子并不勉强滕文公与齐作对抗，而选择暂时迂远避祸，亦是其学说里行权之表现。[2]其实，滕之弱小，孟子知之，因此滕文公尝问孟子应该侍奉齐国还是楚国时，孟子以为此非其能力之所及，因此不能回答。孟子以为只要滕文公能推行王政，是保守基业还是另觅土地皆可，最重要是为滕国百姓福祉着想（2.15）。

　　滕文公对孟子言听计从，在滕国推行仁政。然而，滕国实在弱

---

[1]《史记》，卷74，页2343。
[2] 孟子坚持原则，但每有行权，事君之时，因势利导，循循善诱，所重在于能志于仁。所谓行权，孟子与淳于髡一段讨论最能反映。《孟子·离娄上》：淳于髡曰："男女授受不亲，礼与？"孟子曰："礼也。"曰："嫂溺，则援之以手乎？"曰："嫂溺不援，是豺狼也。男女授受不亲，礼也；嫂溺，援之以手者，权也。"曰："今天下溺矣，夫子之不援，何也？"曰："天下溺，援之以道；嫂溺，援之以手——子欲手援天下乎？"（7.17）男女授受不亲是礼，当时确实如此，可是嫂嫂跌入河中，如果见死不救，那便等同禽兽。孟子学说首重人禽之辨，强调人之所以异于禽兽者几希。在特殊情况下，恒常之礼可暂且抛弃，因此当伸手救人。此非肆意改变原则，只是特殊之举措。改变如果没有底线，那便是没有立场原则，孟子的行权仍然以善为原则。能在坚守原则的情况之下行权，此乃孟子学说难能可贵之处。

小，居于齐、楚等大国之间，幸免于灭亡已是最好的状况，枉论能够王天下。因此，孟子闻说梁国招贤纳士，便离开滕国而赴梁。

7. 愿安承教的梁惠王

梁惠王即魏惠王，继承父魏武侯之位（前370年）。即位后九年（前362年），迁都大梁（今河南开封）。梁惠王即位最初二十余年，在战国诸侯中最为强大，并自封为王。有关孟子见梁惠王之年份，学者多有争议。据梁惠王称孟子为"叟"，结合战国天下形势，辅之以晋太康二年发现之魏国国史《竹书纪年》，孟子至梁之时大抵为惠王后元十五年或十六年（前320年或前319年）。按照孟子生于前372年计算，此时盖53岁，虽然仍比梁惠王之年纪为小，但称之为叟亦算合理。

孟子在梁的时间虽然不长，但《孟子》中所载不少孟子与梁惠王的讨论，主要见于《梁惠王上》和《告子下》。孟子见梁惠王之初，梁惠王心欲称霸而不用王道，《梁惠王上》载云：

孟子见梁惠王。王曰："叟！不远千里而来，亦将有以利吾国乎？"

孟子对曰："王！何必曰利？亦有仁义而已矣。王曰：'何以利吾国？'大夫曰：'何以利吾家？'士庶人曰：'何以利吾身？'上下交征利而国危矣。万乘之国，弑其君者，必千乘之家；千乘之国，弑其君者，必百乘之家。万取千焉，千取百焉，不为不多矣。苟为后义而先利，不夺不餍。未有仁而遗其亲者也，未有义而后其君者也。王亦曰仁义而已矣，何必曰利？"（1.1）

孟子见梁惠王，孟子重仁义，梁惠王唯利是图。在《史记·孟子荀卿列传》之中，可见梁惠王重视驺衍，驺衍至梁，"惠王郊迎，执宾主之礼"；①对于孟子，"梁惠王不果所言"。②孟子大义凛然，面对梁惠王欲利之心，乃直斥"何必曰利？亦有仁义而已矣"。孟子力陈重利之弊，指出"苟为后义而先利，不夺不餍"，重利之徒不会满足，最终必将国君之产业夺去。孟子以为梁惠王不应言利，应该重视仁义。此乃孟子见梁惠王之初，其时梁惠王对孟子之说并不感兴趣。

有一次，孟子谒见梁惠王时，惠王站在池旁顾盼鸟兽，问孟子贤德之人享受如此安逸之快乐与否。孟子以为贤者亦有此乐，但更重要的是能够与民同乐，明白老百姓之感受。孟子援引《尚书·汤誓》"时日害丧，予及女皆亡"句，谓"民欲与之皆亡，虽有台池鸟兽，岂能独乐哉？"（1.2节录）可见重视老百姓之喜恶非常重要，与民同乐而不独自享乐。又，梁惠王以为自己治国已经尽力，在诸国之中，无有君主用心在其之上。可是，邻国之民不减少，魏国之民亦不增多，因而甚感疑惑。孟子以为当时诸侯不行仁政，只用霸道，取用无时，只懂怪责凶年失收，而不自我检讨。孟子并不讳言，直言梁惠王"好战，请以战喻"（1.3节录）。五十步笑百步，弃甲曳兵，二者无异；各国皆行霸政，不体恤百姓，因此"王如知此，则无望民之多于邻国也"。此时，梁惠王已能虚心设问，而孟子亦因势利导，设身处地为梁惠王解决问题。

---

①《史记》，卷74，页2345。
②《史记》，卷74，页2343。

接下来,在《寡人愿安承教章》,梁惠王之态度已较《王何必曰利章》(1.1)有了极大变化。其文如下:

梁惠王曰:"寡人愿安承教。"
孟子对曰:"杀人以梃与刃,有以异乎?"
曰:"无以异也。"
"以刃与政,有以异乎?"
曰:"无以异也。"
曰:"庖有肥肉,厩有肥马,民有饥色,野有饿莩,此率兽而食人也。兽相食,且人恶之;为民父母,行政,不免于率兽而食人,恶在其为民父母也?"(1.4节录)

此篇起首,梁惠王已明言"寡人愿安承教",即乐意细听孟子的指教。孟子即问用木棒杀人和用刀子杀人有何不同。虽然工具不同,但人还是死了,所以梁惠王以为无别。于是,孟子追问用刀子杀人,跟用政治迫害致死有何不同,梁惠王以为亦无别。孟子谓梁惠王既然明白这个道理,当时却是上位者极为富有,老百姓不得温饱。为政者如此,孟子以为即是"率兽食人",并非为民父母者应有的举措。因此,当权者应该加以反省,推行善政,嘉惠百姓,才是治国之道。

梁惠王从不愿聆听孟子之王道仁政,发展至"愿安承教",能够多次召见孟子,理应大有作为。可惜,梁惠王不久之后去世(前319年),未有机会施行孟子之主张。惠王死后,其子梁襄王继位,孟子继续留在魏国。

8. 不似人君的梁襄王

梁襄王是梁惠王的儿子,在惠王死后继位。《孟子》只有一段梁襄王之记载,然即据此可知孟子何以离开魏国:

孟子见梁襄王,出,语人曰:"望之不似人君,就之而不见所畏焉。卒然问曰:'天下恶乎定?'

"吾对曰:'定于一。'

"'孰能一之?'

"对曰:'不嗜杀人者能一之。'

"'孰能与之?'

"对曰:'天下莫不与也。王知夫苗乎?七八月之间旱,则苗槁矣。天油然作云,沛然下雨,则苗浡然兴之矣。其如是,孰能御之?今夫天下之人牧,未有不嗜杀人者也。如有不嗜杀人者,则天下之民皆引领而望之矣。诚如是也,民归之,由水之就下,沛然谁能御之?'"(1.6)

这里可见孟子无比的勇气。魏国虽已不及惠王在位初期时强大,但仍是一方诸侯,实力不弱。可是,孟子却告诉别人梁襄王"不似人君",走近之而没有任何威严之感。赵岐注:"望之无俨然之威仪也。"[①]又,《论语·尧曰》有一段文字可参:

子张问于孔子曰:"何如斯可以从政矣?"子曰:"尊五美,屏四恶,斯可以从政矣。"子张曰:"何谓五美?"子曰:"君子惠而不费,劳而不

[①]《孟子注疏》,载《十三经注疏(整理本)》,卷1下,页21。

怨，欲而不贪，泰而不骄，威而不猛。"[……]"君子正其衣冠，尊其瞻视，俨然人望而畏之，斯不亦威而不猛乎？"（20.3节录）

子张问孔子怎样可以治政，孔子谓要尊贵五种美德，排除四种恶政。五种美德里包括了威严而不凶猛。"威而不猛"的具体内容是衣冠整齐，目不邪视，庄严地使人望之而有所畏惧。以此言之，梁襄王大抵是以上诸项皆有所未备。可是，如此这般的梁襄王，却居然问及如何可使天下安定。孟子指出天下统一之时便告安定。梁襄王因而追问，谁人可以统一天下。梁惠王固然好战，故前文提及孟子"以战喻"；梁襄王如何则未知，然而孟子游说诸侯时每多因势利导，此处直言"不嗜杀人者"可以统一天下，或因襄王与天下诸侯皆同有此恶习，故言之如是。孟子续说，以为天下君王如果不嗜杀人，老百姓自皆归附之，其势无人能挡。

梁惠王治国之时，魏国势兴盛，然在马陵之役，魏之庞涓、太子申因中齐国田忌、孙膑之计而大败，庞涓自杀，太子申被俘。及后，秦又多次击败魏国，迫使魏国割城献地。至惠王后元十一年（前324年），楚使柱国昭阳攻魏，破之于襄阳而得八邑，复使魏国实力受损。梁惠王迎孟子，在孟子教诲之下渐有所得，却不幸病故；襄王继位，望之不似人君，加之以国力大不如前，已无行王道仁政之希望。因此，孟子离开魏国，前往齐国。

9. 诸多借口的齐宣王

齐国是孟子周游列国的最后一站，这次孟子到来之时，齐国诸侯是齐宣王。此时齐威王刚死，宣王新君即位，百废待兴，钱穆先生《孟子自梁返齐考》将此年定为公元前319年。齐国是当时大国，实力最强，孟子如要人君行王道仁政，齐国是最重要的舞台。跟周游列国之初相比较，此时孟子队伍已经是"后车数十乘，从者数百人"（6.4节录）。

孟子在齐国时间较长，与齐宣王有过多次讨论，从欲得重用至不得已而去之，实在是因了解而分开。面对齐宣王，孟子仍是一如既往的怀有勇气，在《齐桓晋文之事章》里，齐宣王开宗明义希望得知孟子对于齐桓公、晋文公称霸天下之看法，可是孟子却说"仲尼之徒无道桓文之事者，是以后世无传焉，臣未之闻也"，纯属搪塞之言，词锋一转，改以王道说之，故曰："无以，则王乎？"孟子以为齐国之大，行王道仁政实在是易如反掌，齐之不行王政，不过是不为而非不能也。

孟子经常在齐宣王眼前出现，孟子说之以行王道仁政，可是齐王多次借词推搪。齐宣王爱好音乐，齐臣庄暴以此告诉孟子，因有以下一段对话：

他日，见于王曰："王尝语庄子以好乐，有诸？"
王变乎色，曰："寡人非能好先王之乐也，直好世俗之乐耳。"
曰："王之好乐甚，则齐其庶几乎！今之乐由古之乐也。"
曰："可得闻与？"
曰："独乐乐，与人乐乐，孰乐？"
曰："不若与人。"
曰："与少乐乐，与众乐乐，孰乐？"

第三章 周游列国的启示　　227

曰:"不若与众。"(2.1节录)

齐宣王知道孟子所崇尚乃是古圣王贤君之制礼作乐,而自己喜欢的不过是世俗之音乐。因此听见孟子如此询问,不由得紧张起来,连脸色也变了。"王变乎色"一句,充满戏剧色彩。齐宣王赶快向孟子道出自己所喜爱的音乐只是世俗之音。意想不到的是孟子的答案。孟子以为齐王喜欢音乐,齐国便当富强,因为今之世俗音乐与古代音乐本质无异。面对突如其来的答案,不禁引起了齐宣王的兴趣,因而追问当中道理如何。于是,孟子问道齐王,一个人单独欣赏音乐,还是跟别人一起欣赏音乐比较快乐。齐王以为与别人一起欣赏更为快乐;同理,齐王以为与多数人一起欣赏更为快乐。此下说词,孟子以为齐王如能将自己的田猎音乐喜好等做到与民同乐,百姓必定愿为效力,如此则可行王道仁政使天下归服。其实,孟子在这里使用了类比论证的方法,偷换概念,多人一起听音乐,其实不等同就要推行仁政与民同乐。孟子游说诸侯之词多类此。

齐宣王之不愿推行仁政,借口颇多,《梁惠王下》载有"寡人有疾,寡人好勇"、"寡人有疾,寡人好货",以及"寡人有疾,寡人好色"之论述。齐宣王以各种理由而不欲行王道仁政,孟子皆在说辞中偷换概念,叫齐王可以扩展好勇、好货、好色之"缺点"。扩展好勇,可以"一怒而安天一之民,民惟恐王之不好勇也";扩展好货,可使"居者有积仓,行者有裹囊";扩展好色,可使"内无怨女,外无旷夫";总之,能够与民同好,孟子以为皆足以王天下,因此齐王之疾并不算是问题。

对战争之态度，是霸政与王政最大之差异，齐宣王与孟子最大的分歧在于此。前316年，燕王哙禅让君位予以宰相子之，进行改革，引致燕国内乱。两年后，燕王哙长子太子平与将军市被背叛，数月，死者数万。燕、齐边境相接，齐宣王伺机发动战争，侵略燕国。就此事，《孟子》多有载录，其文如下：

沈同以其私问曰："燕可伐与？"

孟子曰："可；子哙不得与人燕，子之不得受燕于子哙。有仕于此，而子悦之，不告于王而私与之吾子之禄爵；夫士也，亦无王命而私受之于子，则可乎？——何以异于是？"

齐人伐燕。

或问曰："劝齐伐燕，有诸？"

曰："未也；沈同问'燕可伐与'，吾应之曰：'可。'彼然而伐之也。彼如曰：'孰可以伐之？'则将应之曰：'为天吏，则可以伐之。'今有杀人者，或问之曰：'人可杀与？'则将应之曰：'可。'彼如曰：'孰可以杀之？'则将应之曰：'为士师，则可以杀之。'今以燕伐燕，何为劝之哉？"（4.8）

齐臣沈同以个人身分询问孟子燕国可否攻伐。孟子以之为然。此因燕王哙不可私自将燕国让予子之，子之亦不应该接受燕王哙之所赠。如之私相授受，实与自作主张将俸禄官位赠予他人相同。结果，齐果伐燕。因此有人告诉孟子，说孟子支持齐人伐燕。孟子明言没有。此因沈同本以个人身分询问。如果沈同的问题是谁人有权讨伐燕国，孟子便会说只有天吏方可伐之。如今齐之伐燕，不过

第三章 周游列国的启示　229

是以暴易暴而已，孟子实未曾劝说伐燕。由是观之，孟子所坚持的是唯有天兵天吏可以伐无道之君，如果发动战争只是以暴易暴，孟子并不支持。

在《梁惠王下》还有两段齐人伐燕之记载。其文如下：

齐人伐燕，胜之。宣王问曰："或谓寡人勿取，或谓寡人取之。以万乘之国伐万乘之国，五旬而举之，人力不至于此。不取，必有天殃。取之，何如？"

孟子对曰："取之而燕民悦，则取之。古之人有行之者，武王是也。取之而燕民不悦，则勿取。古之人有行之者，文王是也。以万乘之国伐万乘之国，箪食壶浆以迎王师，岂有他哉？避水火也。如水益深，如火益热，亦运而已矣。"（2.10）

齐人伐燕，大获全胜，孟子反对不义之战，与齐宣王意见分歧。齐王问孟子，指出朝廷上下见解相异，有人支持出兵伐燕，有人不然。可是燕、齐旗鼓相当，结果五十日而能攻陷，齐王以为实乃天命使然，否则不可能如此快速。孟子并不明确回答，以为如果攻打敌国而反使对方百姓感到高兴，那便取之无妨。能够取胜只是因为敌国百姓逃避水深火热的情况而已。在（2.11）引文中，齐王指出伐燕取胜以后，其他诸侯国已在商议该如何救助燕国，并攻打齐国。孟子以为应该在代立燕国新王后尽快撤退。可是，齐宣王并未有依照孟子的指引，最终确使各国诸侯联合攻齐，致生灵涂炭。

意见不合，孟子只能选择离开。《公孙丑下》云：

孟子致为臣而归。王就见孟子，曰："前日愿见而不可得，得侍同朝，甚喜；今又弃寡人而归，不识可以继此而得见乎？"

对曰："不敢请耳，固所愿也。"（4.10节录）

孟子辞去齐国官职，准备离开。齐宣王到孟子家中往见，以为从前希望见之而不可，后来能够同在一起，非常高兴；如今又欲去齐，不知道将来还可否得相见。此时孟子离齐之决心并不算坚定，因谓留齐本是所愿，似接受齐王之挽留。可是，后文载齐王打算在临淄城里给孟子一幢房屋，以万钟之粟供养孟子及其弟子。孟子知之，齐王居然视其为贪图富贵的人，更欲赐万钟之粟。孟子对齐王极为失望。此后尚有四段文字记载孟子去齐之事。前文已述其二，今复载另外两则文字：

孟子去齐，充虞路问曰："夫子若有不豫色然。前日虞闻诸夫子曰：'君子不怨天，不尤人。'"

曰："彼一时，此一时也。五百年必有王者兴，其间必有名世者。由周而来，七百有余岁矣。以其数，则过矣；以其时考之，则可矣。夫天未欲平治天下也；如欲平治天下，当今之世，舍我其谁也？吾何为不豫哉？"（4.13）

充虞是孟子的学生。孟子去齐，充虞在路上看见老师神色不太高兴，于是援引早前曾经听过老师说"不怨天，不尤人"。孟子以为那时与现在不同。五百年必有王者兴，也一定有辅佐王者的名

第三章 周游列国的启示 231

臣。周兴至于今已经七百多年，从年数上说已经超过了，以时势而论，圣贤亦应该出现了。可能上天仍未想让天下太平，如果想要使天下太平，当今之世，孟子以为舍我其谁，此可见孟子虽然去齐，但仍不失信心。纵与齐宣王意见不合，不得已而离开齐国，但孟子并不汲汲于出仕，此为孟子之迂阔与坚持原则。

孟子去齐，居休。公孙丑问曰："仕而不受禄，古之道乎？"

曰："非也；于崇，吾得见王，退而有去志，不欲变，故不受也。继而有师命，不可以请。久于齐，非我志也。"（4.14）

孟子去齐归邹，经过地名休者，稍为休息，与弟子公孙丑论在齐事。公孙丑问孟子，做官而不受俸禄是否合乎古道。孟子以为不合。昔日在崇邑时，孟子得见齐王，退下来便已有离去之意，大抵因齐王未有推行王道之意。因不想改变去齐的决定，故不受齐之俸禄。后来，因齐国有战事，孟子以为不能提出离齐的请求。焦循云："知师命是师旅之命者，圣贤之道，不为太甚，旁通以情，故孟子于始见王，志虽不合，必宿留而后去；既宿留，可以去矣，而乃不去者，既居其国，被其款遇，惟此军戎大事，即当休戚相关，岂容度外置之，飘然远引，此所以不可以请也。"① 可见留齐乃是因为"休戚相关，岂容度外置之"。最后，孟子说："久于齐，非我志也。"既然不能改变齐王，久留亦没有意思，亦不符合孟子欲君主推行王道仁政之心。

---

① 焦循：《孟子正义》（北京：中华书局，1987年），卷9，页313。

在别人不再重用自己的情况下，孟子最后选择离开，没有缠绕在齐卿的厚禄，没有对稷下学宫的留恋，虽仍心系齐国，但既然不能一展抱负，也只有黯然而去。孟子离齐，当中既有见其原则；而没有立刻离齐，乃因古者诸侯不出疆，故停在昼县，待齐王或加挽留，此其行权之处。

三、孟子的抉择与勇气

孟子生于战国之时，其时诸侯以攻伐为尚，征战频仍，民不聊生。孟子虽谓"春秋无义战"（14.2节录），然而较诸春秋时代而言，战国时代不义之战更比比皆是。孟子周游列国，游说时君行王道仁政以得天下，却未受重视。其实，孟子之说辞，时君听之，往往心惊胆颤。《梁惠王下》云：

> 孟子谓齐宣王曰："王之臣有托其妻子于其友而之楚游者，比其反也，则冻馁其妻子，则如之何？"
>
> 王曰："弃之。"
>
> 曰："士师不能治士，则如之何？"
>
> 王曰："已之。"
>
> 曰："四境之内不治，则如之何？"
>
> 王顾左右而言他。(2.6)

孟子问齐宣王，以为大臣如将其妻子托附友人然后前往楚国，及其返齐之时，发现友人未有妥善照顾之，应当如何处理。齐宣王以为应当与之绝交。孟子追问，如果掌管刑罚之长官不能好好管治下属，又应当如何处理。齐宣王以为应该将其罢免。最后，孟子问齐王，如果一个国家管治得不好，应当如何处理。齐宣王当然知道责任谁属，只是招架不住，因而顾左右而言他，扯开话题。

又，武王伐纣之事，虽为儒家以有道伐无道之美谈，然终究是以下犯上之举，《梁惠王下》云：

齐宣王问曰："汤放桀，武王伐纣，有诸？"
孟子对曰："于传有之。"
曰："臣弑其君，可乎？"
曰："贼仁者谓之'贼'，贼义者谓之'残'。残贼之人谓之'一夫'。闻诛一夫纣矣，未闻弑君也。"（2.8）

齐宣王问孟子有没有听说商汤流放夏桀、武王讨伐商纣等事情，孟子回答史籍上有如此记载。齐王问之，谓臣下弑君、以下犯上之事，是否可以。孟子指出，伤仁者谓贼，伤义者谓残，残贼的人我们只称他为"一夫"。因此，孟子说只曾听过武王诛杀"一夫纣"，而没有听过什么弑君。孟子的回答在战国时代的社会其实非常先进。君权天授，古代君主均相信有命在天，孟子以为君主如果伤仁贼义，便不配称作君主，而人民可以改易之。武王伐纣虽然仍是贵族革命，但孟子之勇敢大胆却在在可见。

孟子是勇敢的人，观其于朝廷之上，游说诸侯而毫无惧色便可知矣。与告子滔滔不绝地辩说人性；在公都子面前直陈世衰道微；在朝廷上与梁惠王、梁襄王、齐宣王等针锋相对。孟子的据理力争，使其形象鲜明，如在目前。读《孟子》，让我们可透过文字感受他伟大的人格。在先秦诸子之中，孟子的人格是最鲜明，也是最积极入世。虽然说孔门儒家对后世影响深远，孔子亦是至圣先师，最受后世景仰。然而，在21世纪的今天，孟子的精神无疑更为重要。只要我们看看为何连明太祖亦要删节《孟子》，便知道孟子在言路渐窄的时候更为重要。能够在权贵面前挺直腰板，高声疾呼，任何辩论技巧也不及理直气壮来得关键。只要道理在我，即使面对困难依然前行，毫不退缩。当然，孟子之勇，可以在舍生取义见之，甚至连生命也可以牺牲。然而，孟子并不鼓励无谓的牺牲。"可以死，可以无死，死伤勇。"（8.23节录）在仍然有所选择之情况下，孟子并不鼓吹胡乱牺牲，毕竟生命只有一次。

孟子周游列国，尝至邹、齐、宋、鲁、滕、魏等诸侯国，游说邹穆公、齐威王、宋康王、薛君、鲁平公、滕文公、梁惠王、梁襄王、齐宣王等诸侯。此中如邹、宋、鲁、滕等国，地小力弱，即使欲行王政，亦不可能及于天下。他如魏、齐，皆属大国，惜梁惠王见孟子不久以后即死，其子襄王则"不似人君"；齐宣王则借口极多，身边权臣亦众，使孟子未能施行其策。滕文公乃唯一对孟子言听计从之君主，可是滕国狭小，能够不为大国吞并已属万幸，根本没有行王政而一天下之可能。总之，孟子每次离开诸侯的抉择，都是认清结局后唯一的选择。孟子并不留恋官位金钱，只要不得重用，便能决意离去，另觅理想。面对高官厚禄，孟子的抉择，实为后世所堪借鉴。

第三节 孟子的迂阔

孟子生活在战国时代，主张行王道仁政，以此救世。孟子尝至鲁、滕、梁、齐等国向诸侯游说，希望君主能够重用自己的想法。《史记·孟子荀卿列传》指出，孟子"道既通，游事齐宣王，宣王不能用。适梁，梁惠王不果所言，则见以为迂远而阔于事情"。司马迁直言孟子离开齐、梁是因为当时的人以其为"迂远而阔于事情"。"迂阔"是当时人的评价，以为孟子行事过于坚持原则，不懂变通。其实，坚持原则与灵活变通，实在没有绝对的标准。如果每事只求灵活，很容易便会跌入没有原则的窠臼。孟子明白当时的诸侯大国才有施行仁政而达至王天下的可能，可是，因在齐人伐燕一事上的意见分歧，孟子终于离开齐国。本文通过《孟子》的文字，分析孟子的迂阔与孟子的原则，以见其在坚持原则与有限度变通上所拿捏的行事法则。

一、宋代的知音

宋代诗人王安石撰有《孟子》一诗，其云：

沉魄浮魂不可招，遗编一读想风标。
何妨举世嫌迂阔，故有斯人慰寂寥。

此诗以为孟子已逝,不可复追,但只要一读到《孟子》,便可想见孟子的风度与品格。世上所有的人或都以为迂阔是不切实际,但还有孟子可以一慰自己的寂寥。王安石是孟子的隔代知音。宋神宗时,王安石等议定以《论》、《孟》同科取士,始置《孟子》为经,孟子正式配享孔庙。诗中"何妨举世嫌迂阔"句,李壁笺注如下:

> 神宗尝谓吕晦叔曰:"司马光方直,其如迂阔何?"吕曰:"孔子上圣,子路犹谓之迂,孟轲大贤,时人亦谓之迂。况光岂免此名?大抵虑事深远,则近于迂矣。愿陛下更察之。"[1]

李注援引了宋神宗与吕公著的对话,其中提及司马光(号迂叟)的迂阔、孔子的"迂"和孟子的"迂",似乎迂阔乃是三人的共通点。我们不在这里深究王安石此诗的深意,而来看看孟子的迂阔。

二、战国时代的诸子

孟子生活在战国时代,当时各国战争频仍,以攻伐为贤,以扩充领土为要务。黄俊杰指出,当时社会有着"急功近利风气的弥漫"。[2]《史记·孟子荀卿列传》有载时人对孟子的评价:

---

[1]《王荆文公诗笺注》,卷46,页1243。此事朱熹《三朝名臣言行录》卷7有载录,谓出自《温公日录》。
[2] 黄俊杰:《孟子》(台北:东大图书公司,2006年第2版),页12。

道既通，游事齐宣王，宣王不能用。适梁，梁惠王不果所言，则见以为迂远而阔于事情。

孟子尝至齐国，游说齐宣王，可惜齐宣王不重用孟子。后来，孟子至梁国，梁惠王也没有实行孟子的主张，以为孟子的学说是迂曲遥远，并且空阔不切实际。接着，《史记》道出了当时各国重用诸子的情况：

当是之时，秦用商君，富国强兵；楚、魏用吴起，战胜弱敌；齐威王、宣王用孙子、田忌之徒，而诸侯东面朝齐。天下方务于合从连衡，以攻伐为贤，而孟轲乃述唐、虞、三代之德，是以所如者不合。退而与万章之徒序《诗》、《书》，述仲尼之意，作《孟子》七篇。

在孟子不受诸侯重用的同时，战国诸侯则有其所重用的诸子，能够协助诸侯行霸业开疆辟土者皆然。据上文，秦国（秦孝公）重用商鞅，奠定日后富强的基础。楚国（楚悼王）、魏国（魏文侯）重用吴起，战胜了周边的敌国。孟子曾经两次到齐，而齐威王、齐宣王重用孙膑、田忌这一类兵家人物，使齐国强大，使其他诸侯都东来朝拜齐国。当各诸侯国正致力于合纵连横的攻伐谋略，将攻城野战看作才能的时候，孟子却言必称尧、舜，以及夏、商、周三代的德政，与当时君主所需实不相合。因此，孟子只能回到家乡与万章等门人整理《诗》、《书》，阐发孔子之学说，写成《孟子》。

《史记·孟子荀卿列传》既以孟子为传主，理应详载其生平行谊，然孟子之生平只有上文约173字的记载，我们能够据此得知的大抵只有当时其他诸子所至之国，以及哪些诸侯国先后富强。孟子作为传主，其记载反而不多。《史记题评》引杨慎云："《孟子传》与《伯夷传》书法略相似，先叙孟子，而以驺衍形之，则孔孟之不合于时者，其道从可知矣。又举孔孟伯夷，岂有意于阿世苟合者！则驺子之见尊礼于诸侯者，其道又从而可知矣。"指出《史记》此传的写法与《伯夷列传》相类；杨氏复指出《孟子传》此下写驺子之受诸侯重用，则其苟合于世可以见矣。考诸《孟子荀卿列传》，先叙孟子，后以孟子为时轴。有三驺子，第一位是驺忌，"以鼓琴干威王，因及国政，封为成侯而受相印，先孟子"；[①]第二位是驺衍，后于孟子，这位驺子甚受当时诸侯欢迎，情况与孔子、孟子迥异，《史记》云：

是以驺子重于齐。适梁，惠王郊迎，执宾主之礼。适赵，平原君侧行撇席。如燕，昭王拥彗先驱，请列弟子之座而受业，筑碣石宫，身亲往师之。作《主运》。其游诸侯见尊礼如此，岂与仲尼菜色陈蔡，孟轲困于齐梁同乎哉！

这里可见驺衍在齐、梁、赵、燕，皆极受诸侯尊礼，与孟子不遇于齐、梁截然不同。司马迁以为驺衍实因"阿世俗苟合"，[②]即迎合世俗讨好人主，才能得诸侯重用。反之，孟子不得重用，除了

---

①《史记》，卷74，页2344。
②《史记》，卷74，页2345。

迂阔以外，还是因为"持方枘欲内圜凿，其能入乎"，[1]拿着方榫头却要放入圆榫眼，怎能放得进呢？司马贞云："谓战国之时，仲尼、孟轲以仁义干世主，犹方枘圜凿然。"[2]当时的诸侯只希望发动战争，扩充领土，追求速成。儒家治国之道以仁义为根本，虽属人皆有之，但习染需时，不可急于求成，司马贞所释诚是。就《史记》所论，可见当时诸子多能灵活逢迎诸侯，并以发动战争扩大领土作为成功的指标，不计手段如何而只求达成目的。孟子则不然，故时人以之为"迂远而阔于事情"，然而孟子之迂阔，并非一成不变，而是"可以仕则仕，可以止则止，可以久则久，可以速则速"（3.2节录），谏君而不可则止。孟子事君，用意皎然，"君子之事君也，务引其君以当道，志于仁而已"（12.8节录），诸侯如可行仁则可矣。

三、因了解而分开——孟子与齐宣王

孟子周游列国，尝游说邹穆公、齐威王、宋康王、薛君、鲁平公、滕文公、梁惠王、梁襄王、齐宣王等，所见诸侯颇多，然最终皆黯然离去，果因孟子过于迂阔吗？当然不是，只要看看孟子为何离开齐国（齐宣王在位），便知孟子出仕救世之余，亦有秉持原则，故只落得去齐的下场。

孟子适齐，前人学者讨论多见，当以钱穆先生《先秦诸子系年》以为曾先后两次至齐（在齐威王、齐宣王时）为是。孟子尝至多国，如邹、宋、薛、鲁、滕、梁、齐等，就其国之规模大小观之，大

---

[1]《史记》，卷74，页2345。
[2]《史记》，卷74，页2346。

抵渐次而大。滕文公之于孟子可谓言听计从，惜乎其国"壤地褊小"（5.3节录），不为大国所亡已经足矣，岂得能王天下？如谓孟子迂阔，观乎孟子所以离滕至梁、齐等大国，即可知孟子非罔顾各国形势之客观事实矣。

孟子至梁，与梁惠王可谓相逢恨晚，梁惠王亦从"叟！不远千里而来，亦将有以利吾国乎"（1.1节录）之不愿听教，发展至"寡人愿安承教"（1.4节录），态度大为转变。可惜，后梁惠王死，孟子以为继位的梁襄王"望之不似人君，就之而不见所畏焉"（1.6节录），只得离梁赴齐。

孟子至齐，与齐宣王多有讨论，不可谓齐宣王不重用孟子。孟子多次谏君，如在著名的《齐桓晋文之事章》（1.7）里，证明齐王有行王政的能力，只是不为而非不能。在（2.3）和（2.5）里，齐宣王分别以"寡人有疾，寡人好勇"、"寡人有疾，寡人好货"、"寡人有疾，寡人好色"以作推搪而不欲行王道仁政，而孟子皆作鼓励，以为如能与百姓同之，则可以行仁政以至于王天下。有时候，孟子的锐利辞锋，步步进逼，甚至使齐宣王哑口无言（2.6）。但这些都不是孟子最后去齐的原因。

孟子离齐，主要在于王道仁政里的反战精神，这是原则底线不能变，称之为"迂阔"，只是因为当时诸子旨在逢迎君主，将底线设得太低，且更随时迁移。战国时代，各国"争地以战，杀人盈野；争城以战，杀人盈城"，发动战争，杀人如麻，孟子以为这是"率土地而食人肉，罪不容于死"。因此，冉有虽为孔门高弟，但为季氏宰却不能改变季氏之不行仁政，孔子以为可以攻之。鼓励发动战争的人,最应该受到重罚(7.14)。显而易见,孟子反对兼并战争,反对逢君之恶发动战争的人。

战国诸子,每以合纵连横游说诸侯,以为可使之成为强国。孟子与苏秦、张仪等纵横家时代相若,虽无指名道姓,但对于这一类人物,《告子下》有载之:

孟子曰:"今之事君者皆曰:'我能为君辟土地,充府库。'今之所谓良臣,古之所谓民贼也。君不乡道,不志于仁,而求富之,是富桀也。'我能为君约与国,战必克。'今之所谓良臣,古之所谓民贼也。君不乡道,不志于仁,而求为之强战,是辅桀也。由今之道,无变今之俗,虽与之天下,不能一朝居也。"(12.9)

这一类人服事君主的时候会说:"我能够替君主开拓疆土,充实府库。"这在今天会视之为好臣子,在古代则会被视为贼害百姓。君主不向往道德,无意于仁,却想替他勉强作战,此举等同帮助夏桀。用这样的方法治国,并不能移风易俗,即使予以全天下,亦不能好好管治。此可见孟子之深恶"今之事君者"。又,孟子指出"春秋无义战"(14.2),较诸春秋时代而言,战国时代之战争规模更大,死伤更多,更无春秋时代所谓的尊王攘夷,自是更为不义。泷川资言云:"孟子最恶战,其言曰:'今之事君者曰:我能为君约与国,战必克,今之所谓良臣,古之所谓民贼也。又曰:不教民而用之,谓之殃民。殃民者不容于尧舜之世。又曰:不仁哉梁惠王也,以土地之故,糜烂其民而战之。又曰:君不行仁政,而为之强战,争地以战，杀人盈野，争城以战，杀人盈城，是所谓率土地而食人肉，罪不容于死，故善战者服上刑。'其恶攻伐如此，宜矣所如者不合。"① 泷川氏援引多章《孟子》，以证孟子"恶攻伐"。

臣下好战，君主亦好战，孟子同样直斥其非。梁襄王是梁惠王的儿子，在惠王后继位。梁襄王曾经问孟子，天下怎样才能安定。孟子以为天下归一了，自然就会安定。梁襄王追问，谁能统一天下呢？孟子以为只有"不嗜杀人者能一之"。谁人可以不嗜杀人而又统一天下呢？这对战国诸侯而言，可谓当头棒喝。战国诸侯希望扩充领土，用的就是发动战争，结果只是生灵涂炭，民不聊生。孟子以为行王道仁政，"天下之民皆引领而望之矣。诚如是也，民归之，由水之就下，沛然谁能御之"（1.6节录）。说的是仁者无敌的道理！

齐国乃孟子施行政治抱负，行王道仁政的最佳选择。然而，齐宣王与孟子的分歧，正正在于对战争的态度，也是孟子最坚持而不能逾越的底线。燕王哙五年（前316年），哙听从苏代之言，使宰相子之专权，更因鹿毛寿之言而将君位禅让子之。此后，到了燕王哙七年（前314年），太子平与将军市被背叛起兵，燕国大乱。这时候，齐宣王发兵，攻燕国，燕王哙被杀，子之逃亡。或谓孟子鼓励齐宣王伐燕，其实不然。孟子尝言"取之而燕民悦，则取之"，"取之而燕民不悦，则勿取"，燕国人民所以欢迎齐师到来，乃希望齐国能够革新燕国的统治（2.10）。只有"天吏"、"士师"可以伐之，如果只是以暴易暴，肆意发动战争，那不过是"以燕伐燕"，非王

---

① 泷川资言：《史记会注考证》（北京：文学古籍出版社，1955年），卷74，页4，总页3598。

第三章 周游列国的启示 243

师所当为(4.8)。齐人伐燕,后碍于三晋、楚、秦等诸侯反对之声,又有燕人叛乱的状况下,只得撤军。董洪利云:"其实孟子也并不是反对一切战争。他对于吊民伐罪的战争、顺乎民心的战争是赞成的。"[1]孟子反对兼并战争,欲以行王道仁政;齐宣王好战,所爱好的只是如何霸天下。对战争的态度,乃孟子离齐的导火线。

《公孙丑下》连续五章节皆言孟子去齐之事,其中4.11至4.14均以"孟子去齐"起句,盖编者有意为之,并置于此。数段文字的大意,前文已述,不复赘言。

就《孟子》书里所载孟子与齐宣王的对话,以及孟子去齐等数章,可见孟子离开齐国,乃因其坚持王道仁政反战的原则。孟子的坚持,《史记》称之为"迂阔";然而,这种迂阔亦正是孟子光辉伟大人格之所在。战国诸子,逢君之恶,随波逐流,虽成就于当时,唯有孟子的迂阔才是不朽,才是人类普世价值的反映。

四、枉尺直寻与坚持原则

孟子是一个有原则的人。孔孟儒家的目的是拯救当时礼崩乐坏的社会,恢复社会秩序,目标远大,但不容易成功。生活在战国时代,诸子如欲时君采用己说,必先觐见诸侯,才有成功的机会。孟子亦不例外。

陈代曰:"不见诸侯,宜若小然;今一见之,大则以王,小则以霸。且《志》曰:'枉尺而直寻。'宜若可为也。"

---

[1] 董洪利:《孟子研究》(南京:江苏古籍出版社,1997年),页64。

孟子曰："昔齐景公田，招虞人以旌，不至，将杀之。志士不忘在沟壑，勇士不忘丧其元。孔子奚取焉？取非其招不往也。如不待其招而往，何哉？且夫枉尺而直寻者，以利言也。如以利，则枉寻直尺而利，亦可为与？昔者赵简子使王良与嬖奚乘，终日而不获一禽。嬖奚反命曰：'天下之贱工也。'或以告王良。良曰：'请复之。'强而后可，一朝而获十禽。嬖奚反命曰：'天下之良工也。'简子曰：'我使掌与女乘。'谓王良。良不可，曰：'吾为之范我驰驱，终日不获一；为之诡遇，一朝而获十。《诗》云："不失其驰，舍矢如破。"我不贯与小人乘，请辞。'御者且羞与射者比；比而得禽兽，虽若丘陵，弗为也。如枉道而从彼，何也？且子过矣：枉己者，未有能直人者也。"（6.1）

陈代也是孟子的学生，有一次，他向孟子提出了这样的一个问题。陈代以为老师不愿意去谒见诸侯，好像是在顾虑一些小问题。如果谒见诸侯，大则可以称王，小则可以称霸。只是稍为改变一下原则，有何不可呢？陈代谓"枉尺直寻"，谒见诸侯并无问题。赵岐注："枉尺直寻，欲使孟子屈己信道，故言宜若可为也。"寻是八尺，陈代指出只要屈曲一尺，伸直了就有八尺，大概以为孟子可以"屈己信道"。前文看到孟子周游列国而最后离齐，可知孟子并非一成不变，只是权变亦要有原则，否则只是随波逐流，人云亦云。此下孟子回答陈代，所重在于两点。第一是非其招不往，第二是不能枉尺直寻。从前，齐景公用旌旗来召唤猎场的管理人员，结果管理人员不到，齐景公便要杀他。其实，不合礼的召唤便不用接受，非常合理。接着，孟子援引车夫王良与嬖奚驱车打猎作为例子，说明柱尺直寻的不可。王良按照正途驾车，一整天打不到一只禽兽，嬖奚便向赵简子投诉，以为王良是天下最拙劣的驾车人。及后，王良再次为嬖奚驾车，不按规范要求而驾车奔跑，结果一天早上已经打了十只禽兽。然后，王良便向赵简子请辞，说自己不习惯为小人驾车，这里说的小人便是嬖奚。孟子指出，驾车的人尚且以与拙劣的射手合作为耻辱，自己不可能去做一些损害道义而干求利益的事情。屈曲以事奉于德有损的君主，并不可能。

行王道仁政以救世，固然是孟子人性论的终极目标。迂阔在于孟子能坚持原则，即使希望得到诸侯重用，但亦不可逢君之恶、阿谀奉承。齐宣王不听纳孟子之言，孟子亦不勉强留齐，离开是理性的选择。在坚持原则之余，孟子亦有留下权变的空间：

孟子曰："鱼，我所欲也，熊掌亦我所欲也；二者不可得兼，舍鱼而取熊掌者也。生亦我所欲也，义亦我所欲也；二者不可得兼，舍生而取义者也。"（11.10节录）

孟子曰："可以取，可以无取，取伤廉；可以与，可以无与，与伤惠；可以死，可以无死，死伤勇。"（8.23）

这里有两段文字，第一段说的是鱼与熊掌，舍生取义；第二段说的是在有选择的情况下不必过勇而死。让我们来细看。在鱼与熊掌里，如果鱼是我所喜欢的，熊掌也是我喜欢的，但二者不可同时得到，我们便会舍弃鱼而选择熊掌。孟子进而推衍到生命与道义的问题上。生命是我所要的，道义也是我所要的，但是还有比生命更希望想得到的东西，所以我不会做苟且偷生的事。舍生取义，大义凛然，只是最后无可选择下的唯一抉择。孟子的迂阔，来到这里便需要变通，毕竟生命只有一次，牺牲了如何可以救世呢？生死之事，自是沉重非常。孔孟儒家强调的是人生在世时候的努力，重人精神莫过于此。孟子说，可取可不取，取了而有损廉洁，选择不取；可给可不给，给了而有损恩惠，选择不给；可死可不死，死了便是于勇有损，选择不死。焦循说："若可以死，可以无死，则忠臣烈士岂不以必死为勇乎？而不知其伤惠，伤勇，正与伤廉者同。伤廉不得名为廉也，伤惠、伤勇不得名为惠、名为勇也。"[1]生命只有一次，胡乱牺牲，并不是真正的大勇，只是莽夫之举而已。结合舍生取义一段，我们可以知道，死是最后的选择，但当仍然有选择的时候，便应该选择死亡以外的选项。人生漫漫长路，只要一息尚存，选择自必还多。孟子的迂阔，在坚守原则的底线以外，仍要适时权变，不作无谓的牺牲。

五、迂阔的时代意义

迂阔看似带点负面，其实是坚持原则的反映。孔门儒家强调学而优则仕，孟子以孔子为偶像，"则慕仲尼，周流忧世，遂以儒道游于诸侯，思济斯民。然由不肯枉尺直寻，时君咸谓之迂阔于事，终莫能听纳其说"[2]。孟子如能降低仕君之标准，枉尺直寻，诸侯得

---

[1]《孟子正义》，载《十三经注疏（整理本）》，卷17，页579。
[2]《孟子正义》，载《十三经注疏（整理本）》，卷1，孟子题辞，页10。

重用之。然而，当时君主大多好战，以扩充领土为务，视推行霸政之臣子为贤臣。孟子因迂阔而诸侯不纳其说，正是其与孔子仕君之道契合之处。《论语·先进》载孔子云："大臣者，以道事君，不可则止。"上文分析孟子去齐，乃因与齐宣王因了解而分开。其实，孟子在齐出仕，不必离开，惟君主已不听纳己说，而强留于齐，则是干禄而不传道救世矣。

灵活变通与没有原则，实乃一事之两面。当时诸子游说诸侯，只逢君之好，不分善恶，《史记·孟子荀卿列传》言之详矣。较诸没有原则，或者原则随时更改的说客而言，孟子只能获得迂阔之名。其实，孟子的原则也会有限度的修订，因为原则有大范围的原则，也有底线不可动摇的原则。在孟子与淳于髡"男女授受不亲"（7.17）的讨论里，在孟子与公都子"庸敬在兄，斯须之敬在乡人"（11.5）的讨论里，我们可见遇上特定事件，原则也要变通，有些原则的重要性可能凌驾在原有的原则之上。又，儒家特别强调重人精神，人是一切的根本，因此孟子虽有舍生取义的主张，但绝对不鼓励胡乱牺牲生命。孟子的迂阔，乃在于其变通仍有原则、有底线，而非随时迁移、见风使舵。

王安石说"何妨举世嫌迂阔"，人生在世，为人行事当有原则，举世嫌其迂阔之人，盖亦为人所景仰之一代伟人矣。孟子的迂阔，正可为今天纷扰的世界提供一点点行事的准则。

第四章
孔孟之道新诠

在四部典籍里,"经"是什么,前人学者众说纷纭。汉人郑玄《孝经注》云:"经者,不易之称。"南朝梁人刘勰《文心雕龙·宗经》云:"经也者,恒久之至道,不刊之鸿教也。"大抵"经"便是恒常不易的大道理。《论语》、《孟子》都是经典。在科举制度盛行的年代,成为经典,代表了这些典籍都用来考试。用来考试的典籍,重要是重要了,却有点大煞风景。《论语》、《孟子》都是语录体典籍,篇幅不长,蕴含着无穷的意义。到了今天,没有科举制度,但《论语》、《孟子》的经典意义,并不曾消退。

香港中小学中国语文学习分成四个阶段,即初小(小一至小三)、高小(小四至小六)、初中(中一至中三)、高中(中四至中六),涵盖中小学12年的学习历程。

在香港中小学12年的4个学习阶段里,初小课程的文言经典建议篇章有20篇,高小有20篇,初中有25篇,高中有20篇,合共85篇。内里涉及传统儒家文化,旨在提升学生文化修养的篇章,出自儒家经典者,如《孟母戒子》、《〈论语〉四则》、《二子学弈》、《论四端》、《大同与小康》、《论仁、论孝、论君子》、《鱼我所欲也》、

《劝学（节录）》、《《大学》（节录）》等。①此中《孟母戒子》节选自《韩诗外传》卷九，属初小课程。《〈论语〉四则》;《二子学弈》节选自《孟子·告子上》，属高小课程。《论四端》节选自《孟子·公孙丑上》;《大同与小康》节选自《礼记·礼运》，属初中课程。《论仁、论孝、论君子》节选自《论语》;《鱼我所欲也》节选自《孟子·告子上》;《劝学（节录）》节录自《荀子·劝学》;《大学（节录）》节录自《礼记·大学》，皆属高中课程。显而易见，上述9篇，属初小课程者1篇，属高小课程者2篇，属初中课程者2篇，属高中课程者4篇，循序渐进，由少及多。香港的中国语文课程至今仍然包括儒家经典，便是这些作品的经典意义。

经典的典籍，诠释者众多。不同的注解多了，自必会出现歧异。例如《论语》里"厩焚子退朝曰伤人乎不问马"一章，出于不同的断句方式，解释可以完全不同，以下是这一章的三种断句：

厩焚，子退朝，曰："伤人乎？"不问马。

1. 何晏引郑玄曰："重人贱畜。退朝，自君之朝来归。"邢昺云："此明孔子重人贱畜也。"

2. 程树德《论语集释》引李冶《论语刊误》云："本以不问马惟问人，弟子慕圣人推心，足以垂范。且'伤人乎'即是问之之辞。"

---

① 部分篇章的标题出于香港教育局的编撰。

3.钱穆《论语新解》之白话翻译云:"孔子家里的马房被烧了,孔子退朝回来,知道了此事急问'伤人了吗',但没有问到马。"

按照这一种断句的理解,孔子只是问了人命的情况,完全没有关心到马匹。郑玄直接指出这正是重人贱畜的表现。虽然是马房火灾,但孔子以为人命关天,所以只是问了人命有否伤亡。重人精神,莫过于此。

厩焚,子退朝,曰:"伤人乎?"不,问马。

1.扬雄《太仆箴》有"厩焚问人,仲尼深丑"句。

2.程树德《论语集释》引《资暇录》云:"今有谓韩文公读'不'为'否'。云圣人岂仁于人,不仁于马。故贵人所以先问,贱畜所以后问。"又云:"夫子问伤人乎,乃对曰否。既不伤人,然后问马。"

3.陆德明注"曰伤人乎"句云:"绝句。一读至'不'字绝句。"

这种断句里的孔子,便已关心到马匹了。西汉扬雄《太仆箴》的两句是典范,马房火灾只是问人的伤亡,孔子丑之,这就代表孔子是有关心马匹的。有趣的是《资暇录》里许多近乎猜想的推测。《资暇录》的作者是唐人李匡文(字济翁),[1]他以为孔子不可能

---

[1] 李匡文姓名的异文众多,包括了李匡乂、李匡義、李匡义、李康乂、李正文、李文正、李文、李乂等八种。

不仁于马，故必然有问马。先问了人，知其无碍，然后便问马，次序井然。值得注意的是，仁说的是人与人的关系，观其字"从人从二"可知。孟子也说"今恩足以及禽兽"，而不是仁。故此"不仁于马"这句话是于理不合的。无论如何，这种断句里的孔子能够关心动物。

厩焚，子退朝，曰："伤人乎不？"问马。

1.陆德明注"曰伤人乎"句云："绝句。一读至'不'字绝句。"

2.李济翁《资暇录》："今有谓韩文公读'不'为'否'，云圣人岂仁于人，不仁于马。故贵人所以先问，贱畜所以后问。然'乎'字下岂更有助词。考陆氏《释文》已云：'一读至"不"字句绝'，则知以不为否，其来尚矣。若以不为否，则宜至'乎'字句绝，不字自为一句。何者？夫子问伤人乎，乃对曰否。既不伤人，然后问马，又别为一读。岂不愈于陆氏云乎？"

3.以"不"为"否"。

第三种断句方式跟第二种差不多，不过从叙事方式来说，有些微差异。"不"字读作"否"，上属。"问马"成为了叙事者从旁观察的结果。这里的孔子同样是先人后马，问了人有没有受伤，然后才及于马匹。

上举一例，孔子有否爱人及马，居然成为了训释差异所在。孔子是圣人，他的形象很重要，能够爱人又爱马，这样的孔子自然比起仁德只及于人的孔子为佳。我们或许心有疑问，这重要吗？孔子有责任要问马吗？如果不问马，会影响孔子的伟大吗？诠释的权力落到后世学者身上，孔子如何想已经不是首要的考虑。因此，我们可以新诠孔孟之道，呈现孔孟学说于后世，便是不愧古人。新诠不限于个别字词、章节等的解说，还包括了在诠释孔孟思想的时候，加入了现代人的考虑。此等考虑，正是能够活化孔孟思想的关键。

第一节 何者可以为仁？——巧言令色与刚毅木讷

仁是孔门儒家思想体系之核心。仁之具体意义为何，前人学者所论甚多，胜义屡见。冯友兰《中国哲学史》云："《论语》中言仁处甚多，总而言之，仁者，即人之性情之真的及合礼的流露，而即本同情心以推己及人者也。"清人阮元《论语论仁篇》论之甚详，可供参考。阮氏云：

> 元窃谓诠解"仁"字，不必烦称远引，但举《曾子·制言篇》："人之相与也，譬如舟车，然相济达也，人非人不济，马非马不走，水非水不流"。及《中庸篇》："仁者，人也"，郑康成《注》："读如相人偶之人"。

数语足以明之矣。

据阮氏所言,大抵仁当并为,故儒家主张积极入世,不可离群独居。《论语》全书援引"仁"字109次。[①]孔子很少将"仁"的称号嘉许某人,究之全书,只有七个人得到了"仁人"的雅号,分别是颜渊、管仲、伯夷、叔齐、箕子、微子、王子比干。《论语》里讨论到仁的章节很多,其中包括了以下两条:

子曰:"巧言令色,鲜矣仁!"(1.3, 17.17)

子曰:"刚、毅、木、讷近仁。"(13.27)

前者谓"鲜矣仁",后者谓"近仁"。一曰"鲜",一曰"近",则何者可以为仁,何者不可,实可作深入讨论。此下即分就两章《论语》细加分析,以见其中端倪。

一、巧言令色,鲜矣仁

首先是"巧言令色,鲜矣仁"。中国古代诸子多以为人当慎言,其中尤以儒家为甚。"巧言令色"句,朱熹注:"巧,好。令,善也。好

[①] 杨伯峻:《试论孔子》,见《论语译注》(香港,中华书局,1984年),页16。杨伯峻《论语词典》亦言《论语》引"仁"109次,安作璋《论语辞典》亦载《论语》引"仁"109次。(安作璋:《论语辞典》,上海,上海古籍出版社,2004年,页62。)利用香港中文大学中国文化研究所刘殿爵中国古籍研究中心《汉达文库》进行电子检索,检得《论语》"仁"字106次。

其言，善其色，致饰于外，务以悦人。"①可知"巧言"即满口讨人欢喜之说话。在《论语》里又有"佞"字，可复与"巧言令色"相参看。具列相关章节如下：

或曰："雍也仁而不佞。"子曰："焉用佞？御人以口给，屡憎于人。不知其仁，焉用佞？"（5.5）

子路使子羔为费宰。子曰："贼夫人之子。"子路曰："有民人焉，有社稷焉。何必读书，然后为学？"子曰："是故恶夫佞者。"（11.25）

微生亩谓孔子曰："丘何为是栖栖者与？无乃为佞乎？"孔子曰："非敢为佞也，疾固也。"（14.32）

颜渊问为邦。子曰："行夏之时，乘殷之辂，服周之冕，乐则《韶》《舞》。放郑声，远佞人。郑声淫，佞人殆。"（15.11）

孔子曰："益者三友，损者三友。友直，友谅，友多闻，益矣。友便辟，友善柔，友便佞，损矣。"（16.4）

《论语》中，"佞"字出现10次，乃指有口才，能言善辩。②在此等章节里，孔子对于口有辩才多不称许。例如《公冶长》谓冉雍有仁德而没有口才，孔子直言口才并不重要（5.5）。又如《先进》

---

①《四书章句集注》，论语集注卷1，页48。
②《论语辞典》，页163-164。

载子路使高柴担任费宰，孔子不以为然，以为子路此举是害了人家的儿子；子路复加申辩，孔子止之，谓其不欲与强嘴利舌的人争论（11.25）。又《宪问》载微生亩以为孔子乃佞者，孔子表明自己讨厌逞口才的人（14.32）。又《卫灵公》孔子言为邦之道，以为当斥退卑谄辩给之人（15.11）。① 又《季氏》载有害的朋友三种，其一便是夸夸其谈者。准此而论，利口善辩者当为孔门儒家所不屑。至于"令色"者，盖指面孔装得好看，讨人欢喜，却是伪善（16.4）。《论语·颜渊》说："夫闻也者，色取仁而行违，居之不疑。"（12.20）指出追求名誉著闻之徒，只是在面上装点，既无质直之姿，又无好义之心，只追求外表为仁而已。

孔子以为巧言令色的人是"鲜矣仁"，杨伯峻将此三字译作"仁德是不会多的"。② 钱穆《论语新解》云："鲜，少义，难得义。"潘重规《论语今注》注谓"鲜矣仁，是说难得有仁了"。比较三家注解，钱穆与潘重规所言较为合理。这章《论语》应该解作"巧言令色之人，难得有仁"；谓"难得"者，即表明即使是多言、追求外表的人，也有可能为仁，只是机率不高而已。皇侃之解说最为通达，其云："巧言令色之人，非都无仁，政是性不能全，故云少也。"③ 刘殿爵英译本《论语》翻译The Master said, "It is rare,

---

① 此"佞人"者，后世注家多引申之为小人。朱熹注："佞人，卑谄辩给之人。"（《四书章句集注》，论语集注卷8，页164。）杨伯峻《译注》、潘重规《今注》皆以为佞人即小人。（《论语译注》，第164页；潘重规：《论语今注》，台北，里仁书局，2000年，页339。）
② 《论语译注》，页3。
③ 《论语义疏》，卷1，页7。

indeed, for a man with cunning words and an ingrate countenance to be benevolent."[①]指出巧言令色之徒能为仁者为"稀有（rare）"，其说是也。

《大戴礼记》有与"巧言令色，鲜矣仁"相近之文，其《曾子立事》云："巧言令色，能小行而笃，难于仁矣。"[②]此与《论语》所言相仿，皆以为此等人难于为仁，却无绝之之意。其云"难于仁"者，正是《论语》此章"鲜矣仁"之最佳脚注。难以成功，却没有抹杀其成功的可能。顾炎武《日知录》云："天下不仁之人有二：一为好犯上、好作乱之人，一为巧言令色之人。"钱逊说："这是从否定的方面来说明什么是仁。"[③]以为"巧言令色"乃是不仁之人，或"巧言令色"便不可为仁，此等解说皆属可商而不可尽信。

在儒家文献里，还可以看到对于少说话之评价。《论语·里仁》："君子欲讷于言而敏于行。"（4.24）又《颜渊》载司马牛问仁，孔子以为仁者"其言也讱"（12.4）。《说文解字·言部》："讱，顿也。"戴望《论语注》云："讱，顿也。讷于言者，其辞必顿。""仁者为仁，重难之，不欲径其辞说。"大抵仁者说话当比较迟缓，此

[①] D. C. Lau (Trans.), The Analects. Hong Kong: The Chinese University Press, 1992. p.3.
[②] 方向东：《大戴礼记汇校集解》（北京，中华书局，2008年），卷4，页450。孔广森注："笃难，甚难也。"（孔广森：《大戴礼记补注》，上海，商务印书馆，1939年，卷4，第47页。）知其以"笃难"为词，以"笃难于仁矣"为句。俞樾以为"'笃难'二字甚为不辞"（俞樾：《群经平议》，上海，上海古籍出版社据清光绪二十五年刻春在堂全书本影印，1995年，卷17，页17b），孙诒让亦以为当以"笃"字绝句（孙诒让：《大戴礼记斠补》，台北，文史哲出版社，1988年，卷中，页201-202。）
[③] 钱逊：《论语读本》（北京，中华书局，2007年），页5。

因仁者希望言行合一，不要胡言乱语，即慎言之意，故多有停顿。慎言是为仁的条件之一，反之而论，多言便成为"鲜矣仁"之关键矣。

其实，巧言令色只是"鲜矣仁"，不一定不能为仁，孔门弟子里也不缺能言善辩的人物。在孔门四科里的言语科，便有宰予、子贡二人。在《论语》里，二人的形象都是口才出众的。皇侃引范宁云："言语，谓宾主相对之辞也。"① 孟子以为二人"善为说辞"（《孟子·公孙丑上》3.2）。先说宰予。《论语》载宰予二事，一为《阳货》载其与孔子讨论三年之丧，而孔子评宰予为不仁；二为《公冶长》昼寝之事，孔子乃以宰予为"朽木不可雕"。就两章所见，宰予口才出众，据理力争，即孔子亦不能与之匹敌。孔子虽然对宰予批评颇多，然观其仕鲁与齐，皆可见其"重振朝纲的政治理想，亦即孔子所说'君君臣臣'的意思"。② 孟子以为宰予更是"智足以知圣人"（《孟子·公孙丑上》3.2），对其推崇备至。

至于子贡，《史记·仲尼弟子列传》谓"子贡利口巧辞，孔子常黜其辩"。又田常伐鲁，子路、子张、子石分别请行，孔子皆不许，唯子贡请行，孔子许之。结果，"子贡一出，存鲁，乱齐，破吴，强晋而霸越。子贡一使，使势相破，十年之中，五国各有变"。③《史记》详载子贡说辞，可见其"利口巧辞"，实为孔门第一。对于子贡，孔子亦有教训和斥责，但更多的是循循善诱，使之受学不倦。观乎《论

---

① 《论语义疏》，卷6，页267。
② 蔡仁厚：《孔门弟子志行考述》（台北，台湾商务印书馆，2007年第2版），页76。
③ 《史记》，卷67，页2201。

语》一书，孔子推崇管仲助齐桓公，一匡天下，不费兵车之力，以为"民至今受其赐"（14.17）。可知孔门儒家始终强调"学而优则仕"（19.13），故宰予、子贡能够取得事功，在仕途上取得成就，自应为孔子所认同。准此，言语科的多言学生，也不是不可以为仁。

孔子只是不喜欢胡言乱语，然而在适当的时候说适当的话，孔子绝不反对。李零以为孔子只喜欢德行科呆头呆脑的学生，[①]其实未必如是。《论语·宪问》所载一章，最可参看：

子问公叔文子于公明贾曰："信乎，夫子不言，不笑，不取乎？"公明贾对曰："以告者过也。夫子时然后言，人不厌其言；乐然后笑，人不厌其笑；义然后取，人不厌其取。"子曰："其然？岂其然乎？"（14.13）

公叔文子乃卫国大夫。孔子向公明贾问到公叔文子的为人，公明贾指出公叔文子到了应说话的时候才说话，所以别人不会厌恶他的话。倘若再结合"非礼勿言"（《论语·颜渊》12.1）句，可知在适当时候说适当的话当是孔门儒家的要求。总之，适当的说话并不妨碍人们对仁德的追求。

二、刚、毅、木、讷近仁

接下来看"刚、毅、木、讷近仁"。刚是刚强，毅是果决，木是质朴，讷是言语不轻易出口；亦可将四者合而为二，即刚毅与木讷，其释义亦相近。四种品德近于仁德。钱穆云："孔子又曰：'巧

[①]《丧家狗：我读〈论语〉》，页246。

第四章　孔孟之道新诠

言令色鲜矣仁。'刚毅者决不有令色,木讷者决不有巧言。两章相发。"①刚毅者没有令色,木讷者没有巧言,但他们也只是"近仁",而非已经是仁。刘殿爵英译本翻译为The Master said, "Unbending strength, resoluteness, simplicity and slowness of speech are close to benevolence."②可见四字只是接近仁而已。《后汉书·吴汉传论》引《论语》此章,李贤注:"《论语》文。刚毅谓强而能断。木,朴悫貌。讷,忍于言也。四者皆仁之质,若加文,则成仁矣,故言近仁。"此中提及刚、毅、木、讷为仁之本质,倘能文以礼乐,则可成仁矣。又邢昺云:"此章言有此四者之性行,近于仁道也。仁者静,刚无欲亦静,故刚近仁也。仁者必有勇,毅者果敢,故毅近仁也。仁者不尚华饰,木者质朴,故木近仁也。仁者其言也讱,讷者迟钝,故讷近仁也。"③据邢疏所言,刚、毅、木、讷四者皆近于仁道,却未是仁。准此,"近仁"者尚未臻仁也,必加以文饰(礼乐)方可。

孔门论仁,以为仁当并为,故孔门儒家之道积极入世,反对隐居独行。《礼记·中庸》"仁者,人也",郑玄注:"人也,读如相人偶之人。以人意相存问之言。"以为仁乃人与人之间的关系,二人而仁乃见。许慎《说文解字·人部》云:"亲也。从人从二。"段玉裁《说文解字注》云:

《见部》曰:"亲者,密至也。从人二。会意。"《中庸》曰:"仁者,

①《论语新解》,页482。
②D. C. Lau (Trans.), The Analects. Hong Kong: The Chinese University Press, 1992. p.131.
③《论语注疏》,载《十三经注疏(整理本)》,卷13,页205。

人也。"注："人也。读如相人偶之人，以人意相存问之言。"《大射仪》："揖以耦。"注："言以者，耦之事成于此，意相人耦也。"《聘礼》："每曲揖。"注："以相人耦为敬也。"《公食大夫礼》："宾入三揖。"注："相人耦。"《诗·匪风》笺云："人偶能烹鱼者"、"人偶能辅周道治民者"，《正义》曰："人偶者，谓以人意尊偶之也。《论语》注：'人偶，同位人偶之辞'，《礼》注云：'人偶，相与为礼，仪皆同也'。"按人耦犹言尔我亲密之词，独则无耦，耦亲，故其字从人二。

段氏遍引经书及其注解，以为"独则无耦，耦则相亲"，足证仁乃强调人与人之关系，其言极是。因此，孔门儒家并不能离开人群，遗世独立。面对隐士的质难，孔子只能表示慨叹。在与隐士长沮、桀溺的对话里，孔子说："鸟兽不可与同群，吾非斯人之徒与而谁与？天下有道，丘不与易也。"(18.6)隐士遁迹山林，离开人世而与鸟兽为伍；孔子以为自己与之不同。况且，如果天下政治清明，孔子也就不用改变世道。此非孔子汲汲为之，而是世之无道，逼不得已。隐居避世，自不能相人偶，即"独则无耦"是也。因此，刚、毅、木、讷只是"近仁"而非仁。仁者不能只是追求自守，更要入于人群之中，于二人而仁乃见。

在孔门弟子里，刚、毅、木、讷者有之。刚毅者，子路盖为代表人物。《论语·先进》载子路"行行如也"(11.13)，即指其刚强之模样。毅为果决，子路亦为果敢而又具决断力者。《论语》尝载季康子问孔子，谓可否使子路为政，孔子回答说："由也果，于从政乎何有？"(6.8)以为子路个性果敢决断，为政没有困难。可是，孟武

第四章 孔孟之道新诠

伯尝问子路于孔子,以子路为仁,惟孔子谓子路能管理千乘之国,"可使治其赋也,不知其仁也。"(5.8)未有以"仁"许之子路。至若木讷者,则可视仲弓为代表人物。曾经有人问孔子,以为仲弓口才不佳,孔子答之云:"焉用佞? 御人以口给,屡憎于人。不知其仁,焉用佞?"(5.5)虽然孔子没有回答仲弓是否仁德,但以为不应该用口才以品评人物。大抵木讷者如仲弓已经近仁,惜孔子仍不轻易许之为仁。准此,即使是刚毅之子路,木讷之仲弓,孔子仍未许之为仁也。

三、为仁的难度

总上所论,巧言令色与刚毅木讷者同样未可许之为仁。巧言令色可能是为仁的阻碍,但不见得一定不可为仁。刚毅木讷者只是"近仁",却尚未"加文"而使之为仁。在《论语》一书,孔子尝称许七人为仁,包括"殷有三仁"的微子、箕子、比干(18.1);饿死于首阳山,义不食周粟,求仁得仁的伯夷、叔齐(7.15);辅助齐桓公一匡天下,不以兵车之力,民至今受其赐的管仲(14.16, 14.17);以及安贫乐道,其心三月不违仁的颜渊(6.7)。在七人里,只有颜渊是孔门弟子,他皆古人。孔子说:"回也,其心三月不违仁,其余则日月至焉而已矣。"(6.7)孔子指出颜渊可以做到其心三个月而不离开仁德,其他学生则只是短时期或偶然有至于仁德。朱熹云:"三月,言其久。"①大抵孔门之中只有颜渊可以长久地不离开仁德。孔门弟子众多,唯颜渊可得仁人之名,此可见为仁之难也。《汉书》尊

---

① 《四书章句集注》,论语集注卷3,页86。

崇儒家之道，其中《古今人表》将古人分列九等，第一等为上上圣人，第二等为上中仁人，第三等为上下智人，其排列序次，悉据《论语》。至其排列孔门四科，德行科在上中仁人之列，言语、政事、文学等三科则次上下智人之中。班固将德行科悉列于仁人之列，自是尊崇孔门儒家之笔，惟考之《论语》全书，结合孔子只曾对颜渊许之以仁，则班氏所论，似属可商矣。详见上文讨论，此不赘述。孔子之言"鲜矣仁"、"近仁"，而未有轻易许人以仁，此可见仁之难为矣。

第二节 孟子的反权贵特质——五四运动打孔不打孟

五四运动，乃是对旧文化传统的反思，以及推动新文化的一场运动。儒家文化作为传统文化的代表，无可避免地受到冲击。孔子一直是儒家文化的中心。然而，儒家文化自孔子以后，历尽变迁，随着时间的流动，儒家的重点一直有所增删，不尽相同。孔子成了儒家的代名词，更成为传统文化的典型人物。因此，要冲击传统文化，必先从孔子入手，打孔家店因此成为了五四运动的重点之一。

自孔子以后，孟子以孔子为偶像，承儒家道统扩充其学说，及后以孟子为亚圣。孔子、孟子虽同属儒家，然同中有异，后世统治者并不皆以为然。孟子面对时君，犯颜谏诤，直斥其非，伟大光明。故孔、孟虽得并称雅名，统治者却少有重用孟子学说。下文即以五四

第四章 孔孟之道新诠

时期为例，讨论五四时期何以只是针对"孔家店"，而从来无加贬斥孟子学说，由此探析五四运动与孟子在精神上的契合。

一、为何要打孔家店？

1919年的五四运动代表了近代中国知识分子对传统儒学的批判，乃是对新文化运动探索强国之路的延续。因此，五四运动所指不仅是1919年5月4日的学生运动，不只是对北洋政府未能捍卫国家利益而表示不满，而更多是要求革新传统文化，并从精神文化上改变中国人。

儒家思想是中国传统文化的典范，如能动摇儒家思想，便能从根本上触及传统文化的要害。《韩非子·显学》指出，自孔子死后，儒家分裂，有八派之多，主张各有不同，但皆扬言尽得孔门真传。即使同为儒家，孔子、孟子、荀子之主张不尽相同，各家各派皆就其所言略作修订，自成体系。因此，孔子儒家便与后世儒家渐走渐远，不可单用"儒家"二字一概而论。举例而言，汉武帝因董仲舒在《天人三策》提出"罢黜百家，独尊儒术"之政策，因而立五经博士。表面上，汉武帝对推动儒家文化不遗余力，惟汲黯尝直云："陛下内多欲而外施仁义，奈何欲效唐虞之治乎！"[1]欲望众多，本身已非孔门儒家所重，然而汉武帝在表面上仍然是施以仁义，效法先王。凡此种种，可见儒家到了汉代已有若干修订，早非先秦孔门之旧。

儒家自身一直在变化，仁是孔门儒家的中心，冯友兰云："《论

---

[1]司马迁：《史记》（北京：中华书局，1982年第2版），卷120，页3106。

语》中言仁处甚多，总而言之，仁者，即人之性情之真的及合礼的流露，而即本同情心以推己及人者也。"[①]仁是孔门儒家的重点。《论语》全书论仁甚多，据《论语逐字索引》统计，"仁"共见109次。仁，强调乃人与人之关系，儒家言推爱，由亲及疏，遍于天下。因有仁，各种关系才可以引而申之。仁是孔门儒家最高的道德标准。

相较孔子而言，孟子更加重视性善以至王道之阐述。与孔子不同，仁虽然重要，但只是四德之一，仁、义、礼、智四者并称，当中尤其重视义的作用。此外，孔子讨论政治不多，但孟子学说则以行王道为终极目标，讨论人之性善其中一大目的乃在说明当时诸侯都有成为圣王贤君的可能。《孟子》今传七篇，其中首篇为《梁惠王》，多言孟子游说诸侯，向时君进谏之话语。末篇为《尽心》，多言心性之学。大抵后世传孟子之学者，汉人重其谏君，宋人以心性为要。准此，孟子儒家又与孔子儒家不尽相同。

至于荀子，后人虽以其为先秦儒家代表人物，然其主张与孔、孟不同。扬雄《法言》谓孟子与荀子乃"同门而异户"。孟、荀之异，虽不至于后世学者所谓之多，如法先王与法后王、性善论与性恶论等，只是殊途同归。然而，因二人遭际有异，时代不同，主张亦各有相异，则为事实。

即使同为先秦儒家，荀子对孟子仍是多所批评。在《荀子·非十二子》中，荀子批评先秦诸子十二人，其中包括同为儒家的子思和孟子。荀子批评的重点在于思孟学派的五行说。荀子以为思孟五

[①] 冯友兰：《中国哲学史》（香港：三联书店，1992年），第四章《孔子及儒家之初起》，页75。

行说，乖僻背理而不合礼法，幽深隐微而难以讲说，晦涩缠结而无从解释，并以此为孔子的真传。①据《韩非子·显学》所载，孔子死后"儒分为八，墨离为三"，分裂后的各派皆谓真传自孔子；而荀卿乃韩非之老师，两人关系密切，亦可证儒家学说一直在变化之中。

及至宋代，儒家又变，理学勃兴，一则源于受到佛教禅宗"明心见性"与道家宇宙本体概念的影响，二则起于儒家自身的内部变化。宫崎市定曾称宋代文化复兴是"东方的文艺复兴时代"，指出"中国的文化，在开始时期比西亚落后得多，但是以后渐渐扭转了这种落后局面，追上了西亚；到了宋代便超过西亚而居于世界最前列"。②据宫崎市定所言，宋代乃是中国文化革命性的时代，位居世界前列。因此，宋代文化实在有其独特与创造之处。汉代以后，儒家思想以三纲五常、伦理关系等为重点；哲学系统上的讨论，则明显不足。另一方面，宋初学者在五代乱离、三教并融之情况下，援佛入儒，以图挽救世道人心。宋儒发展儒家心性之论，与佛学相颉颃。道教的宇宙本体论亦对宋儒多所影响。宋代理学家的师承传授、人际往来、概念表述、思辨框架、思维方式、思辨逻辑等，皆深受道教影响。诚然，宋代理学家仍然保持着孔门儒家救世的目的，故其讨论仍以伦理为主。在儒、释、道思想揉合的情况下，理学应运而生。

宋代理学的出现亦源于儒家内部的变化。儒家思想本为先秦

---

① 王先谦：《荀子集解》（北京：中华书局，1988年），卷3，页94–95。
② 宫崎市定：《宋代的煤与铁》，载《东方学》第13辑，东京1957年3月版。今见宫崎市定：《宫崎市定全集》第九卷（东京：岩波书店，1992年），页379–406。

诸子百家之一，自汉武帝罢黜百家，独尊儒术以后，成为了恒常不易的经学。伴随而来者乃繁琐的今古文经学论说和注解。先秦孔门儒家尊德性之特质没有太大的发展，孟子儒家王道仁政重时用之精神则有稍大的发挥。自唐代韩愈、李翱等开始，已重新探讨经传所含义理，弃却注疏之学，宋代理学正是在这一背景下兴盛起来。

在宋代心性之学发展以后，宋儒对于传统礼教的态度，对后世影响深远。钱穆说："我们若要明白近代的中国，先须明白宋。宋代的学术，又为要求明白宋代一至要之项目与关键。"[1]要论传统儒家礼教对"五四运动"的影响，宋代理学乃其关键。程颐说："饿死事极小，失节事极大。"[2]朱熹转录至《近思录》卷六《家道》。康有为、胡适、鲁迅等俱曾对此加以批评，并不全然正确。此等想法不近人情，固然无误；然"饿死事小，失节事大"是否儒家之本色，实在值得怀疑。二十世纪以来学者对此讨论又是否旨在针对程、朱，颇堪深思。鲁迅《我之节烈观》云：

我们追悼了过去的人，还要发愿：要自己和别人，都纯洁聪明勇猛向上。要除去虚伪的脸谱。要除去世上害己害人的昏迷和强暴。

我们追悼了过去的人，还要发愿：要除去于人生毫无意义的苦痛。要除去制造并赏玩别人苦痛的昏迷和强暴。

我们还要发愿：要人类都受正当的幸福。

---

[1] 钱穆：《宋明理学概述》（台北：兰台出版社，2001年），页1。
[2] 程颢、程颐：《河南程氏遗书》，载《二程集》（北京：中华书局，2004年第2版），卷22下，页301。

鲁迅针对的不在孔门儒家思想，而是宋明以来被严重扭曲的变调。更为重要的，鲁迅希望"人类都受到正当的幸福"，救世乃是当时学者批评旧文化的关键。

辛亥革命推翻了清朝，但并未真正瓦解专制势力。诸如孔教会、孔道会、孔社等，犹如雨后春笋，蓬勃发展。1912年成立的孔教会以"昌明孔教，救济社会"为宗旨，背后的理念则是反对革命，复辟清廷。其主要成员多为满清遗老，以及一些鼓吹在中国实行帝制的外国人，如美国的李佳白（Gilbert Reid）、日本的有贺长雄、英国的庄士敦（Sir Reginald Fleming Johnston）、德国的尉礼贤（Richard Wilhelm）等。康有为更创办《不忍杂志》，鼓吹复辟帝制。该刊在发刊词中开宗明义云："见诸法律之蹂躏，睹政党之争乱，慨国粹之丧失，而皆不能忍，此所以为《不忍杂志》"。[1]以为共和政体不能行于中国，[2]鼓吹尊孔教为国教，复辟清室，实行君主立宪。

此外，袁世凯多次以政府名义发布尊孔告令。袁世凯更尝于1914年9月28日率领文武百官在北平孔庙举行秋丁祭孔，随后便是袁世凯本人的登极大典。鲁迅说："从二十世纪的开始以来，孔夫子的运气是很坏的，但到袁世凯时代，却又被从新记得，不但恢复了祭典，还新做了古怪的祭服，使奉祀的人们穿起来。跟着这事

---

[1] 康有为：《不忍杂志序》，载康有为《不忍杂志汇编》初集（台北：华文图书公司据台湾大学图书馆藏本影印，1987年再版），第一册，页9-10。
[2] 康有为：《共和政体论》，载康有为（撰）；姜义华、张荣华（编校）：《康有为全集》第九集（北京：中国人民大学出版社，2007年），页241-250。

而出现的便是帝制。"①鲁迅指出的正是当时的事实。孔子被人利用为封建帝制的代表。袁世凯死后，黎元洪于1916年6月担任中华民国大总统，倡孔教入宪，并遵清代皇帝登基之例，题匾"道治大同"，悬挂于北京孔庙大成殿。接着，张勋复辟，溥仪重登帝位。凡此种种，皆可见封建旧制传统文化未因辛亥革命而得以革新。

因此，要推翻传统文化，孔子便成为必要推倒的对象。这个孔子，已经不是先秦时代的孔子，儒家亦非先秦时代的孔门儒家了。李殿元说："从历史真实而言，在有关新文化运动的资料中却始终不能发现有'打倒孔家店'这五个字所组成的词语。即使是在新文化运动中对孔教抨击、鞭挞最力者，对孔子学说仍是有所肯定的。"②诚如前文所言，儒家代有变更，孔子亦一直被赋予新的内涵。其实，打孔家店不过是一个象征，代表的是对传统文化推倒重来。不过，传统儒家文化以孔、孟并称，然而孟子似乎并不在新文化运动、五四时期推倒之列。究其原因，乃在孔孟的本质，以及二人对抗权贵的态度不尽相同，此详下文所论。

二、打孔家店的本质

"打孔家店"源出胡适1921年为吴虞《爱智庐文录》所撰序文。该文尖锐地抨击孔子，称誉吴虞清扫"孔渣孔滓的尘土"乃"中国思想界的一个清道夫"。吴虞是最先反孔之人，自1907年起

---

① 鲁迅：《在现代中国的孔夫子》，载《鲁迅全集》第六卷《且介亭杂文二集》，页328。
② 李殿元：《"打（倒）孔家店"的历史误会》，载《中华文化论坛》2006年3月，页150。

即用《老子》、《韩非子》反孔。舒衡哲指出，"吴虞对专制主义的攻击，远远超出政治的范畴。他集中攻击孝道，用以揭示出家庭和国家在扼杀个性、压抑情感和理智上，是如何相互配合的"。①

陈独秀创办《新青年》杂志，自任总编辑，杂志载录多篇反孔之文，如《一九一六年》（1916年1月15日《新青年》第一卷第五号）一文，此文重点批评儒家的三纲，旨在突出个人的独立人格与自由。此外，诸如《宪法与孔教》（1916年11月1日《新青年》第二卷第三号）、《孔子之道与现代生活》（1916年12月1日《新青年》第二卷第四号）、《思想与国体问题》（1917年5月1日《新青年》第三卷第三号）等，陈独秀皆围绕以反孔为纲领，从三个不同的角度加以论述儒家之弊。

鲁迅1909年在浙江教书之时，尝策动反孔罢教。及至1918年，《狂人日记》在《新青年》发表，篇中将儒家仁义道德比喻为"吃人"之物，与日人安藤昌益谓仁义忠信乃"盗贼之器"无异。《狂人日记》篇末以"救救孩子……"作结，希望能够打破传统礼教枷锁。吴虞撰有《吃人的礼教》一文，对鲁迅《狂人日记》遥加呼应。至于钱玄同，更是反孔最为激烈之人。

其实，"孔家店"不过是中国传统文化的代罪羔羊，20世纪以来因见国家积弱，欲以革新，孔子作为传统文化的代表，唯有惨被牺牲。正如舒衡哲所言："'五四'青年并非是第一代对传统家族制度习俗提出质疑的人。尽管自认是通过刊物为其他中国青年勾

---

① 舒衡哲（著）、刘京健（译）：《中国启蒙运动：知识分子与五四遗产》（北京：新星出版社，2007年），页455。

画出蓝图,但事实上,他们只是反抗父权斗争的传人,这一斗争在1919年以前至少进行了20年之久。"①要对抗的是权威,而"孔家店"只是传统文化的代表。李殿元云:

"打孔家店"和"打倒孔家店"虽只有一字之差,其涵义却大相径庭。"打"是抨击、批判之意;"打倒"却是推翻、摧毁之意。"打倒孔家店"并不符合当时抨击孔子、儒学、孔教者之历史实际。②

李氏所言有理,当时旨在抨击、批判孔家店,而非要推翻、摧毁。正如李零所说,"历史上的孔子有两个,一个是《论语》中的,有血有肉,活生生;一个是孔庙中的,泥塑木胎,供人烧香磕头。前者是真孔子,后者是假孔子。"③自孔子死后,而无真孔门学说,后学皆以己说诠释孔子。李零以为一为《论语》中的孔子,一为孔庙里供奉的孔子,一真一假。明清以来,封建礼教传统越趋保守,早与孔门儒家渐行渐远。

孔子言仁、言礼,孟子并言仁、义、礼、智四德。在孔门儒家的道德范畴之中,圣最为高,可是孔子本人也不敢居之。在圣以下,则首推仁。仁与礼关系密不可分,相较仁而言,孔子更少为礼作解说,在《论语》之中,"礼"字凡75见,然多作直接使用,而非解释性说

---

① 舒衡哲(著)、刘京健(译):《中国启蒙运动:知识分子与五四遗产》,页126。
② 李殿元:《"打(倒)孔家店"的历史误会》,页151。
③ 《去圣乃得真孔子:〈论语〉纵横读》,页114。

明。①"礼"原指祭祀仪式,与宗教有密切关系。在政治、社会,以及道德之层面上,"礼"后来慢慢专指典章制度,宗教意义渐趋薄弱;反之,礼之社会意义变得越来越重要。礼变成行为规范。司马迁云:"夫礼禁未然之前,法施已然之后;法之所为用者易见,而礼之所为禁者难知。"可知礼与法乃一事之两面,礼法必须并行方能长治久安。如只徒用法治国,严刑重典,效果可能适得其反。

孔门儒家的传统礼教,必定是礼与仁结合,且以仁为主导。因此,五四时期要批判、抨击者,乃是已告变质的、徒具形式的礼教糟粕。《论语·八佾》:"人而不仁,如礼何?人而不仁,如乐何?"(3.3)人如果不仁的话,礼乐制度便没有用。由是观之,礼可以区分为行礼之心与礼仪细节,而行礼须出仁心,与人并为,故礼与仁之间必以仁为重。因此,儒家后学徒以繁文缛节作为人们行为形式的枷锁,其实乃与孔门儒家所倡不尽相同,甚或背道而驰。

鲁迅说:"例如嵇阮的罪名,一向说他们毁坏礼教。但据我个人的意见,这判断是错的。魏晋时代,崇奉礼教的看来似乎很不错,而实在是毁坏礼教,不信礼教的。表面上毁坏礼教者,实则倒是承认礼教,太相信礼教。"②毁坏礼教的实际上是崇奉礼教的人,这不单止是魏晋时代的嵇康,其实五四时代批评吃人礼教的鲁迅,也是孔门儒家的真信徒,要将孔子从神坛之中拯救出来。鲁迅亦曾明言孔子有其批判时局的特质,"孔墨都不满于现状,要加

---

①罗安宪(编):《中国孔学史》(北京:人民出版社,2008年),页74。
②鲁迅:《魏晋风度及文章与药及酒之关系》,载《鲁迅全集》第三卷《而已集》,页535。

以改革,但那第一步,是在说动人主,而那用以压服人主的家伙,则都是'天'。"①可见鲁迅有注意到孔子的成就。杨华丽说:"五四新文化运动是一次'百家争鸣、百花齐放'的思想解放运动,具有丰富多彩的思潮走向,从否定封建专制,吃人礼教,走向全盘否定孔子与中国传统文化,只是其中一个极端激进的小派别、小思潮,只是其中的思想支流,根本不能代表五四精神、五四新文化运动主潮。"②杨说可商。或许,否定孔子未必是五四精神的主流,但敢于批评权威,挑战传统,正正是五四新文化运动最重要的一环。

三、孔子和孟子对抗权贵的态度

孔、孟所处的环境、时代有所不同,故其言行亦有所别。孔子周游列国,劝谏时君,望为所用。"干七十余君莫能用",即使孔门高弟,亦尝对师生不受重用提出质疑。《史记·孔子世家》载陈蔡绝粮,孔子知道弟子渐生不满,于是分别召见子路、子贡、颜渊,指出是否自己的学说不正确,否则何以沦落至此。对于子路、子贡的回答,孔子都不满意。最后是颜渊入见。颜渊以为夫子的学说至为伟大,因而天下不能容纳。但是,夫子知其不可为而为之,继续推行,不苟合取容,正见君子人格所在。颜渊续云,君子如不修行己德而不得重用,是君子的责任;如已修德而君主不用,则是君主之弊矣。孔子对此深以为然,道出"使尔多财,吾为尔宰"八字,以颜渊

---

① 鲁迅:《流氓的变迁》,载《鲁迅全集》第四卷《三闲集》,页159。
② 杨华丽:《新时期以来"打倒孔家店"口号研究述评》,载《船山学刊》第一期(2014年),页62。

所言为至理。不苟合取容,是君子应有的态度,也是孔子对待君主的态度。

孔子一生希望恢复周文,而鲁国本为其施展抱负的理想场地。可是,当时鲁国诸侯大权旁落,三家大夫执掌国政。最后,因齐国送来美女文马,季桓子往观再三,荒殆朝政,不分祭肉,孔子只能离开鲁国。准此,孔子没有对抗权威,只希望君主能采用己见。此后,孔子周游列国长达14年,游说时君,以行仁政。孔子多次到达卫国,觐见时任君主卫灵公。但卫灵公并非贤君,甚至重用宦官雍渠、宠爱南子,不听孔子进言;故孔子亦只能离开卫国。但即使卫灵公有许多不是,孔子还是多次重回卫国。

至于孟子,虽然也曾周游列国,但孟子如对君主不满,便会毫不掩饰其不屑之情。读《孟子》,看见孟子在游说诸侯的过程中,气势凌人,手下败将多不胜数。而且,孟子的讨论对手并非一般人,不少是当时各国的诸侯,故其大无畏的精神,更是教人心生向往。觐见梁惠王、梁襄王、齐宣王时,孟子分别有以下的对话:

孟子见梁惠王。王曰:"叟!不远千里而来,亦将有以利吾国乎?"
孟子对曰:"王!何必曰利?亦有仁义而已矣。"(1.1节录)

孟子见梁襄王,出,语人曰:"望之不似人君,就之而不见所畏焉。"(1.6节录)

齐宣王问曰:"齐桓、晋文之事可得闻乎?"

孟子对曰："仲尼之徒无道桓文之事者，是以后世无传焉，臣未之闻也。无以，则王乎？"（1.7节录）

朝见梁惠王时，孟子不理会梁惠王的要求，不以利说之，改说仁义之道。见梁襄王，因其没有仁德君主所具备的素质，遂直斥之为"不似人君"。及见齐宣王，宣王欲修前代齐桓公霸道之事，孟子则以孔子后学无由闻之，改说之以王道。能够朝见当世诸侯，本属大事，亦唯此可行一己之思想。然而，孟子以其强大的气势，压倒权高位重的诸侯，毫不慑于国君之威。

孔子的目标是恢复周文，孟子则不然。时至战国，周积弱已久，不可能复。对于战争，孟子以为天兵天吏可以发动，以拨乱反正。孟子希望君主行王道仁政，《孟子》中已无要匡扶周室，救礼崩乐坏之举。更有甚者，孟子以为在下者可以伐上，以有道伐无道，实令诸侯汗颜。

齐宣王问曰："汤放桀，武王伐纣，有诸？"
孟子对曰："于传有之。"
曰："臣弑其君，可乎？"
曰："贼仁者谓之'贼'，贼义者谓之'残'。残贼之人谓之'一夫'。闻诛一夫纣矣，未闻弑君也。"（2.8）

齐宣王问孟子商汤流放夏桀、周武王讨伐商纣是否皆真有其事。孟子谓史籍有此记载。齐王不解，以为臣子弑君，以下犯上，

第四章 孔孟之道新诠

大抵不可。孟子回应，指出破坏仁爱者称为"贼"，破坏道义者称为"残"。残贼的人只称"一夫"。因此，武王伐纣，其实只是诛杀了"一夫纣"而已，没有什么弑君以下犯上的事情。孟子的说法实在大胆。无论如何，纣王是君，武王是臣，以下犯上确是有悖君臣之伦，齐王的理解并没有错。按照孟子的逻辑，君主无道，臣下即可伐之，以有道伐无道，实在令在位者不得安枕。这里不知道齐宣王最终有什么回应，但一定已被孟子吓破胆了。

由是观之，孟子完全无惧人君，据理力争，直言正行，此因其时所处时代与孔子迥异。孟子之时，杨朱为我之论，墨家兼爱之称，加之以纵横家如苏秦、张仪等既已并世，因此，孟子只能力抗他家，"予岂好辩哉？予不得已也。"（6.9节录）总而言之，较诸孔子而言，孟子更有对抗权贵的特色。

四、孔孟并称而孟属附庸

自孔子死后，门人弟子为之树圣；及至西汉，司马迁已称孔子为"至圣"，成为圣人。孟子的偶像是孔子，孔子之出处进退，皆为孟子仿效。赵岐《孟子题辞》指出孟子"则慕仲尼"，"孟子退自齐梁，述尧舜之道而著作焉，此大贤拟圣而作者也"，以及"七十子之畴，会集夫子所言以为《论语》。《论语》者，五经之輨辖，六艺之喉衿也。孟子之书则而象之"。凡此种种，皆可见孔子与孟子、《论语》与《孟子》，多有相同而可比之处。赵岐在篇中亦称孟子是"命世亚圣之大才者也"①,此乃孟子称为"亚圣"之始。

孔子是至圣、孟子是亚圣,孔孟并称似乎指日可待。然而,汉代自武帝罢黜百家独尊儒术以后,士子皆以诵读儒家经典为尚,奉孔子为重要人物。孟子只是儒家支派之一,赵岐虽言孟子曾立为传记博士,地位仍与孔子迥异。今文经学派更以为孔子《春秋》为汉制法。《论语·颜渊》云:

齐景公问政于孔子。孔子对曰:"君君,臣臣,父父,子子。"公曰:"善哉!信如君不君,臣不臣,父不父,子不子,虽有粟,吾得而食诸?"(12.11)

后世封建政权尊孔,乃因孔子尝有此语,可用以巩固政权。如果人人安守本份,自无以下犯上之事,在上位者也可以安枕无忧。以孔、孟并称,始自魏晋时期。北魏《元昭墓志》有"识总指涂,并驱孔孟"之语。东晋咸康三年(337年),袁瑰与冯怀以孔孟并称,上《请兴国学疏》,其云:"孔子恂恂,道化洙、泗,孟轲皇皇,诲诱无倦。是以仁义之声,于今犹存,礼让之风,千载未泯。"欲并兴孔孟,目光宏远,晋成帝虽以之为然,却终不行。

到唐代,孟子仍不受重视。贞观六年(632年),以孔子为先圣,以颜渊为先师。贞观二十一年(647年),以21人配享孔庙,亦无孟子。开元二十七年(739年),颜渊获封"亚圣",孟子仍无踪影。

---

① 以上皆见赵岐《孟子题辞》,见《孟子注疏》,载《十三经注疏(整理本)》,孟子注疏题辞解,页4-13。

第四章 孔孟之道新诠

唐玄宗时,《老子》、《庄子》、《文子》、《列子》因称"道举"而列入科举,可作考取功名之用。作为儒家二当家的孟子,却依然芳踪杳然。至唐代宗时,礼部侍郎杨绾建议将《孟子》列入"兼经",增为"明经"。[1]唐懿宗咸通四年(863年),进士皮日休上书,请科举考试去《庄子》、《列子》,除诸经外,加以《孟子》为学科。[2]

真正提升孟子地位的,要数后蜀主孟昶。孟昶在位初期,励精图治,与民休息,国势强盛。孟昶于广政元年(938年)命毋昭裔督造,于成都文翁石室礼殿东南,楷书十一经刻石,其中包括《孟子》。史书无载孟昶何以看中《孟子》,大抵只因同为姓孟,并非称誉书中什么内容。

到了宋代,王安石将孟子思想作为其变法的依据,并积极提高孟子的政治地位。熙宁四年(1071年),王安石改革科举,兼以《论语》、《孟子》内容取士。元丰六年(1083年),孟子获封为邹国公;更于翌年五月得配食孔子。这样的孔孟并称达到了历史的新高点。在宣和年间,《孟子》更被刻成石经,成为十三经之一。南宋时,朱熹将《大学》、《中庸》、《论语》、《孟子》合为"四书",孔、孟至此得以并驾齐驱。在明清两代,《朱注四书》比起《十三经注疏》更为重要,用以开科取士。周予同《群经概论》称之为"孟子升格运动"。徐洪兴云:"'孟子升格运动'经历几乎五个世纪(8世纪中至13世纪中)的漫长历程才告基本结束。在这五百年里,大致可划

---

[1] 事见宋祁、欧阳修:《新唐书》(北京:中华书局,1975年),卷44《选举志上》,页1167。
[2] 参见皮日休:《皮子文薮》(上海:上海古籍出版社,1981年),卷9《请〈孟子〉为学科书》,页89。

为四个阶段：中唐至唐末为滥觞期，北宋庆历前后为初兴期，北宋熙、丰前后为勃兴期，南宋中叶及稍后为完成期。"[1]跟至圣先师孔子不同，孟子经过了一千多年的时间，终于攀登上新的高峯，似可与孔子地位相若。

即便如此，孟子之地位终不能与孔子相比，重要原因乃在其批判权贵的特质。明代初年，明太祖朱元璋试图把孟子从孔子之旁拉下来，最后在很多儒生的死命反对下，《孟子》被删80多条。洪武二十七年（1394年），刘三吾奉明太祖之命，删去《孟子》80余条，成《孟子节文》一书。就内容所见，《梁惠王篇》被删17条、《公孙丑篇》被删11条、《滕文公篇》被删7条、《离娄篇》被删21条、《万章篇》被删11条、《告子篇》被删5条、《尽心篇》被删17条。此中《梁惠王篇》原有23条，被删17条，只余下6条，乃《孟子》七篇之中以百分比算被删最多者。上文所列对抗诸侯、据理力争的篇章，皆在被删之列。由是观之，孟子对抗权贵的特质，一直为极权统治者所忌惮。

今天，讨论儒家之道，经常以孔孟并称，以孔子、孟子为一派，其实不然。孟子公然对抗诸侯，经常触及贵族利益，深具抗争精神。因此，孔孟虽自六朝已有并称，实际上孔子是主角，孟子只是附庸。赵岐整理孟子，汰除外书，仅余七篇，始自《梁惠王》，讫于《尽心》。以游说诸侯为开篇，终于思孟五行之论。汉人得见其事功，故序列如此，乃汉人经世致用的明效。宋人虽升格《孟子》为经，又

---

[1] 徐洪兴：《唐宋间的孟子升格运动》，载《中国社会科学》第5期（1993年），页102。

第四章 孔孟之道新诠

次其为四书之列，所看重者仅为孟子心性之论，未必是其使行王道仁政以救世的目的，更枉论赵岐编次《孟子》七篇之初衷矣。

五、孟子的本质

五四运动以孔子作为传统文化之代表，加以批评；传统儒家文化以孔孟并称，五四诸家却少有论及孟子。考诸先秦诸子，孟子最为勇敢，甚至反对权威，挑战极权。孟子是勇敢的人，观其于朝廷之上，与梁惠王、梁襄王、齐宣王等针锋相对而毫无惧色便可知矣。

二十世纪初期，由于列强侵略中国，使知识分子思考当时传统文化与社会改革、国富兵强等之关系。当时，封建帝制虽亡，然其本质尚存，要直捣传统之根本，儒家思想自是个中关键，而孔子当为表率。五四时期抨击、批判孔家店，而非要推翻、摧毁。拯救孔夫子实际上是五四新文化运动"打孔家店"的重点。

儒家思想代有变迁，孔门儒家与孟子儒家已经不尽相同，后世学者但言其同，少言其异。其实，儒家诸子思想之间的差异，并不比儒、道、墨、法之分别为少。例言之，后世因九流十家之囿，遂以孔子、孟子、荀子等皆属儒家。孔、孟并称，却因孟子批评权贵、倡议民本的特质，实际上少人问津。因此，作为抨击传统儒家思想的五四新文化运动，与孟子力抗时君其实本质相同，故批评孟子而提出实质控诉者未之有也。

第三节 孔门教学与孔门弟子的特别学习需要

孔门弟子数量众多,年纪相异,又各有才能。弟子人生阅历既异,孔子所采取的教学方法与内容也有所不同。现今社会特别强调教学时要因应学生的才能而施教,观乎孔子与孔门弟子的教学活动,可知早在2500年前的孔子已经关注到弟子们的特别学习需要。孔门弟子里,有父子俱为孔门弟子者,如颜路与颜渊、曾皙与曾参,年纪颇有相差,诚为一时佳话。至于弟子里有特别学习需要的,包括了天资敏悟的子贡与颜渊、学习迟缓的樊迟与曾参、躁动的子路与司马牛、知不足而厚有余的高柴、时常捱骂的宰予、自我中心的子张等。面对状况不一的学生,即使问同一道问题,孔子也会予以不同的答案。因材施教知易行难,孔子实为教育界的先驱。本文胪列孔门师弟子的教学活动,以《论语》、《史记》、《孔子家语》等所载为主要依据,复作分析,证成孔子有教无类的教学精神。

一、弟子的年龄差异

孔门弟子是否3000人,前人学者已就此多有讨论。姑勿论孔门弟子数量多寡,能够有具体事迹可供后人讨论者实在有限之数。司马迁着有《史记·仲尼弟子列传》,较诸今人而言已为近古,然亦仅有载录孔门弟子77人,当中有事迹可考者29人而已。[①]在齐国献上美女文马予鲁国后,季桓子受之,三日不听政,又没有将祭肉分给大夫。孔子离开鲁国,周游列国长达14年。在周游列国中,没有太多弟子追随左右,据《史记·孔子世家》所载,此过程中有明确记载者包括子路、颜渊、子贡、冉有、颜刻、公良孺六人。[②]

孔门弟子,年纪相去甚远,也在不同时期入于孔门。李零《丧家狗:我读〈论语〉》分列不同时期的孔门弟子。第一批弟子是孔子35岁以前招收的,包括秦商、颜路(颜渊之父)、冉耕、子路、漆雕启、闵损6人。此后第二批弟子约有10人,乃孔子自齐返鲁后招收,当时孔子在36至54岁。第三批乃孔子周游列国时所招收的,有18人,当时孔子为55至68岁。至于加入孔门的年代不可考者,盖有43人。

孔门弟子之中,有的跟孔子年纪接近,观乎《史记·仲尼弟子列传》,在大部分弟子姓名以后,总加上了"小孔子某某岁"的字

[①] 司马迁自言"自子石已右三十五人,显有年名及受业闻见于书传。其四十有二人,无年及不见书传者纪于左。"。据司马公所言,前此35人有见于书传,但《仲尼弟子列传》有具体事迹者唯首29人,此后梁鳣、颜幸、冉孺、曹卹、伯虔、公孙龙等六人只载其姓名、字,以其与孔子年龄差,而不及生平事迹。

[②] 6位孔门弟子之中,子路、颜渊、子贡、冉求、公良孺皆见载于《史记·仲尼弟子列传》,分别次列第6、第1、第8、第5、第46。颜刻则见载于《孔子家语·七十二弟子解》,位次第29。(《史记·仲尼弟子列传》于"颜高字子骄"之下,司马贞《索隐》云:"《家语》名产。孔子在卫,南子招夫子为次过市,时产为御也。"张守节《正义》云:"孔子在卫,南子招夫子为次乘过市,颜高为御。"(卷67,页2221)据此则《家语》所言者为颜高,并非颜刻。且二注所引颜高事迹,正是《孔子家语》所谓颜刻所为者,则颜刻、颜高属二人抑或一人,并未可知。)

眼,以见其与孔子的年龄差距。[1]

孔门弟子数量众多,年纪有差距,但因有些并非同时受学,例如颜路与颜渊父子二人俱为孔门弟子,但《史记》已明确指出"父子尝各异时事孔子",可知二人并非同时在孔门学习。但即就以上所言周游列国时六位论之,同时在学弟子的年龄差异还是非常明显。子路、颜渊、子贡、冉有、颜刻、公良孺六人之中,最末二位年岁无考。如以周游列国中期、孔子60岁之时而论之,子路51岁,颜渊30岁,子贡29岁,冉有31岁。此中可见子路与其他三名弟子年纪相距20岁,人生阅历既异,孔子所采取的教学方法与内容也定必不同。

二、因材施教

孔子一生重视教学,晚年在政坛上不如意,也没有放弃救世之心,转而集中整理教学材料,希望在教学上影响更多人。夫子诲人不倦,循循善诱,作育英才,但在教育上最为后世景仰之事,无疑是因材施教与有教无类。

因材施教,说的是按照学生的能力而施行教学,说起上来很容易,但真的要贯彻执行并不简单。此中表明两个层次的行为,第一是先要认清学生的能力,第二是因应学生的能力而制定教学的方向。孔门弟子甚众,年纪有差,能力不一,要认清学生的能力比起今日为师者更艰难。

因材施教,正是由于孔子看出了人的能力有根本的差异,而明

---

[1] 以孔门十哲为例,各人与孔子年龄的差距各有不同,详参前文第二章第一节《孔门十哲之重要》。

白了根本性的差异，才可以制定相对应的教学方式。《论语·先进》有一个非常好的例子：

子路问："闻斯行诸？"子曰："有父兄在，如之何其闻斯行之？"冉有问："闻斯行诸？"子曰："闻斯行之。"公西华曰："由也问闻斯行诸，子曰：'有父兄在'；求也问闻斯行诸，子曰：'闻斯行之'。赤也惑，敢问。"子曰："求也退，故进之；由也兼人，故退之。"（11.22）

在这段教学过程里，子路率先问孔子，是否听到了便立刻去做，孔子回答子路，以为如果父亲与兄长仍活着，不当听到便立即去做。冉有问了相同的问题，孔子鼓励他应当听了便立即去做。另一弟子公西华看到如斯情景，同样的问题，老师却作了不同的回答，感到很是不解，于是询问老师个中原因。孔子指出，冉有平日做事退缩，因而为他壮胆；子路有兼人之勇，故要压下他的气焰。孔子的教学，便是因材施教，因应学生的特殊情况，施行合适的教学措施。郑玄云："言冉有性谦退，子路务在胜尚人，各因其人之失而正之。"①冉有、子路性情相异，故孔子因材而施教，针对二人的情况而调整教学策略。

再举一例，可见于诸弟子问仁所得的答案，乃问同而答异。《论语·颜渊》起始时即有三段弟子问仁的记载，其文如下：

颜渊问仁。子曰："克己复礼为仁。一日克己复礼，天下归仁焉。为

---

①《论语注疏》，载《十三经注疏（整理本）》，卷11，页169。

仁由己,而由人乎哉?"颜渊曰:"请问其目。"子曰:"非礼勿视,非礼勿听,非礼勿言,非礼勿动。"颜渊曰:"回虽不敏,请事斯语矣。"(12.1)

仲弓问仁。子曰:"出门如见大宾,使民如承大祭。己所不欲,勿施于人。在邦无怨,在家无怨。"仲弓曰:"雍虽不敏,请事斯语矣。"(12.2)

司马牛问仁。子曰:"仁者,其言也讱。"曰:"其言也讱,斯谓之仁已乎?"子曰:"为之难,言之得无讱乎?"(12.3)

颜渊、仲弓、司马牛同样问仁,内容不在这里仔细讨论,毕竟《论语》章节短小,歧解甚多,此处纯粹想窥看孔门的因材施教。回答颜渊,孔子以为当要使自己的言行合乎礼,此即为仁。颜渊进而询问具体该如何执行,孔子乃谓不合礼的不要去看、不要去听、不要去说、不要去做。对此,颜渊表示会切实施行。回答仲弓时,孔子以为出门工作便像接待贵宾,役使老百姓便像承担祭典,自己不想要的事物,不要加诸在别人身上。在邦国、在家族,都不感抱怨。回答司马牛,孔子以为仁者说话会谨慎。这个答案,使司马牛倍添疑惑,孔子指出这并不容易做到,说话应该要谨慎一些。学生查询都是仁的内涵,孔子因材施教,故答案各异,此为典范。李零说:"孔子怎么说话,非常值得研究。以上三人都问仁,但答案不同,各有针对。这是典型的孔门对话。孔子答问,从来没有标准答案,就像中医看病,因人而异,对症下药,特点是不下定义,逻辑不周延。"①因材施教，因人而异，针对的是学习差异，此可见孔子作为至圣先师之伟大处。

三、弟子的特殊学习需要

在现代社会的教育制度里，我们特别照顾学生在学习能力上的差异，有特殊教育，也有融合教育。

1. 天资敏悟的子贡与颜渊

在香港教育局的《认识及帮助有特殊教育需要的儿童：教师指引》文件里，指出特殊教育需要的不同类别，其中包括了资优。在孔门弟子里，"闻一知十"的颜渊，以及"亿则屡中"的子贡，肯定都是聪明绝顶的资优生。颜渊乃孔子最疼爱的学生，其人非常聪明，尽得孔子真传。《论语·公冶长》云：

子谓子贡曰："女与回也孰愈？"对曰："赐也何敢望回？回也闻一以知十，赐也闻一以知二。"子曰："弗如也；吾与女弗如也。"（5.9）

孔子问子贡，以为自己与颜渊谁更优秀。这个问题并不容易回答。子贡乃是孔门里头脑最为灵活的学生，更是富商。《史记·货殖列传》有以下的记载：

子赣既学于仲尼，退而仕于卫，废著鬻财于曹、鲁之间，七十子之徒，赐最为饶益。……子贡结驷连骑，束帛之币以聘享诸侯，所至，国君

---

①《丧家狗：我读〈论语〉》，页224。

无不分庭与之抗礼。夫使孔子名布扬于天下者,子贡先后之也。此所谓得势而益彰者乎?

司马迁指出,子贡在孔门之下学习,后来在卫国当官,又利用贵卖贱买的方法,在曹、鲁二国之间经商。在孔门弟子之中,子贡最为富有。子贡乘坐马车,携带厚礼去访问、馈赠诸侯,所到之处,国君与他只行宾主之礼,不行君臣之礼。司马迁以为使孔子得以名扬天下的原因,在于子贡在人前人后辅助他。此即得到形势之助而使名声更为显著。

子贡天资敏悟,在孔门诗教的讨论里可以考见。《论语·学而》有以下一段子贡就《诗》文加以发挥的文字:

子贡曰:"贫而无谄,富而无骄,何如?"子曰:"可也;未若贫而乐,富而好礼者也。"子贡曰:"《诗》云:'如切如磋,如琢如磨',其斯之谓与?"子曰:"赐也,始可与言《诗》已矣!告诸往而知来者。"(1.15)

子贡问老师,如果贫穷却不去奉承巴结,富有而不骄傲自大,这样好吗?孔子以为这算是可以了,但还是不及贫穷却依然乐于求道,腰缠万贯而依然崇礼。对于老师的解答,子贡援引《诗·卫风·淇奥》作延伸,指出"如切如磋,如琢如磨"两句,说的是对于骨、角、象牙、玉石等,必先开料、再糙锉、细刻,然后磨光。孔子听到子贡的回答后,以为此后可与之讨论《诗经》了。孔子只说一事,而子贡可以用三事回应,举一而反三。在孔门四科之中,子贡位次言语科,能言善道,绝对是其优点。

子贡无论如何聪明,也不可能动摇颜渊首席资优生之地位。子贡闻一知二,颜渊闻一知十,谁更聪明,显而易见。王夫之云:"知十则无所不知矣。"[①]可见"知十"的意义,乃代表颜渊为无所不知,其聪睿可见一斑。《论语·颜渊》云:

子曰:"回也非助我者也,于吾言无所不说。"(11.4)

孔子以为颜渊并不是对自己有帮助的人,因为他对我的说话无不表示喜欢。教学贵乎能够相长,颜渊对孔子所言毫无反馈,显得孔子于此似有怨言。孔子也曾经说过:"不愤不启,不悱不发。举一隅不以三隅反,则不复也。"(7.8)孔门教学所重,乃在有所启发,而能有师生互动。如此看来,颜渊的"于吾言无所不说",便似是只有赞成而不作反对。更有甚者,孔子曾经说:"吾与回言终日,不违,如愚。退而省其私,亦足以发。回也不愚。"(2.9)孔子整天和颜渊讲学,颜渊从来不提反对意见和疑问,像是愚笨的人。可是,待他回去自己研究,却能有所发挥,大抵颜渊并不愚笨。颜渊没有在课堂上即时回应,但实际多所反思,也算是回应的一种。上举(11.4)的朱熹注:"其辞若有憾焉,其实乃深喜之。"[②]朱注说得真好,颜渊对于老师的教学内容,没有反驳,全盘接收,心悦诚服。这样的反应表示孔子已将孔门理论全数传授颜渊,且颜渊深

[①] 王夫之所言转引自《论语汇校集释》,卷5,页398。
[②] 《四书章句集注》,论语集注卷6,页124。

切明白，故无所回馈。因此，孔子表面上似乎若有所憾，内心实暗喜之。

颜渊在孔门学习一直在进步，未见止境，《论语·子罕》记载这样评价颜渊："惜乎! 吾见其进也，未见其止也。"（9.21）孔子这样评价颜渊，以为自己只得见其进，而不见他停止下来。孔子如此婉惜，当是在颜渊死后所言。邢昺云："此章以颜回早死，孔子于后叹惜之也。孔子谓颜渊进益未止，痛惜之甚也。"[1]鲁哀公（6.3）、季康子（11.7）俱尝问孔子，在其门下哪位学生最为好学，孔子回答二人，同样指出只有颜渊好学，却不幸短命早亡，现在已经没有好学的学生了。其他学生可能对孔子的回答不感高兴，似乎孔子并不珍视他们，但颜渊的出类拔萃却是在在可见。

2. 迟缓的樊迟与曾参

学习进度不一，在孔门弟子之中常有所见，此因弟子之间年龄相去甚远，此前文已述，不复赘言。年龄之差只是造成学习差异之一端，根本能力上的差异也是举目可见。孔门弟子有学习迟缓之情况，樊迟、曾参皆显例。面对有特殊学习困难的学生，香港教育局建议老师可"调节教学内容的深浅程度"。[2]观乎樊迟与老师的对话，大抵可以看到孔子如何面对学习差异。《论语·颜渊》云：

樊迟问仁。子曰："爱人。"问知。子曰："知人。"樊迟未达。子曰：

[1]《论语注疏》，载《十三经注疏（整理本）》，卷9，页134。
[2] 香港特别行政区政府教育局：《全校参与模式：融合教育运作指南》（香港：教育局，2020年11月），页11。

第四章 孔孟之道新诠

"举直错诸枉,能使枉者直。"樊迟退,见子夏。曰:"乡也吾见于夫子而问知,子曰'举直错诸枉,能使枉者直',何谓也?"子夏曰:"富哉言乎!舜有天下,选于众,举皋陶,不仁者远矣。汤有天下,选于众,举伊尹,不仁者远矣。"(12.22)

不单止前面所列举的颜渊、仲弓、司马牛曾经问仁,在同一篇里,樊迟亦尝问仁,所得答案亦异乎前三子。樊迟问仁,孔子因材施教,用上了最简单的答案:"爱人。"多么明晰的答案。仁是什么,孔子因应学生的才能而有不同的解说。樊迟复问孔子何谓知,孔子回答说"知人"便是知,即能够了解别人,刘殿爵译本作"Know your fellow men"。孔子的答案言简意赅,但樊迟就是不明白。于是,孔子补充说,以为提拔正直的人,将其位置放在邪曲的人之上,可以使邪曲的人变得正直,这便是"知人"。在孔子解说多一遍以后,樊迟便离开了教室。退出后,樊迟看见子夏,原来他仍然未能明白老师的答案,于是将"举直错诸枉,能使枉者直"这句话再跟子夏说一遍,并向子夏查询老师此话的意思。子夏乃孔门四科十哲之一,位居文学科,较樊迟聪明许多,因而立刻指出,"老师的说话实在太丰富了"。子夏续说,虞舜得天下后,在众人之中提拔了皋陶,那些不仁者便都远去了;汤得天下后,在众人之中提拔了伊尹,那些不仁者便都远去了。子夏以史为证,举例说明什么是"举直错诸枉,能使枉者直",同时也解释了何谓知人。樊迟未达,孔子和子夏不厌其烦地再三解说,皆可证成孔门教学有在照顾特殊学习需要,调节教学的节奏,以及教学内容的深浅程度。

学习迟缓的弟子还有曾参。《论语·先进》明确指出,"柴也愚,参也鲁,师也辟,由也喭"(11.18)。高柴愚笨,曾参迟钝,子张偏激,子路卤莽,四子个性各有不同。李泽厚说:"一方面,人之所以为人,乃文化塑建而成,有其积淀之普遍性;另方面,人之所以为人,又在于他(她)乃个体存在,有其积淀之特殊性,是以在同一传统同一文化中的人,仍大有差异。"①乃从文化积淀的角度,讨论四子的异同。又,孔安国云:"鲁,钝也。曾子性迟钝。"②直接指出了"鲁"的意思。孔子在这里取了四个学生作对比,每人用一个字总之,所言皆在缺点。朱熹注:"鲁,钝也。程子曰:'参也竟以鲁得之。'又曰:'曾子之学,诚笃而已。圣门学者,聪明才辩,不为不多,而卒传其道,乃质鲁之人尔。故学以诚实为贵也。'尹氏曰:'曾子之才鲁,故其学也确,所以能深造乎道也。'"③孔子说曾参反应迟钝,但程子以为曾参最终因为迟钝而得道,又以为曾参的学问,乃是真诚厚道而已。在孔门弟子之中,脑筋灵活和口才出众者大有人在,然而要传授孔门儒家之道,则唯有迟钝的曾参,可见学问以诚实最为珍贵。程颐弟子尹焞也说,曾参因迟钝之故,使其所学最为坚定而真实,更能在儒家之道里不断前进,达到精深的境地。这是源于迟钝而因祸得福。曾参之学,强调内省工作,进程自必缓慢。《论语·学而》引曾子曰:"吾日三省吾身——为人谋而不忠乎?与朋友交而不信乎?传不习乎?"(1.4)每天从多角度反省,学习的进

---

① 李泽厚:《论语今读》(香港:天地图书,1998年),页261。
② 《论语注疏》,载《十三经注疏(整理本)》,卷11,页167。
③ 《四书章句集注》,论语集注卷6,页127。

度大抵因此受到拖延。这也是曾参学习迟缓的原因。

曾参的迟钝也体现在耘瓜断根的一事上。《孔子家语·六本》记载了以下的一段故事：

曾子耘瓜，误斩其根。曾皙怒，建大杖以击其背，曾子仆地而不知人，久之。有顷乃苏，欣然而起，进于曾皙曰："向也参得罪于大人，大人用力教参，得无疾乎？"退而就房，援琴而歌，欲令曾皙而闻之，知其体康也。孔子闻之而怒，告门弟子曰："参来勿内！"曾参自以为无罪，使人请于孔子。子曰："汝不闻乎，昔瞽瞍有子曰舜，舜之事瞽瞍，欲使之，未尝不在于侧，索而杀之，未尝可得，小棰则待过，大杖则逃走，故瞽瞍不犯不父之罪，而舜不失烝烝之孝。今参事父，委身以待暴怒，殪而不避，既身死而陷父于不义，其不孝孰大焉？汝非天子之民也，杀天子之民，其罪奚若？"曾参闻之曰："参罪大矣。"遂造孔子而谢过。

曾参在田里除草之时，一不小心，锄断了瓜的根。父亲曾皙非常生气，举起大棍击打儿子背部。曾参倒地，不省人事。过了很久才苏醒过来，曾参高兴地爬起来，走到曾皙跟前，向父亲问候，言适才自己得罪了父亲，而父亲用力教之，现在身体没有什么不舒服的地方吧！话说完了，曾参便退下去回到自己的房间，一边弹琴一边唱歌，想让父亲听见后知道自己的身体健康无恙。曾参如此举动，孔子听说了，非常生气，告诉门人弟子，谓曾参来了，不要让他进来。曾参自以为没有做错，遂托人向老师请教。孔子援引舜之事为例，瞽瞍为舜之父，舜侍奉父亲瞽瞍，父亲使唤他，舜总在父亲身边；父亲要杀舜，却找不到舜。父亲轻轻地打曾参，他可以站在那里忍受，但当父亲用大棍打他的时候，曾参便应该逃跑。如此，父亲才不会背上不义之父的罪名，而曾参自己也没有失去人子的孝心。如今曾参侍奉父亲，放弃身体来等着被父亲暴打，全不躲避。如果曾参真的死了，就会陷父亲于不义，相比之下，哪种情况更为不孝？孔子续言，曾晳不是天子的百姓吗，杀了天子的百姓，其罪当如何？曾参听说了老师所说的道理后，才明白了自己的罪过何其的大。于是，曾参登门拜访老师，为自己的过错道歉。此见曾参面对父亲的盛怒，依然"委身以待暴怒，殪而不避"；在老师不让自己造访之时，仍然不明白自己过错的因由。凡此种种，皆与"参也鲁"的评价可相表里。

3. 躁动的子路与司马牛

躁动是一种情绪困扰，患者可能会兴奋争先，可能会容易发怒，情绪易于波动。子路性格冲动，忍耐力不足，这在子路与孔子初次相见时已有所见。《史记·仲尼弟子列传》载云："子路性鄙，好勇力，志伉直，冠雄鸡，佩豭豚，陵暴孔子。孔子设礼稍诱子路，子路后儒服委质，因门人请为弟子。"此言子路性格粗犷，好勇斗狠，志气刚直，头戴雄鸡冠似的帽子，腰佩猪皮装饰的剑，曾经欺侮孔子。孔子用礼义来慢慢开导他。后来，子路披上儒服，带着拜师的礼品，通过孔子学生的引荐，请求成为弟子。

子路成为孔门弟子后，常伴孔子之侧，与孔子的关系可谓亦师亦友，刘殿爵云："If Confucius looked upon Yen Yuan as a son, he

第四章 孔孟之道新诠 *293*

must have looked upon Tzu–lu as a friend."[①]相较而言,颜渊与孔子的关系亦师生亦父子,而子路与孔子则可谓亦师亦友。《论语·述而》载有:

> 子谓颜渊曰:"用之则行,舍之则藏,唯我与尔有是夫!"子路曰:"子行三军,则谁与?"子曰:"暴虎冯河,死而无悔者,吾不与也。必也临事而惧,好谋而成者也。"(7.11)

孔子跟颜渊说,只有自己和颜渊可以做到能力上的收放自如。子路听了以后,很不是味儿,便跟老师说,如果老师率领军队,则会与谁同行呢?孔子回应,指出自己不会跟赤手空拳和老虎搏斗,以及不用船只去渡河的人共事,因为他们皆死不后悔。如要共事的话,孔子自言会挑选那些面临任务而诚慎诚惧,有谋略而始作决定的人。子路自感自己乃孔门里的勇武派,当老师率领军队之时,必定与之同行。可是,孔子在此时更要压下子路的气焰,不欲子路鲁莽行事,故表明即使在三军之中,亦不与之同行。同时,孔子并没有表明谁能与己同行,如果子路不再"暴虎冯河,死而无悔",则亦可矣,此可见孔子并没有完全否定子路。钱穆云:"子路勇于行,谓行三军,己所胜任。不知行三军尤当慎,非曰用之则行而已。孔子非不许其能行三军,然惧而好谋,子路或有所不逮,故复深一步教

[①] D. C. Lau, "The Disciples as They Appear in the Analects." In D. C. Lau (Trans.), The Analects. Hong Kong: The Chinese University Press, 1992. p.256.

之。"①更见孔子作为老师的用心。孔子针对子路的缺点,希望子路在行三军能够更为谨慎,从而取得更大的成就。

孔子与子路亦师亦友,子路面对老师在仕途上的一些抉择,情绪较其他学生更为波动。《论语》里记载了两次子路的不高兴:

子见南子,子路不说。夫子矢之曰:"予所否者,天厌之!天厌之!"(6.28)

公山弗扰以费畔,召,子欲往。子路不说,曰:"末之也,已,何必公山氏之之也?"子曰:"夫召我者,而岂徒哉?如有用我者,吾其为东周乎?"(17.5)

南子是卫灵公的夫人,在当时的风评很不好,可是孔子欲在卫国出仕,只能先见南子,这应该是南子自订的规矩,②同时也反映卫灵公昏庸无道。孔子有没有必要对着学生发誓,历代注释争论不休。无论这里的"矢之"是否解作发誓,孔子还是对自己跟南子见面作解释。又有一次,季氏家臣公山弗扰背叛季氏,希望邀请孔子出山相助。孔子动了心,真欲辅佐之。子路看到老师帮助乱臣,便不高兴,并跟老师说,即使走投无路,也不必到公山氏那里。孔子以

---

① 《论语新解》,页238。
② 朱熹云:"盖古者仕于其国,有见其小君之礼。"毛奇龄《四书改错》云:"古并无仕于其国见其小君之礼,遍考诸《礼》文及汉晋唐诸儒言礼者,亦并无此说,惊怪甚久。"(转引自《论语汇校集释》,卷6,页542—543)据此可知当无必见寡小君之礼,即孔子不必一定见南子。

第四章 孔孟之道新诠

为公山氏不会白白的召唤自己，如果有人重用自己，将使周代文武之德在东方复兴。孔子是子路的老师，子路是孔子的诤友。子路的躁动，为后世读者烘托出立体的孔子。

子路的杀伐之气，旁人即可感受，《论语·先进》有以下记载：

闵子侍侧，訚訚如也；子路，行行如也；冉有、子贡，侃侃如也。子乐。"若由也，不得其死然。"(11.13)

学生的个性截然不同，孔子非常高兴。闵子骞恭敬正直，子路刚强，冉有和子贡则温和而快乐。"子乐"是转折，然后孔子说，如果像子路如此的刚强，恐怕不得好死。结果，子路果然死于卫国内乱，更被砍成肉泥，应验了孔子的评价。

子曰："由之瑟奚为于丘之门？"门人不敬子路。子曰："由也升堂矣，未入于室也。"(11.15)

子路的杀伐之气，更体现在乐器演奏上。朱熹注引《家语》云："子路鼓瑟，有北鄙杀伐之声。"[1]钱穆云："子路性刚勇，其鼓瑟

---

[1]《四书章句集注》，论语集注卷6，页126。朱注所言，盖指《孔子家语·辩乐解》之文，然亦与朱熹所言不尽相同。《家语》所言乃系子路鼓琴，与《论语》此文之鼓瑟有异。且彼文谓"殷纣好为北鄙之声"，而孔子谓子路云："由，今也匹夫之徒，曾无意于先王之制，而习亡国之声，岂能保其六七尺之体哉？"(卷8，页7b)则朱注所言乃约取此文，而又有所相异。

声亦然,夫子戒之,盖亦有由也不得其死之忧。"[①]杀伐之气,源于演奏者之性情,子路在音乐演奏所反映亦是其躁动之表征也。面对学生的性情各异,孔子没有全盘否定子路,学习贵乎能够循序渐进,孔子指出子路的演奏功力已经升堂,只是未入于室而已。大抵较诸其他孔门弟子而言,子路已经在其之前,在批评之余仍然多作鼓励,张弛有道,乃是孔子的教学方法。

躁动症的代表人物还有司马牛。《史记·仲尼弟子列传》云:"牛多言而躁。"司马牛说话很多,性情急躁。《论语·颜渊》记载了司马牛的问仁,孔子的答案十分奇特:

司马牛问仁。子曰:"仁者,其言也讱。"曰:"其言也讱,斯谓之仁已乎?"子曰:"为之难,言之得无讱乎?"(12.3)

孔子给司马牛的答案非常简单,指出仁人的言语应该迟钝。这个答案精炼得司马牛也以为太简单了,孔子补充说,以为说话迟钝对于司马牛而言是很难的事情,说话可以不迟钝吗?《孔子家语·七十二弟子解》云:"司马黎耕,宋人,字子牛。牛为性躁,好言语,见兄桓魋行恶,牛常忧之。"同样指出司马牛为人"性躁,好言语",与《论语》、《史记·仲尼弟子列传》所见相同。躁动明显是人们观察司马牛的行为后所得出的结论。孔门弟子问仁者众矣,所得答案各异,这里回答司马牛的"其言也讱",可知孔子乃是有的而发,完全针对司马牛的特殊学习需要而所作出的调适。戴望《论语

[①]《论语新解》,页391。

注》云:"切,顿也。讷于言者,其辞必顿。"戴氏的解释颇为通达,指出仁者罕于言辞,所说话必多有停顿。司马牛性躁而好言语,则孔子自是因材而施教矣。

司马牛除了多言而躁以外,还有抑郁的倾向。《论语·颜渊》云:

司马牛问君子。子曰:"君子不忧不惧。"曰:"不忧不惧,斯谓之君子已乎?"子曰:"内省不疚,夫何忧何惧?"(12.4)

司马牛忧曰:"人皆有兄弟,我独亡。"子夏曰:"商闻之矣:死生有命,富贵在天。君子敬而无失,与人恭而有礼。四海之内,皆兄弟也——君子何患乎无兄弟也?"(12.5)

司马牛易于感到忧愁,这里有两个例子。司马牛问老师如何去做君子,孔子的回答是君子不忧愁,不恐惧。如何成为君子,有千万种的答案,也有许多原则上的说法,但孔子所言明显乃是因材施教,回应了司马牛的性格。司马牛追问,以为不忧愁,不恐惧,就可以称为君子吗?所谓"君子求诸己,小人求诸人"(15.21),孔子以为只要问心无愧,那便没有什么值得忧愁和恐惧。不单止有来自老师的关怀,司马牛也收获了同侪的友谊。有一次,司马牛担忧地说,别人皆有好兄弟,而自己则无之。子夏安慰司马牛说,自己曾经听说过,死生听从命运,富贵由天安排。君子只是对待工作严肃认真,不出差错,对待别人词色恭谨,合乎礼节,天下之大,四处皆有好兄弟。子夏以为君子不必着急没有好兄弟。

司马牛的人生时有担忧,子夏作为孔门十哲,尽力为司马牛解忧。今天,如有抑郁的倾向,除了向精神科医生和临床心理学家求助以外,能够有友侪的陪伴与分享也是十分重要的,朋辈调解,可以舒缓抑郁的心情。司马牛所问乃是亲兄弟,子夏转移视角,将焦点迁移至兄弟般的朋友。杨树达云:"牛为桓魋之弟。牛云无兄弟者,谓无贤兄弟也。"[1]司马牛是宋司马桓魋之弟,桓魋为人不贤德,故司马牛以为自己没有兄弟。子夏安慰以之为四海皆有兄弟,大抵此举可快慰司马牛。

4. 知不足而厚有余的高柴

前文曾经引用过《论语》的此一章节,这里再引一遍。《论语·先进》云:"柴也愚,参也鲁,师也辟,由也喭。"(11.18)高柴愚笨,曾参迟钝,子张偏激,子路卤莽。孔子也真的是观人于微的老师,也不介意向后世展示他对学生的观察。《史记·仲尼弟子列传》有这样的记载,"高柴,字子羔。小孔子30岁。子羔长不盈五尺,受业孔子,孔子以为愚。"高柴个子不高,孔子以为他是愚笨的学生。《史记·仲尼弟子列传》固然使用《论语》入文,而高柴的特点同样是以一"愚"字总之,则孔子、司马迁乃是持见相同。朱熹以为"愚"是"知不足而厚有余",[2]指出高柴是智力不足,但谦厚有余。

《孔子家语·弟子行》也有高柴的记载,其文如下:

---

[1] 杨树达:《论语疏证》(上海:上海古籍出版社,2006年),卷12,页278。
[2] 《四书章句集注》,论语集注卷6,页127。

自见孔子,出入于户,未尝越礼;往来过之,足不履影;启蛰不杀,方长不折;执亲之丧,未尝见齿,是高柴之行也。孔子曰:"柴于亲丧,则难能也;启蛰不杀,则顺人道;方长不折,则恕仁也。成汤恭而以恕,是以日跻。"

此言高柴自入孔门求学以后,进出门户,从没有违反礼节。走路之时,脚不会踩到别人的影子。高柴不杀蛰伏刚醒的虫子,不攀折刚好生长的草木。为亲人守丧,不苟言笑。以上皆是高柴的懿行。孔子指出,高柴为亲人守丧的诚心,乃是难能可贵的;在春天时不杀生,是遵顺为人之理;不折断正在生长的树木,乃推己及物的仁爱。商代开国君主商汤谦恭而又能推己及人,因此威望日以高升。据此,高柴乃是循规蹈矩而小心谨慎的人,学习进程或许稍慢,但亦能有所进步。高柴天资有限,但孔子有教无类,自不以人之天资而囿之。

孔子曰:"生而知之者上也,学而知之者次也;困而学之,又其次也;困而不学,民斯为下矣。"(16.9)

子曰:"我非生而知之者,好古,敏以求之者也。"(7.20)

比合上引两章《论语》而言之,"生而知之"、"学而知之"、"困而学之"、"困而不学",乃是四种人,皇侃指出第一种是上智圣人,第二种是上贤,第三种是中贤以下,第四种是下愚。孔子自言并非"生而知之者",自己只是好学之人,大抵即"学而知之者"也。高柴虽愚,只是学习进度较慢,孔子自是耐心教之,不使其急进,但终必有成,看以下记载可知:

子路使子羔为费宰。子曰:"贼夫人之子。"子路曰:"有民人焉,有社稷焉。何必读书,然后为学?"子曰:"是故恶夫佞者。"(11.25)

有一次,大师兄子路委派高柴当费邑的邑宰,孔子责骂这是害了别人儿子的行为。然而,子路以为有土地、有人民,可以一边当官,一边学习,不一定要读书才是学习。孔子对此不认同,更说最讨厌的就是强词夺理的人。这一章《论语》的重点当然是子路与孔子的针锋相对,但为什么孔子不同意高柴出仕呢?包咸云:"子羔学未熟习,而使为政,所以为贼害也。"① 显而易见,孔子因为体察到高柴之愚,学习进度不足,过早出仕,弊大于利,故极力阻止。此实出于对高柴的保护,可见孔子扶掖后生之心。

5. 百分之八十捱骂的宰予

位次孔门十哲的十位弟子之中,最为奇特的非宰予莫属。《论语》里载有宰予5次,其中4次皆为孔子所责骂。这位在《论语》出场有80%机会使老师生气的学生,上学时候专注力非常不足。先看《论语·公冶长》的记载:

宰予昼寝。子曰:"朽木不可雕也,粪土之墙不可朽也;于予与何

①《论语注疏》,载《十三经注疏(整理本)》,卷11,页171。

诛？"子曰："始吾于人也，听其言而信其行；今吾于人也，听其言而观其行。于予与改是。"(5.10)

宰予没有出现在教室，而是在白天睡觉。孔子以为腐烂了的木头不可雕刻，粪土似的墙壁不可粉刷；像宰予这样的学生，已经不必再责备了。孔子再说，从前自己对于别人，在听到他的说话后便相信他的行为；今天，对于别人，在听到他的说话后，却要考察他的行为。如此言行分开观察的举动，完全出于宰予事件的启发。宰予在孔门四科里属于言语科，其人大抵能言善道，说话动听。可是，宰予所言究竟如何娓娓动听，孔子以为必先观察了其行为后才可以坐实。其实，如果宰予翘课没有出现在教室，白天在睡觉，此事的严重程度是否堪足如此大的责骂吗？"昼寝"云云，有另一解说。唐代李匡文《资暇集》云：

《论语》"宰予昼寝"郑司农云："寝，卧息也"，梁武帝读为"室之寝"，"昼"作"胡卦反"。且云当为"画"字，言其绘画寝室。故夫子叹"朽木不可雕，粪土之墙不可圬"。然则曲为穿凿也。今人罕知其由，咸以为韩文公愈所训解也。

这里指出"宰予昼寝"当为"宰予画寝"，即宰予在上课之时，反而在绘画寝室，才引起了孔子的慨叹。周密《齐东野语》又为之说：

宰予昼寝，夫子有朽木粪土之语。尝见侯白所注《论语》，谓"昼"字当作"画"字，盖夫子恶其画寝之侈，是以有朽木粪墙之语。然侯白，隋人，善滑稽，尝著《启颜录》，意必戏语也。及观昌黎《语解》，亦云"昼寝"当作"画寝"，字之误也。宰予，四科十哲，安得有昼寝之责，假或偃息，亦未至深诛。若然，则吾知免矣。

侯白乃隋代学者，好学有捷才，隋文帝曾召其撰修国史。此言侯白所注《论语》谓当作"宰予画寝"，但周密以为侯白其人滑稽，所言未必可信。其实，无论宰予是"昼寝"还是"画寝"，其上课态度懒散，无心向学，则是事实。

《论语》里所见宰予还有4次，得到正面评价的是《论语·先进》载孔门十哲名单的一次：

德行：颜渊，闵子骞，冉伯牛，仲弓。言语：宰我，子贡。政事：冉有，季路。文学：子游，子夏。(11.3)

作为孔门四科十哲之一，宰予位次言语科，这一科的优异生，自是口才出众，能言善道。皇侃引范宁云："言语，谓宾主相对之辞也。"[①]李泽厚《论语今读》直接将言语一科译为"会办外交的"。能够在外交场合上从容应对，当是言语科优异生的特点。宰予的专注力不足，其中一个特征表现正是话多。鲁哀公尝问宰予关于社木当用什么木的问题。宰予以为夏用松木，殷用柏木，周用栗木，其

---

①《论语义疏》，卷6，页267。

意思是使人民战战栗栗。孔子听了以后，责备宰予，谓已经做了的事情不便再解释，已经完成的事情不便再挽留，已经过去的事情便不再追究了（3.21）。另一次，宰予问孔子，有仁德的人，如告诉他井里掉下一位仁人，他会否跟着下去呢？孔子回答宰予，不满宰予的做法，君子可以使其远走而不再回来，却不可以陷害他；可以欺骗他，却不可以愚弄他（6.26）。还有一次，乃关于三年之丧的讨论。宰予以为守丧一年即可，而孔子以为子女在父母怀抱三年，父母死后，唯有守丧三年可以表达心中怀缅之情。在这个故事里，孔子甚至直斥宰予为"不仁"（17.21）。

面对一位常遭责备的学生，宰予专注力有欠，但孔子并没有放弃任何可以教导的机会。有教无类，甚至列之为孔门十哲，可见孔门教学光辉伟大之处。司马迁曾经说过，"学者多称七十子之徒，誉者或过其实，毁者或损其真"。①在西汉时，有许多关于孔门弟子的故事，有的称誉，有的贬斥，皆有未为真实之处。如果宰予真的如此不堪，大抵也不可能成为孔门十哲，许多讨论因此应运而生，其中蔡仁厚说："《论语》本成于齐鲁诸儒，而编纂成书，则已是战国时代的事。那时田氏已得志，而鲁国又为田齐所弱；大概田氏对于宰予衔恨甚深，或竟长时期对他丑诋诟诬，而朝政之威又往往足以颠倒是非黑白。《论语》编者，未察及此，遂致《论语》所载，独于宰予多深责之辞。"②相较于在《论语》里出现了38次的子路、

---

①《史记》，卷67，页2226。
②蔡仁厚：《孔门弟子志行考述》（台北：台湾商务印书馆，1992年），页77。

出现了24次的颜渊,宰予只是出现了5次,如此大幅度的载录责骂成分,很难说成是"未察及此"的。在《孟子》里,我们得见宰予是"善为说辞"①,"智足以知圣人"②。这种聪明才智,辅以口才出众,足以让宰予位次十哲之列。至于何以《论语》其他章节所见皆在责备之中,则可见孔子的因材施教,精益求精。

6. 自我中心的子张

孔子死后,《韩非子·显学》指出"儒分为八",孔门儒家一分为八,包括:"有子张之儒,有子思之儒,有颜氏之儒,有孟氏之儒,有漆雕氏之儒,有仲梁氏之儒,有孙氏之儒,有乐正氏之儒。"③其中一派乃是子张之儒,其源出自子张。颛孙师,姓颛孙,名师,字子张,小孔子48岁,乃是孔门小弟子。子张是一个自我中心的学生,与其他师兄弟的相处并不融洽。自我中心乃一人格缺陷,在社交过程中碰壁后,即陷入懊恼和痛苦,从而诱发抑郁、焦虑等心理疾病。《论语》里清楚记载了子张的情况:

子贡问:"师与商也孰贤?"子曰:"师也过,商也不及。"曰:"然则师愈与?"子曰:"过犹不及。"(11.16)

子游曰:"吾友张也为难能也,然而未仁。"(19.15)

---

① 《孟子注疏》,载《十三经注疏(整理本)》,卷3上,页93。
② 《孟子注疏》,载《十三经注疏(整理本)》,卷3上,页95。
③ 韩非著、陈奇猷校注:《韩非子新校注》(上海:上海古籍出版社,2000年),卷19,页1124。

曾子曰："堂堂乎张也，难与并为仁矣。"（19.16）

先看《论语·先进》里的一段记载。子贡问老师，子张和子夏（卜商）二人哪位较强，孔子阅人无数，对学生十分了解，故回答得非常精妙。孔子以为子张有些过分，子夏则有点赶不上。听起上来，好像是子张的情况比起子夏好一些，于是子贡再问老师，这样代表了子张比较强吗？孔子回答说，"过犹不及"，二者同样不算得好。子张的"过"，所指乃是何物，或可从以下两章《论语》寻得对应。

今本《论语》20篇，其中第19篇的篇题是《子张》。全篇合共25章。[1]朱熹云："此篇皆记弟子之言，而子夏为多，子贡次之。盖孔门自颜子以下，颖悟莫若子贡；自曾子以下，笃实无若子夏。故特记之详焉。"[2]指出本篇多记孔门弟子之言，而孔子不在其中；并解释子夏与子贡之言所以在本篇特多的原因。又，黄怀信云："此篇杂记子张、子夏、子游、曾子、子贡之语，或言士行，或言交友，或言修德，或劝学，或勉改过，或言治狱，或论子张，或评仲尼，凡25章，无统一主题，要皆弟子之语，故次前篇。"[3]同样指出全篇记载弟子所言。特别值得注意的是这里所说的其中一个主题："或论子张。"孔门弟子讨论另一弟子的是非居然成为了主题，可见子张的为人实在充满争议。在（19.15）里，子游指出自己的朋友子张难能可贵，但是还不能做到仁。阮元云："曾子、子游虑子张于人无所不

---

[1] 朱熹《四书章句集注》（页188）、杨伯峻《论语译注》（页199）皆谓此篇25章。
[2] 《四书章句集注》，卷10，页188。
[3] 《论语汇校集释》，前言，页22。

容,过于高大,不能就切近之事与人为仁,亦同此说也。其曰'为仁',可见仁必须为,非端坐静观即可曰仁也。"[1]阮元指出仁需要"为",且要并为,故不可一人完成。在(19.16)里,指出子张为人高大开广,难以靠近,与仁者之平易近人刚好相反。子张之高不可攀,别人难以跟他同行于仁道。前文尝引《论语·先进》"师也辟"(11.18节录),子张为人因志高而流于偏激,与人难以相处。

孔子评价子张为"过犹不及",是早已充分掌握子张的缺点。仁仅次于圣,乃儒家的中心追求,子游与曾子皆以此评价子张,反之可见成仁乃是孔门儒家的重要教学内容。面对子张的性格缺陷,孔子自是因材施教:

子张问政。子曰:"居之无倦,行之以忠。"(12.14)

子张问:"士何如斯可谓之达矣?"子曰:"何哉,尔所谓达者?"子张对曰:"在邦必闻,在家必闻。"子曰:"是闻也,非达也。夫达也者,质直而好义,察言而观色,虑以下人。在邦必达,在家必达。夫闻也者,色取仁而行违,居之不疑。在邦必闻,在家必闻。"(12.20)

难以亲近的子张,向老师请教为政之道。孔子答道,在位时不要疲倦懈怠,执行政令,皆出之以忠心。忠是尽心诚意待人处事的美德。孔子以此教导子张,盖因子张行事每多高大开广,不可亲近。

---

[1] 阮元:《论语论仁篇》,载《揅经室集》(北京:中华书局,1993年),一集,卷8,页180。

为政如能出之以忠心，则可以明白老百姓之所需。子张又问孔子，士人如何可以称之为"达"。孔子反问子张，其所谓"达"是什么意思。子张解释，"达"的意思是为国家官员时有一定名望，在大夫家工作时有一定的名望。孔子听了子张的分析后，指出他所说的不过是"闻"，而不是"达"。"达"是品质正直，遇事讲理，善于分析别人的言语，观察别人的颜色，从思想上愿意对别人退让。此等达者，为国家官员和在大夫家一定事事可通。孔子续说"闻"是表面上似乎爱好仁德，实际行为却非如是，自己竟以仁人自居而不加怀疑。此等人为官之时一定会骗取名望，居家时也一定会骗取名望。子张所说的"达"，在孔子眼中不过是"闻"。子张心目中的"达"，其实也符合其"堂堂乎"的性格，孔子的教导无非为了使子张明白质正好义、察言观色才是最重要的。孔子循循善诱，一直为了子张自我中心的性格缺陷而在教学上努力。

　　孔门弟子众多，孔子因材施教，每有照顾学生的特别学习需要。据上文所论，可总之如下：

　　第一，孔门弟子数量众多，年纪差异亦大，此已构成在教学上之困难。据《史记·仲尼弟子列传》所见，子路、颜渊、子贡、冉有、颜刻、公良孺六人尝参与周游列国。如以周游列国中期、孔子60岁之时而论之，子路51岁，颜渊30岁，子贡29岁，冉有31岁，最末二人年岁无考。子路与其他弟子年纪相距30岁，孔子自必采取不同的教学方法以教导各人。

　　第二，面对出身各异，年龄也有差距的学生，孔子因材施教，按照学生的能力而施行教学。上文以"闻斯行诸"，以及弟子问仁为例,以见面对相同的问题,孔子作为老师,了解学生的学习需要,因而作出相异的答案。

第三,本文选取了若干孔门弟子,先言其特别学习需要,复以《论语》等儒家文献所载为据,分析孔子如何因为该等学习需要而所作之教学活动,为"因材施教"下了最佳的注脚。此中包括资优的子贡与颜渊、学习迟缓的樊迟与曾参、躁动的子路与司马牛、知不足而厚有余的高柴、时常捱骂的宰予、自我中心的子张等。

附录一:《孟子的抉择 仁者无所惧》讲座实录①

为救世而周游列国的仁者

战国时代是一个礼崩乐坏的时代。作为当时的大哲学家,孟子与孔子同样怀着满腔的热血和宏大的理想,希望得到贤明君主的重用,以自己的思想救世。为此,孟子就跟我们毕业后一样,展开了自己的求职之旅,不停地四处叩门以待赏识。

孟子的求官之旅称得上坎坷,被迫辗转各地,周游列国,始终未能找到赏识自己的雇主。为什么呢?这必须从当时的各国背景和孟子的求职思路说起。当时的众多诸侯国有大有小,有强有弱。弱小的诸侯国较重用孟子,但因国力过弱,难有资源让孟子大展拳脚。

至于当时的大国呢?着眼点都是富国强兵,对于孟子的儒家政治理论和行"王道"的主张,大部分君主都不感兴趣。他们都想行"霸道",拓展版图,与孟子的主张背道而驰。这点我们可以从孟子不得齐威王召见一事而得知。孟子亦常常因此而陷入两难局面,与他的弟子颠沛流离。大家先后游走过邹、齐、滕、魏、鲁等国,到处游说各君主实行王道仁政。其中愿意听他一言的君主可谓寥

---

①本文为作者2023年3月14日在香港圣保罗书院所举行的讲座文字实录。

寥无几，愿意采纳其主张并付诸实行的明君，更是少之又少，不受重用。

年过花甲，且深知自己救世无望的孟子，只能心灰意冷地回到家乡，从事教育和著述的工作，享受"得天下英才而教育之"的育才之乐，以另一种适合自己的方式，继续向自己的理想进发。

勇于抉择

潘教授说，滕国的国君滕文公是孟子学说的崇拜者之一，曾多次询问孟子如何治理国家，并积极推行孟子主张的政策，所以孟子曾经也在滕国担任官职。终于被君主重用，孟子本应长留于此大展拳脚，但孟子却考虑到滕国是一个自身难保的国家，很难实行其抱负或政治主张，于是在权衡利弊之后，离开了滕国。

我们不难看出，孟子在思量利弊后，勇于作出判断。在这个例子中，就算滕文公可以实行孟子的学说，但孟子却考虑到滕国是小国，自己的主张不能发挥影响力，于是毅然离开。这是非常需要勇气的，毕竟纵观整个战国，滕文公是唯一一个听孟子意见的君主。

另一个能体现孟子坚持实行王道仁政的，便是孟子第二次在齐国为齐宣王效力时，曾经被问齐国是否有资格讨伐燕国，他则回答齐国没有资格讨伐燕国。在讨伐这件事上，以"有道伐无道"才是有理的一方，而在燕国的事件中，只有天兵天将是唯一有资格讨伐燕国的，齐国没有。

这种直率的回答，引起了孟子与齐君在政见上的不合。孟子三思后，选择了离开齐国，并且不再继续求仕，而是返回家乡教书著书,把自己的思想传递下去。孟子放弃出仕,对他来说是十分痛苦的。因为不在齐国任职,便代表了天下已经没有容纳他的地方。但他深知"道不同,不相为谋",因为自己的道与齐国不同,这样重大的抉择,更体现了他的勇敢。

说话直率

潘教授说,孟子被记录下来的语录,无一不是直率的。有话直说,不加修饰的说话方式,也让孟子难以在诸侯国中出仕。我们不妨了解一下孟子说话的方式吧。

最能体现出这一点的例子便是孟子和梁惠王第一次见面的场景,孟子见梁惠王,梁惠王第一句话便问孟子:"叟!不远千里而来,亦将有以利吾国乎。"(意思是"先生,你由千里而来,一定是有什么对我的国家有利的高见吧。")而孟子却直接回答梁惠王,不必说利,只说仁义就行,然后开始告诉梁惠王自己的思想抱负。

梁惠王一开始的表现,便看得出他是一个注重国家利益的人,只要孟子能告诉他看得见的利益,他绝对会考虑任用孟子。但孟子却对利益之事只字不谈,只讲自己心中的道义理想。尽管他知道如何讨好梁惠王,他也不打算为求一官半职而阿谀奉承。反之,他选择以仁义之理说服梁惠王。由此可见孟子的直率。

政道与治道并重

讲座期间,有同学引用了牟宗三先生的《政道与治道》,指出儒家思想的弊病在于只有治道的方向,却缺乏政道,即具体的治国方法。牟宗三先生主张引入西方的政道作为解决方案,而钱穆先生则坚持中国传统圣人政治的政道。同学以此作根据,询问了潘教授对于当代社会如何权衡政道与治道,以及引入西方政道会否影响儒家思想的看法。这个问题与十九世纪末晚清改革时期,中学与西学之间,何者为"体",何者为"用"的问题,可谓有着异曲同工之妙。

潘教授首先指出我们不应将孟子的思想直接等同儒家的思想。孔子和孟子思想的分别,不见得比孟子和老子的区别小。因此,以"儒家"二字概括孔孟的思想是较为片面的。潘教授亦承认儒家及其他的先秦哲学和政治主张,都是有共通点的,就是这些哲学思想都以人性作为立足点,从人性出发。对于具体的治国方法,儒家思想确实并没有充足的论述。

潘教授认为引入西方的政道,以辅助儒家思想是合理的,潘教授以新加坡的李光耀总理和西汉的汉武帝作例子,指出儒家思想在历史长河的演变中,早已偏离了孔孟的儒家内容。儒家思想在不同时期的不同执政者手上,有着截然不同的诠释和理解。但我们亦无需纠结于谁的话语更正确或更重要,这只是后世对儒家思想的不同解释罢了。

潘教授对孟子的讲述和分析令我们获益良多。希望大家可以善用孟子的智慧,学以致用,让我们在日常生活中能见贤思齐,以仁心礼待天下的人。

(原载香港圣保罗书院校刊《弘道》2022-2023年度,页54-56;由肖冠泽、郭求佳两位学棣负责记录,谨此致谢)

附录二:《二十一世纪重读孔孟》讲座实录[1]

欢迎各位,今天的主题是"二十一世纪重读孔孟"。第一件事,我想今天正是五四青年节,是一个很好的时候。今天下着很大的雨,更是好上加好了,为什么呢?开始进入主题之前,容许我先说一个小故事。

雨中的小故事

我们老是在想,究竟我们的生活跟2000多年前的孔子、孟子有什么关系呢?今天既然下雨,我们便说一个下雨的故事。孔子死后,学生十分想念老师,想念别人是有很多种方法的,当时他们的方法就未必很成熟。方法是在学生里面样子长得最像老师的,就将他放在老师的位置上供学生们继续尊敬,好像昔日老师在世的时候那样去尊敬他。孔子死后,孔门确实出现了一点问题。有一个学生的样子长得好像孔子,名叫有若,在《论语》里我们称他为有子,但凡《论语》里称为某子的,应该都是由他的学生再去记述他的话语,然后放在《论语》里面。因此,《论语》中应该有一部分的记录者就是有若的学生。那有若的样子,就是长得有点像孔子。孔

---

[1] 本文为作者2024年5月4日在香港商务印书馆尖沙咀分馆所举行的公开讲座文字实录。

子死后，学生就将有若当成老师在世的时候那样去尊敬他，但有些学生就不同意这件事，于是就出了一些问题来问他！孔子是一个很聪明的人，世界上有什么问题，都可以向孔子请教。有一次，在下大雨前，他就叫学生备雨具，结果第二天就真的下大雨了，学生便问老师："为什么你会知道明天会下雨呢？"孔子就说："你有没有听过《诗经》里面有一句话，'月离于毕，俾滂沱矣'，就是说月亮离开了天上星宿的位置，去到毕的那个位置，第二天就会下滂沱大雨。我们知道孔子的聪明，其实在于他饱读诗书，所以他才能够在去到不同的生活场景里面时，运用到在经典里的所学。同样的问题问到了有若，究竟为什么夫子会知道隔天就会下雨呢？有若便给不出让人信服的答案，所以孔子的其他弟子就说这个位置并不是有若你有资格去坐的，就把他赶下去了。这个过程十分重要，如果孔门停留在因为样子长得像老师，然后就将某人放在老师之位，那就未免太神化了。孔子之所以为孔子，乃是因为他的学问、他的人格，所以我觉得这事情其实也是一个挺重要的过程。这本来不是我要说的内容，但因今天适逢下雨，所以就说了这个故事。

读《论》《孟》要用代入法

我们读《论语》《孟子》都会用这句朱熹引用程颐说的话，即所谓"读《论语》《孟子》法"的九则。说的是怎样读《论语》《孟子》，其中有两句我觉得颇为重要，他说我们需要熟读《论语》《孟子》。更重要的是，要将圣人的话语看成跟自己有关系，即是要"切己"，不可只当作是孔子跟别人的说话。我们从小到大，读了许多书，读了不同的学科、不同的教材。读完以后的目的就是为了应考，但跟人生则未必会有什么关系。程颐告诉我们，《孔》《孟》所说的内容是跟我们相关的，不可以只是当作一场空话，不可以说有人说了就算，要觉得那是孔子跟你说的。假设我们代入《论语》里，我们要幻想自己成为颜渊、子贡等，而孔子则在跟我说话。请谨记，不是孔子跟颜渊说，跟子贡说，而是孔子跟你说。要觉得跟自己有关系，一切的关键在于切己。所以，我们说在21世纪读《论》《孟》的时候，关键点就是那本书究竟跟我们有什么关系，这才是重中之重。"读《论语》《孟子》法"还有另一条，这里提到学者须将《论语》中弟子所问当作自己所问，就是将自己代入成为子贡、颜渊，那样当成是自己问的，孔子的回答就当作是今天听到孔子跟我说话。例言之，《论语》有许多章节说的都是学生问仁，那你就不要再想那是颜渊问仁、子贡问仁，都要当作是我自己问仁，孔子就会如此回答。当然，孔子的教学理念在于因材施教，我们却将因材施教看得太简单。如何因材施教，怎样才能因材而施教呢？其实十分困难，比如说老师教书，一班学生合共40人，我们是不是真的能够掌握每一个学生的特点，然后再去制定一个适当的方式施教呢？说得很容易，做起来很难。但似乎孔子就能做到这件事，这也是孔子让我们景仰之处。程颐指出，就算孔、孟复活，也是拿这个方法来教人，他说："若能于《语》《孟》中深求玩味，将来涵养成甚生气质"，就是你要在《论》《孟》当中，像游泳一样出入自如，这个就是你能够读《论》《孟》，能够真的好好领会的方法。

成德的意愿

除了程颐的说法以外,读《论》《孟》对我们有什么用呢?其实很重要的是,它不是用来应考的。我在大学里面教的就是《论》《孟》,课程结束后必然要考试,那就没办法了。实际上,我们说读书求学问,那么求学问为的便是做人。钱穆先生在创办新亚书院的时候就曾经写了新亚学规,这十分重要。今天,我们时有对大学生个人操守的疑问,但是这个疑问,其实也很合理!试想想,我们在幼儿园、小学、中学阶段皆有校规,只有大学没有。

我们只有一个学生守则而已,就是让你准时交学费之类的,那就是没有校规的,那怎么办呢?我们说校规其实代表了学校对学生在品德上的要求,那没有校规是什么呢?就是没要求啊,所以这个是很重要的。让我们再看看新亚书院,虽然我自己也不是新亚学生,但我还是很景仰钱先生在创办新亚学院时的校规,那校规的第二条说些什么呢?他说,做人的最高基础在求学,求学的最高旨趣在做人。说真的,大家都知道读书是为了做一个好人,做一个有用的人,对社会有贡献的人。我们读《论》《孟》的时候,便当认识一个很关键的问题,那就是在现实生活里面我们该如何做人,怎样做一个对社会有用、有贡献的人。

国人不可不知的几句《论语》

举例来说,我们究竟认识多少章节的《论语》,认识得多,便是对做人有莫大帮助。在2008年北京奥运会的时候,有一个活动是关乎国人不可不知的五句《论语》经典。简言之,就是不知道这五句《论语》的话，你便枉称为中国人了。2008年是北京奥运，奥运旨在好客，所以第一句是"有朋自远方来，不亦乐乎"。有人会问，究竟读《论语》《孟子》对我们有什么用，我想说的是，我们用了自己也不知道。因为《论》《孟》里面的道理早已成为我们的生活法则。我们自己做了都忘记了，其实这些东西就是孔子和孟子教导我们的，这十分重要。例如，我们说中国人很好客，为什么呢？因为"有朋自远方来，不亦乐乎"，这便是《论语》对我们的教诲。当然，这里牵涉的问题是何谓朋友，我们说"同门曰朋，同志曰友"，实际上跟自己同门还有共同志向的人，一辈子大概也没有多少个。

第二句乃是"四海之内皆兄弟也"。

第三句是"己所不欲，勿施于人"，此话永远是说的容易做的难，例言之，老师自己在读书的时候也不是很想做功课，但是当他成为了老师后，就会让别人做功课一样，那是不是"己所不欲，勿施于人"呢？我们该如何解释此话？《论》《孟》里如此的金句，背后有一个重要的理念：儒家是将人性置于光明面以作讨论的。"己所不欲，勿施于人"，"不欲"的理当是负面的事情，但做功课其实是为了巩固所学，自是正面的事情。结合《论语》的其他章节，如"学而时习之"一句，说实在每个学生上学的时间都差不多，那么为何有的学生学得好，而有的学生学得不好？上课是否专心固然重要，但最重要的是回家后"学"完了有没有"习"。所谓"学而时习之"，学完之后有没有做功课呢？做功课的时候是很认真地做吗？因此，大家上学的时间无别，也由同一名老师教导出来，为什么我不成功而你成功呢？学的时候有没有专心，学完之后有没有习，都是关键。

回到刚才所举做功课的例子,老师分派作业,目的是希望使我所学得以巩固,这才是做功课的目的,显而易见,这是十分正面的事情。

第四句是"德不孤,必有邻"。说的就是要跟朋友、邻居有共同的爱好,一起努力。第五句就是"礼之用,和为贵"。这便是国人不可不知的五句《论语》经典。

不要说只是这五句,说实话,要学会整部《论语》也没有很难。《论语》全书只有四百多章,其实读完并不难。而且,《论语》很适合现代人阅读,为什么呢?其中一个原因是我们的时间十分碎片化,很适合读各章篇幅短小的《论语》。试想想,我们在网络上浏览短片,不太可能去看半个小时或以上的,拍得好的短片,三分钟已足够。这也是现代人专心做事的耐力,其实很适合用来阅读《论语》。钱先生说,在《论语》来说,"明得一句是一句,明得一章是一章",所以也没有说要读毕全书的诉求,一章又一章地读,十分适合现在这个时代。

三迁之教与精忠报国

让我们看看2011年的一则法庭新闻,我要说的不是那个案件,而是在法庭上律师针锋相对之时,其中一位律师援引了孟母在儿子的背上刺上了"精忠报国"四个字。那一刻,法官不敢说那个律师说错了,因为法官看见那位律师振振有词,法官也以为自己会不会是记错了,甚至在整个法庭之上,没有任何一个人去说那个律师其实是说错了。后来，法庭记者大概回去也研究了一下，看看自己的记忆有没有错，才写出了这个新闻报导。总之，我们要记住孟母是搞搬家的，岳飞母亲才是搞纹身的，这是截然不同的两件事情。我们或者会说，大家都在耻笑这个律师，重点是为什么我们会笑，关键是我们都或多或少了解《论语》和《孟子》的道理，以及孔子和孟子本人。我们对《论语》和《孟子》、对孔子和孟子都应该有一个基本的认知。

我们甚至可以去做一个比较，就是在中国内地、港澳台地区，可能还要加上马来西亚，就是用中文作为教育媒介的地方，要看看在他们的中小学里面，究竟《论语》《孟子》的课本范文有多少。我们会发现课程即使怎样改动，孔子仍然存在于我们的教科书里。

《论语》的编者

要认识孔子，必须透过《论语》，虽然孔子肯定没有参与《论语》一书的编成。《论语》的编者是孔子学生，甚至可能是学生的学生！《论语》是在孔子死后，学生们才去编撰的。现在，让我们回到东汉时期班固的说法："《论语》者，孔子应答弟子时人，及弟子相与言而接闻于夫子之语也。"这句话很长，其实是将《论语》里面所反映的几种对话关系一并说明，包括了孔子如何教导别人，有时候是弟子之间的对话，有一些是孔子跟政客的对话。当时弟子各有所记，其实《论语》有四百多章，学生一一记录也颇有难度。记在什么物料之上，也是一个问题。当时弟子各有所记，A弟子记了一些，B弟子又记了另外一些，于是在孔子去世之后，门人学生便成立了一个编辑委员会般的组织，编辑出版了《论语》这本书。班固此话的资讯量十分丰富，包括了这本书的内容、成书的年代，还有最重要的是当时弟子各有所记，即你记了你的，他记了他的，可能读《论语》就是这么一个角度的认知。譬如读《圣经》，四本福音书有很长的篇幅都是在记耶稣最后的三年传道的过程，耶稣几个门徒各有所记，其实耶稣的生平自不可能因人而异，但是门徒记出来的却并不一致。《论语》也有类似的情况，孔子说了很多话，但是我们发现不同的学生的记载，可能会有一些重复，甚至是相同的说话出现了两次或以上，这表明作者并非一人，而是几位学生的记录。

我们不太清楚《论语》的编者，但有学者以为是孔子的孙子子思编辑的，他说是孔子的孙子肩负起这个历史的重任，为什么呢？有几个原因。第一，从《论语》这本书结集的年代来看，结集的人应该就是孔子的再传弟子，那应该没问题的。第二，就是结集《论语》的再传弟子肯定就是曾参的门人。曾参是孔子晚年时的重要弟子。孔子跟曾参的对话很多，他的问题就是反应比较迟钝，而这也构成了一个很重要的好处。别人一次就学会了，曾参却还没有明白，所以他会很用心地听课，这个是曾子成功之处，后世的注释者曾经就此作阐述。第三，就是为什么在曾参的学生里，必然要是子思所做呢？因为子思是曾门里面最聪明的那一个，所以编者便只能是他。就《论语》一书出现的年代来说，子思之时大抵没错，但是不是必然要由子思去做这件事呢？却不必然。

《论语》里的一事多记

聪明的学生不一定是《论语》的编者，但孔门弟子里却肯定有聪明的一员。鲁哀公是孔子晚年时候的鲁国诸侯，他问孔子，你的学生里面哪个最好学，孔子说，有一个叫颜回的就很好学，不迁怒，不贰过，可惜短命死了，现在已没有好学的人。试想想，如果你是孔子的其他学生，听到会有什么感觉呢？老师都不喜欢我们了！其实，老师是否喜欢我们，我们不知道，但是也有人诠释这句话其实是孔子在勉励在世的学生要加倍努力。

有趣的是接下来的另一段，季康子问孔子，你的学生哪个好学，孔子的答案就是"有颜回者好学，不幸短命死矣，今也则亡"，其实与回答鲁哀公的提问是相同的，是不是这两个人同样也问过孔子，然后孔子也给过同样的答案呢？我们唯一的诠释，就是有不同的学生来记录，所以就会将同一件事情记下来了，然后很大的可能是其中一个学生记错了，搞错了是鲁哀公还是季康子。

然后，让我们来看看本校（香港中文大学）的校训——博文约礼。博文约礼三次出现在《论语》里，首先是"君子博学于文，约之以礼，亦可以弗畔矣夫！"（6.27）然后，有另一段比较详细的记载，就是这一段：

颜渊喟然叹曰："仰之弥高，钻之弥坚。瞻之在前，忽焉在后。夫子循循然善诱人，博我以文，约我以礼，欲罢不能。既竭吾才，如有所立卓尔。虽欲从之，末由也已。"（9.11）

还有，第三段的记载在颜渊篇12.15，跟6.27的内容差不多。在中文大学的网页，可以看到校训的出处。如果你是校方，应该将哪一段《论语》放到网页上去，让大众知悉校训的出处，他们分别是6.27、9.11，以及12.15。（观众：第三个，因为比较精简）

如果大学让我选的话，我必然选择9.11的那个。（中文大学选择了6.27的那段）为什么我会选第二个呢？因为这个有最详细的解释，而且第二个是颜渊对老师的称赞，老师的学问高深莫测，所以学生该如何努力，朝着老师迈进。这是一种往上提升的精神，而第一段（6.27）和第三段（12.15）其实就是很简单的将那件事说了出来。让我选的话，我会觉得是第二段，即颜渊的那一段好一点。读到这段，大家也会明白孔子很难不喜欢颜渊，因为他都这么称赞老师了。当然，颜渊本来就是尽得孔子真传，特别讨人欢喜。

同样的"博文约礼"在《论语》里面出现了三次，又如"不在其位不谋其政"（8.14、14.26），在《论语》里面出现了两次一样的，只不过在后面那一段多了曾子的回应（君子思不出其位）。大概曾参的学生参与了这条《论语》的编撰，称老师为"子"，故作"曾子"。然则，8.14那条则可能出自其他学生的记载。还有，例如"三年无改于父之道，可谓孝矣"（1.11、4.20），也是前后出现过两次。值得留意的是，我们常说《论语》前十篇为"上《论》"，后十篇为"下《论》"，编辑的时间并不相同，但这里是"上《论》"的《学而》与《里仁》已同载一条，可见这个编辑委员会的编撰或许也有欠周备。

又如说做错了也不要紧，最重要的是要改正，即"过，则勿惮改"，分别在《学而》(1.8)和《子罕》(9.25)都出现过。此外，"好德如好色"也曾经在"上《论》"和"下《论》"出现，"巧言令色，鲜矣仁"亦然(1.3、17.17)。刚刚我们说的"己所不欲，勿施于人"，同样也是出现过两次(12.2、15.24)，并出孔子口中，但是一次是仲弓问的，另一次是子贡问的。我们也可以诠释为无论哪个学生问孔子问题，他都是用相同的答案。

《论语》被记录下来的一种推想

究竟《论语》怎样被记录下来，实在十分有趣。每一章节的《论语》说些什么不重要，重要的是学生用些什么来记录。《论语·卫灵公》记载在孔子话语完毕以后，"子张书诸绅"，绅是什么呢？绅是腰带。

要知道，不是每一个学生的记忆力都那么好，譬如说老师讲了一大堆知识，那我该如何把老师所说的话记录下来呢，总是需要一些方法。孔门弟子想到的就是把腰带摘下来记录。这样的话，可能瘦一点的记不了那么多，胖一点的或许腰带较长，便可以记录多一点点。职是之故，可能子路是可以记录最多的，而颜渊因其瘦弱，便只能是记录较少了。

《孟子》的作者

那《孟子》是怎么写下来的呢？《孟子》是一部有趣的书，《史记·孟子荀卿列传》最后提及孟子"退而与万章之徒序《诗》《书》，述仲尼之意，作《孟子》七篇"，涉及孟子最后游历的几个诸侯国。孔子也好，孟子也好，周游列国只是美名，实际上乃是求职的过程。孔、孟四处寻找工作，到了最后还是要回乡讲学。

《史记》本传里提及孟子跟他的学生万章云云，说到"万章"二字，便牵涉了一个问题。曾经有学生问我，如果比较孔子和孟子的教育成就，我们比较多会听过孔子的学生，但是孟子的学生却很少听到。一般读者不曾知道孟子有什么著名的学生，我们可能就只是听过万章，还有公孙丑而已。于是大家在心里疑惑，其实孟子的教学是不是不太成功呢？因为孟子学生不是很出名。

其实，学生是否知名，跟老师没有什么关系，他自己不争气也没有办法。此外，关键还在于不同的时代，孔子死后，约在战国初期，群雄分立，仍然有很多的诸侯国可以给孔子的弟子很多不同的工作机会。孟子死后，已到战国末年，余下来的诸侯国都不是很有空再听诸子说教，而战国末期只剩下三个大国，分别是楚国、齐国、秦国，楚国后来较早被解决掉，到最后只剩下齐和秦，没有很多的机会给孟子的弟子去发挥。

从中国古代历史发展来看，思想最为纷陈就是春秋战国时代，因为那个时代的诸侯国众多，很多的诸侯国就会有很多的老板，这样便自然有许多机会，当剩下一个老板的时候就很糟糕了。

《孟子》只有七篇，但最初可能不止七篇，乃是十一篇，只不过完书之后，东汉有一个人叫赵岐，他觉得有四篇不像是孟子所说的，所以不把它注释，慢慢就失传了。因为我自己是教《孟子》的，所以我也很感谢赵岐，让我可以少教四篇。如果那四篇还在的话我也教不完，其实教七篇我也教不完，如果有十一篇的话更加有难度。

说到这里，大家会发现我们今天看到的古书其实都牵涉了一个问题，那便是一切都经过了后人的整理，我们看到的其实都只可能是经过整理的版本。试想想，孔子可以说了许多话，但很多的话学生都没有记下来，而没有记下来的，我们便读不到了，《论语》便是如此。《孟子》则涉及有人不去注释，所以有四篇便告失传。

失传了也没关系，因为古代有人喜欢做一些伪书。于是，这四篇《孟子》到了宋朝有人发现了，明朝也有，我们很难相信这是真的，因为当中有很多破绽，后来大家都知道那四篇一定是假的，只是有多假而已。当然，中国古书不一定说伪书就是不好，因为也有许多的伪书是成功的，譬如说我们今天看《尚书》注释的所谓《孔安国传》，这个《孔传》并不是孔安国做的，大抵出于六朝人所依托，因为六朝距离我们依旧很远，所以我们就说虽然是伪书，但也有相当的价值。

《论语》的作者我们并不知道，大概就是子思那一辈的人，《孟子》就很不一样。阎若璩说，"《论语》成于门人之手，故记圣人容貌甚悉"，有记录到孔子的样子，虽然没有很多，但总算是有。《孟子》七篇"成于己手，故但记言语或出处耳"，因为出自孟子手笔，故没有记录自己的样子。这又引发我们的思考。现代社会也有很多名人传记，但我们都不会细记名人的样子，不会写他的样子。我们不会去写别人的样子，不会去写他长得多高，这样十分古怪。可是，古人却很喜欢如此的描写，古书多写人的相貌，写这个人有多高，容貌如何的跟我们很不一样。例言之，在《史记·孔子世家》

里,写孔子长相的篇幅便有许多,或许我们会想:认识孔子的长相对我们认识孔子有什么作用呢?看来是没有关系,但也不完全没有关系,因为孔子的长相很"奇怪",这种怪实际上就是圣人的长相。圣人长得如此,而我们不是,因为我们就是一般的人,而孔子的就是圣人的长相。

孟子就不一样了,我们发现孟子有什么特点呢?有一个特点譬如说他跟别人吵架的时候一定是他赢,在整部书里孟子都没有输过。因为这本书叫《孟子》,他怎么会记载自己输呢?所以他一定是有输过,但是他不会记录下来。譬如我们可能比较耳熟能详的就是孟子跟告子有很多关于人性的讨论,其实那些讨论我会觉得是还没结束的,但是告子已经不再争辩下去,那是不是因为告子没有能力争辩下去呢?还是没有书写工具呢?我觉得都不是,是因为那本书叫《孟子》。如果假设有一本叫《告子》的书,那么该书记载的最后胜利者肯定会是告子。

我们看孟子的辩论技巧,有时候会说他的厉害之处在于因势利导,会有很多论证,以及许多的方法,但到最后我们说孟子必胜的原因,在于"理直气壮"四字。理直气壮,其实就是没有证据,所以说其实孟子的辩论也不是那么的强大,只不过那本书叫《孟子》。孟子自己写的话,此书自不可能记录自己的长相,否则实在怪异。

进言之,整部《孟子》书是否都是孟子自己写的呢?其实也有问题。读《孟子》的时候,发现孟子见任何诸侯王都是称那个人的谥号的,就是看见梁惠王,看到齐宣王的时候皆然。这里的

"惠""宣"等，都是诸侯贵族死后的谥号。这里可能性有二：一是孟子一见诸侯，这个诸侯便立刻死了；另外一个可能性是由孟子的学生在后来的补记与整理，就是基本上是由孟子撰写，后来由他的学生协助修订，我觉得这个可能性稍大一点。

圣人的容貌

孟子的长相比较正常，我也不敢说孔子的长相不正常，就是并不平凡；其实孔子的长相没人知道，我们没有人见过孔子，画这些画的人也没有见过孔子，那谁见过孔子呢？其实是没有的。我们说《史记·孔子世家》有写孔子的相貌，其实司马迁也没有可能见过孔子。当然，司马迁是想见孔子的，看到《史记·孔子世家》的"太史公曰"，自当发现在整部《史记》里面，司马迁只想见两个人，一个是孔子，另一个是屈原。想见屈原，当然是出于对他的景仰，想见孔子，当然也是对他的景仰，也有可能是司马迁对孔子长相的好奇。早在西汉末年，扬雄已经在他的《法言》里指出司马迁有"爱奇"的特点。

有关孔子的画像，当然是后人所绘画。按照《史记·孔子世家》的记载，孔子是"生而首上圩顶"，就是出生之后头是凹下去的，理论上，像今天下这样的大暴雨，孔子是可以用他的头装水的。在这种情况下，如果孔子口渴，他可以低下头自己喝水，自给自足十分方便。不过，这种圩顶是真的吗？

又有说法，指孔子"堤眉"，即孔子的眉毛是一条的，不分为二。然后，又有说他腰大十围，一围就是一双手抱着叫一围，十围就是十双手抱着，这样跟我们这个房间的大小差不多，我们会相信孔子的腰这么粗？这自然是不可能的。

又有一些是不同年代度量衡的问题，譬如说孔子九尺六寸高，如果等于现在的九尺六寸那孔子的高度应该是2.92米，那是不太可能的。孔子真的这么高吗？我们知道他自己说自己是殷商之后，他是宋人，以春秋时期的鲁尺应遵循周制而言，则《孔子世家》所载之九尺六寸，当为1.86米。那么，我们愿意相信孔子的高度是1.86米，还是2.92米呢？这就要看我们自己了。无论如何，孔子是高个子，当无疑问。

孔门弟子的数量

朱熹的《读〈论语〉〈孟子〉法》有许多条目，大部分是由朱熹的老师程颐所提出的。有人问过程子，说能不能只将《论语》《孟子》的紧要情节选出来看，程颐说不是不可以，只是不太好，最好是完整读完。

有些读法看起上来比较复杂，譬如说这句，"孔子言语句句是自然，孟子言语句句是事实"。有些又说"读《论语》《孟子》而不知道"，就是不知道"道"是什么的时候，"虽多，亦奚以为"，意思是，读这么多也是白费的。强调的是读《论》《孟》要能领会到一些真谛，才不算是白读。

读《论》《孟》对我们今天有什么实际上的意义？其中一个是因材施教。因材而施教，可以分为两个步骤，因其才然后施教。第一件事是要了解那个被施教者的才能在哪里，然后才可以制定一个适合的方式以作讲授。

孔子弟子众多，但也不可能有三千个。因为不可能这么多，三千人实际是也上不了课。况且，如果真的有三千个学生，那大家都知道孔子要收学费的嘛，孔子的学费是什么呢？乃是腊肉肉干之类的东西。《论语》也有记载，"自行束脩以上,吾未尝无悔焉"，束脩有的说法就是两条肉干，有的说法就是十条，就当取其少者，即两条而言，三千个学生就有六千条腊肉了。孔子怎么吃如此多的肉干啊？如果真的有这么多，也应该分点给颜渊吃，且看颜渊的箪食瓢饮吧！

此外，我们根本找不到三千个弟子的名字。有名有姓的孔门弟子，在《史记·仲尼弟子列传》里，提到有77个学生，但有生平事迹的也只有二十几个。另一方面，在孔子的人生里，有一段很受关注的时期，那就是周游列国的时段。在周游列国的14年里，有哪些学生跟着孔子到处走呢？原来能够考证出来的也只有子贡、颜渊、子路等几位。颜渊虽然箪食瓢饮，未必可以帮忙拿行李，但他就是能够哄老师开心，也是一大功臣。子贡本是商人，或可提供盘缠之类的。大抵就是各自有其功能，但无论如何，这些追随孔子周游列国的弟子，也未必够十个。

孔子弟子众多，但他们并非全属同时代受学。三千人一起上课是不可能的，有些说法指出是因为战国时候养士的风气，因以为孔子也很厉害，故也要他有一大堆学生。

孔子学生的特别学习需要

古今的课堂肯定大不相同，但孔子的学生里面其实也有很多今天我们称之为有特殊教育需要（SEN）的学生。"柴也愚，参也鲁，师也辟，由也喭"，每位都各有问题。在本书里《孔门教学与孔门弟子的特别学习需要》有详细的讨论，这里只选一些来分享。

譬如说子贡和颜渊是资优的，也属于SEN的一种，因为他们也要一种特别的方法以作教导。还有一些是很迟钝的，有一位孔门弟子真的是名实相符，他的姓名是樊迟。樊迟确实也很迟钝。还有曾参，曾参可能本来不是那么迟钝，据《孔子家语》那个曾子耘瓜误断其根的故事，他可能是被他爸爸揍傻了。另外还有两个就是很躁动的人，分别是子路和司马牛。孔门里还有一个很笨的学生，那便是"知不足而厚有余"的高柴了。

细看每一句对学生的评价，放诸今天，孔子的直话直说可能会构成不少问题。比如说，孔门弟子派成绩表，有一栏是供班主任填写评语的，然后孔子便说"柴也愚，参也鲁，师也辟，由也喭"，一位愚笨、一位迟钝、一位偏激、一位卤莽，孔子便是如此的直接。由此而论，究竟是我们这个时代开放自由，还是古代呢？实在难以说清。如果现在的老师这样写评语的话，第二天他便会收到学校的警告信。有时候，老师都将这学生很笨挂在嘴边，以为是没救了。可是，没救不代表不作拯救，只不过是在很生气的时候都会说没救了。

说到没救，有一个孔门弟子只要是出场，便几乎都在被骂。他便是宰我。宰我在《论语》里出现了五次，其中三次被骂，他的被骂率大概是百分之六十。多次被骂的宰予,是孔门十哲之一。所谓"十哲",是孔门十个十分重要的弟子,但有百分之六十被人骂的弟子,他的重要性究竟在哪里呢?难道他的重要性就是被骂?我们一直说要重读《论》《孟》,其实《论语》既是学生挑选的,所以挑选章节的学生跟宰予的关系好不好,那也是很关键的问题。不喜欢宰我的,便将说宰我不好的都选进去,后来的人阅读《论语》,便见宰我都是在被骂的过程中。细心一想,如果每逢宰我出现都在被骂,他又怎么可能成为孔门十哲之一员呢?

此外,还有以自我为中心的子张。子张是不能跟别人合作的,就是孔门弟子个个都说子张人都挺好,但是难以跟他合作。儒家有些不同等级的道德范畴,依次为圣、仁、智,"圣"是最高级的,难以做到,接下来的便是"仁"。"仁"是儒家道德范畴里可以朝向的目标,"仁"字的意思,从字面来看已可得知了,就是人与人之间的关系。因此,孔门弟子评价子张是合作不了,那便是说他根本就是一个不合格的孔门弟子。

接着,我们看反应迟钝的樊迟和曾参。根据香港教育局的说法,遇上学习能力稍逊的学生,便要调节教学的深浅程度。孔子曾经这样做过。樊迟问仁,在《论语》的记载便反映了这样的情况。

樊迟问仁。子曰:"爱人。"问知。子曰:"知人。"樊迟未达。子曰:"举直错诸枉,能使枉者直。"樊迟退,见子夏。曰:"乡也吾见于夫子而问知,子曰'举直错诸枉,能使枉者直',何谓也?"子夏曰:"富哉言乎!舜有天下,选于众,举皋陶,不仁者远矣。汤有天下,选于众,举伊尹,不

仁者远矣。"（12.22）

  颜渊问仁，孔子给了一个"克己复礼为仁"（12.1）云云，十分详细的答案。樊迟问仁，孔子的答案十分简单。你问一个字"仁"，他答两个字"爱人"，为什么呢？因为樊迟很笨，回答太深奥他不会明白。樊迟再问"知"是什么呢？就是"知人"，但樊迟懂了吗？还是不懂，即使很简单，他都不懂。于是，孔子再说一句话，他说："举直错诸枉，能使枉者直。"将一些正直的人放在不正直的人的上面，就是派正直的人去管不正直的人，就能让不正直的人变得正直。樊迟明白了吗？应该还是不明白。樊迟在这里有一件事值得我们学习，他没有再在这个问题上纠缠下去了，然后他转而向同学请教，看到子夏（另一个孔门弟子）就说，之前我见到老师就问他什么是"知"，然后老师就说"举直错诸枉，能使枉者直"，便问子夏如何解释。子夏听完，已经明白了，指出老师说的道理真的非常丰富，他说当舜去管治天下的时候，有很多人让他选，就选了皋陶出来掌法，由于皋陶是一个正直的人，所以能让不仁者远去。这便是"举直错诸枉"了。"汤有天下，选于众，举伊尹"，当商汤得天下后，在很多人里面就选了伊尹出来，同样也是"举直错诸枉"，让不仁者远去。道理不难，所以子夏立即明白了，可惜樊迟还是不明白。其实我们只要稍作比较，樊迟、颜渊等几个人同样问仁，便发现孔子给樊迟的已经是最简单的答案了，这便是因材施教。

  刚刚我们说的四个孔门弟子，高柴又笨，曾参反应迟钝，子张很偏激，子路很卤莽。试想想，如果我们的班主任也能如此精炼把问题说出来，我们应该要很感谢他，可惜这样的班主任大抵明天就会消失了。

话说回来，迟钝也有迟钝的好处，这是朱熹说的。朱熹引用尹氏说的："曾子之才鲁，故其学也确。"就是因为他反应迟钝，所以他的学问是很坚稳的，所以能够"深造乎道也"。别人学习一次即不再学习了，曾参就是因为读了很多次，所以结果成道得道的就是他。

说到曾参的迟钝，不能不援引这个故事，因为这个故事非常的精彩，就是《孔子家语》里面一个很精彩的故事：

曾子耘瓜，误斩其根。曾晳怒，建大杖以击其背，曾子仆地而不知人久之。有顷乃苏，欣然而起，进于曾晳曰："向也参得罪于大人，大人用力教参，得无疾乎？"退而就房，援琴而歌，欲令曾晳而闻之，知其体康也。孔子闻之而怒，告门弟子曰："参来，勿内。"曾参自以为无罪，使人请于孔子。子曰："汝不闻乎？昔瞽瞍有子曰舜，舜之事瞽瞍，欲使之，未尝不在于侧；索而杀之，未尝可得。小箠则待过，大杖则逃走，故瞽瞍不犯不父之罪，而舜不失烝烝之孝。今参事父，委身以待暴怒，殪而不避，既身死而陷父于不义，其不孝孰大焉？汝非天子之民也，杀天子之民，其罪奚若？"曾参闻之，曰："参罪大矣！"遂造孔子而谢过。

曾家在种瓜，瓜是根茎类的植物，我们享用的就是在泥土下面的一部分，如红薯之类亦然。结果，曾参误斩其根，将根砍断了。曾晳是曾参的父亲，其实两父子都是孔子的学生，大家对曾晳印象最深刻的就是在《论语·先进》"侍坐章"所见孔门弟子的一堂导修课。当中有位孔门弟子只顾着弹琴的,就是曾参的父亲曾晳。曾晳大抵是一个怪人,知道儿子斩断根茎,十分生气,"建大杖击其背",拿个棍子出来打曾参的背。曾子晕倒了,不省人事,过来一会儿才便"欣然而起"。看到这里,大家或许以为曾参已被打傻了,接下来他更向父亲说,之前我得罪了您,您用力教导我(用大棍子打他)。他反而问父亲的手是否无恙,棍子会不会太重,我的背会不会太硬了之类的话。为了证明父亲没有打伤自己,曾参于是马上回到房间弹琴,目的是什么呢?"欲令曾晳而闻之,知其体康也",希望让父亲听到他演奏出来的歌声,从而知道没有受伤,请父亲不必担心。

孔子听到了这件事情很生气,便跟弟子说,曾参来了,别让他进来。孔子为什么如此生气呢? 曾参自以为无罪,不知道自己有什么过错:自己这么孝顺父亲,他打我的时候便让他打,还问父亲的手痛不痛。曾参实在想不通,"使人请于孔子",问老师究竟自己犯了什么错误。孔子解释,问曾参有没有听过瞽瞍与舜的故事呢? 瞽瞍就是帝舜的父亲,其实瞽瞍并非名字,所指乃是一个失明的老伯。舜怎么侍奉他的父亲呢? 如果父亲想使唤舜干活的时候,舜便一定会随传随到;但如果想找他出来杀的话,那便肯定找不到舜。

为什么父亲会杀儿子呢? 大家应该也听说过帝舜的故事。帝舜很可怜,他的父亲瞽瞍,以及后母和同父异母的弟弟,三人时欲杀舜。但是,当他们三人动杀机之时,"索而杀之,未尝可得",帝舜自己就会跑掉了。孔子教导曾参,"小棰则待过,大杖则逃走",如果父亲拿小棍子打你尚可接受,拿着大棍子打你便当逃跑,要不然会被他打死。从帝舜的情况来说,"故瞽瞍不犯不父之罪,而舜不失烝烝之孝",因为要杀他的时候他不出现,要使唤他的时候才出现,所以舜又能尽孝,又不会害死自己父亲。

说完了舜的故事,回到曾参的事父之道,孔子以为现在曾参侍奉父亲之道,以自己的身体来迎接父亲的暴怒,却像僵尸一样完全不避开,"既身死而陷父于不义,其不孝孰大焉"!在古代,杀人须要偿命,如果在父亲杀你之时不去躲避,导致父亲杀了你,最终父亲因此赔命,这就等同作为"天子之民",而杀害另一天子之民了,实在罪大恶极。曾参听到之后,便立刻向老师认错。

就此事来看,曾参确实反应比较迟钝,至于如此迟钝是天生的,抑或是在父亲大杖击打以后,复加迟钝,便不得而知了。除了曾参和樊迟以外,孔门弟子的问题还包括了躁动的子路和司马牛,躁动也是一种情绪困扰,可能有时候很兴奋,却又容易情绪波动,子路肯定便是这样。在《史记·仲尼弟子列传》里,子路第一次见到孔子,仿如野人,头上还插着野鸡的毛,"好勇力,志伉直,冠雄鸡";后来孔子不知道做了什么,文献记载就是"设礼稍诱子路",然后子路便心悦诚服地跟他一辈子。子路后来穿起了儒生的服装,成为了孔子的弟子。

孔子和子路在他们的人生里面一起生活了很长的时间,如果我们说孔子和颜渊是亦师亦父的关系,孔子和子路就是亦师亦友的关系。子路是孔子很重要的弟子,而在孔子面对人生抉择的时候,子路同样也给了很多建议。有一次,孔子在卫国往见南子,南子是卫灵公的夫人。卫灵公乃孔子在世时的卫国君主,鲁国与卫国相邻,所以孔子多次经过卫国。除了卫灵公以外,孔子也见过后来的卫出公。但孔子与卫国诸侯交往,主要是在卫灵公的时候。卫灵公当了48年的卫国诸侯,他执政的时期可以分为两个阶段,第一阶段是昏庸,第二阶段是非常昏庸。见南子的时候是第二阶段。在卫灵公非常昏庸的时候,还有一个很荒谬的规矩,那就是说如果想见卫灵公的话,便必须要先去见卫灵公的夫人南子。

子路的不悦

当时孔子想见卫灵公,虽不想见南子,但是没有办法,便只能先见南子。我们说孔子周游列国,其实就是一个求职的过程。如果不见南子,便不能见卫灵公,那就没有工作了。这个过程,子路就在孔子身旁。老师往见南子,子路并不高兴,因为南子是一个口碑极差的人。孔子明白了子路的意思,便发誓说如果我见南子有非分之想的话,上天就会嫌弃我,上天就会嫌弃我,说了两次。究竟在《论语》的这个"矢之"是不是发誓便颇有争议,因为老师大抵没有必要向学生发誓呢!当然"矢之"这两个字有的说是直言,有的说是发誓,但因《论语》都很简短,歧解自必众多。

我们今天读《论语》的时候,如何处理解说上的争议乃大问题。有人建议我们只读白文,不读注解,因为一家的注解未必能解决问题,而读完一家的注释后,便会很想读第二家,然后就是第三家、第四家的一直读下去。所以,读《论语》最好的方法,根据钱基博说,第一次应该只看白文,然后才开始加上注释。先读哪个注释呢?一般的人都说先读朱熹的注释,朱注的好处就是长短适中,难易深浅并不复杂。但是看完宋注之后,便不能不读汉注了,读完汉注后,又不能不读清注。因此,整个过程是第一轮应该先看白文,然后第二轮兼读朱注,第三轮兼及汉注,第四轮则并及清注,第五轮还要再读下去,便当加上如钱穆先生一类的现代人解说了。所以《论语》可以读很多次,但是起码要先读第一次。

还有一次,子路也是在生气,有一个名为公山弗扰的坏人,他要背叛,并派人找孔子帮他站台,就是想找孔子出山。这样的机会,孔子不想放过。我们会想,如此的坏人,孔子也要去帮忙,似乎不是太好。其实,这是让我们了解孔子的大好机会。读西方的作品,会有"作者已死"的说法。但是《论语》《孟子》,我们便不能离开孔子和孟子了!看《论语》《孟子》二书,除了想看《论语》《孟子》的内容以外,孔子和孟子的人生抉择更是我们要去参考的。公山弗扰是一个坏人,而孔子居然想去帮忙,那我们要想的问题,就是为什么孔子想去帮一个坏人?孔子可以去教书、整理典籍,为什么偏要考虑出山帮公山弗扰呢?公山弗扰最后失败了,所以他是坏人;可是,如果他成功了,便可能是某个开国君主之类的,所以好人与坏人、成功与失败,一切都是后人的盖棺定论。孔子不可能知道这些盖棺定论,所以公山弗扰对他来说,其实也是一个值得冒险的机会。他可能可以改变公山弗扰,他可能可以让他管治的地方变得有礼。子路大概不明白盖棺定论云云,他的想法跟我们一样,他不高兴了!为什么老师要去帮一个坏人呢?子路不开心,孔子不单理解,而且还予以解释。

孔子有意为坏人站台,不单《论语》可见,《史记·孔子世家》也有之。有人就说为什么《论语》要记载这些内容?为什么《史记》要写这些东西?如此则孔子的光环似乎减少了一点,转换角度稍作思考,无论是《论语》还是《史记》,所欲反映乃是一个完整的孔子。他有心动过,但并无付诸实行。心动了,到最后没有做成坏事的孔子,其实更值得我们景仰。

子路的躁动杀伐之气是很夸张的,这段《论语》的描述也很精彩。"闵子侍侧,訚訚如也;子路,行行如也;冉有、子贡,侃侃如也。子乐。"(11.13)就是看见几个学生,包括闵子、子路、冉有、子贡等,各自有不同的性格、不同的状况,孔子十分高兴。但是到了最后,孔子说了一句:"若由也,不得其死焉。"仲由就是子路,说像子路般"行行如也",将来必定不得好死,后来子路应验了他的话。不过,子路之死,可以看到孔子的教学乃是对一个人的终身教学。子路从戴着野鸡毛的帽子开始,到最后他把帽子绑好,然后被人砍死,正礼服的行为就是孔子对子路的终身教学。如果考量孔子的教学是否成功,有没有学生因为孔子的教导而改变,就子路而言是成功的,子路用他的死去表达了这种成功。

话多的司马牛

躁动的代表还有多话的司马牛,这也是《史记·仲尼弟子列传》里的记录。据司马迁的记载,司马牛是多言而躁,很多话说的。在司马牛问仁的章节里,孔子的答案十分简单,就是"仁者,其言也讱"。孔子以为,有仁德的人就是说话要说慢一点！司马牛不太明白,说慢一点就代表有仁德吗？我们经常看见不同国家的政要说话都很慢的,难道说慢一点便等同有仁德吗？事情肯定没有那么简单,可是孔子以为对司马牛而言,话说得慢一点很难做到。

说慢一点,究竟有何好处？那便是想清楚然后再说。司马牛的问题是话说很快,不加思考,便说出来了,说得多便会错得多。孔子对他的教诲,就是要能针对自己的问题,这便是因材施教。

司马牛还有一件特别的事情,他时常有许多的担忧,更有抑郁的倾向。有一天,司马牛很不开心的说,别人有兄弟而他没有。子夏指出,他听说:"死生有命,富贵在天。君子敬而无失,与人恭而有礼。四海之内,皆兄弟也——君子何患乎无兄弟也？"大意就是请司马牛不用担心没有兄弟。想深一层,子夏的安慰是没用的,因为司马牛慨叹的是没有亲生兄弟,而子夏的回答则是请你把我当兄弟。其实,司马牛的兄弟乃是司马桓魋,桓魋是何许人呢？他是宋国的将军,曾经想追杀孔子。当时,孔子和弟子在大树下面练习,然后司马桓魋来到之后想杀孔子,但奇怪的是司马桓魋来了之后拔其树以杀孔子。大抵司马桓魋欲以大树压死孔子,但在拉倒大树的过程里孔子已经走了。在这件事里,孔子也十分神奇,别人已经来了想杀你,弟子也呼唤老师走快一点,可是孔子的答案是"天生德于予,桓魋其如予何",大概上天不要自己死的话,那便不用死。即使桓魋用大树来压我,我也不会死。显而易见,孔子对自己的生命充满信心,这也是孔子值得我们学习的一个地方。

在孔门里,SEN（有特殊教育需要的学生）的比例有多大？我们就当孔子有77个学生，里面有12%是有SEN的，包括两位资优的，就跟我们现在香港社会看到的SEN相去不远。因此，孔子所面对的问题，其实跟我们的相去不远。

孔子的周游列国

正如前面所说，孔子和孟子对于我们来说，有用的除了是《论语》《孟子》两书的内容以外，他们生平里的周游列国，或者更加精确的说法是出处进退，同样对我们有很多的启示。什么时候当官，什么时候不当官，在什么情况下可以当官，在什么情况下便当要归隐，哪些人值得去帮，哪些人不可以跟他同流合污，这都是孔孟的精神。

从孔子、孟子周游列国的路线来看，他们并没有真的去了很多地方呢！这是因为从前的交通绝对没有我们今天的方便，所以二人来来去去都是山东、河南这些地方，不会说真的跑到很远。

出处进退，我们说儒家是积极入世的，但孔子有没有想过要放弃呢？当然有，但有没有付诸实行则是另外一回事了。孔子是这么说的："道不行，乘桴浮于海。"孔子说如果有一天我的道理没人再去采用，我就会坐着木筏漂浮出海，如果要选一个弟子跟着我的话，是不是要找子路一起呢！子路听到就很开心，这次终于胜过颜渊了；孔子可能老是不想子路开心，不断打击他。孔子说，为什么要带你去啊？是因为"由也好勇过我，无所取材"。这里的"材"有些歧解。你比我勇敢，这个材是木材的意思，如果是木材的话就很正面的，仲由你比我更加勇猛，我出海是需要木筏，谁帮我找木做一个木筏呢？所以我就会带你，你跟我一起出海的功用是帮我做一个木筏，这个是正面的，如果负面的话就是说你比我好勇，如果我不带你走的话迟早都会死，没有什么用处。到底是哪一种也不知道，但是《论语》里有许多的争议，当我们看到这一句时，就好像孔子有着离开的想法，只是不知道要往哪里去了，有没有实行呢？当然是没有的。

孔子周游列国了十四年，源起于鲁国的一时强大。鲁国强大之后，齐国就开始担忧，然后用一些美女文马让鲁国的君臣不齐心。《史记·孔子世家》有以下的记载：

> 子路曰："夫子可以行矣。"孔子曰："鲁今且郊，如致膰乎大夫，则吾犹可以止。"桓子卒受齐女乐，三日不听政；郊，又不致膰俎于大夫。孔子遂行，宿乎屯。而师己送，曰："夫子则非罪。"孔子曰："吾歌可夫？"歌曰："彼妇之口，可以出走；彼妇之谒，可以死败。盖优哉游哉，维以卒岁！"师己反，桓子曰："孔子亦何言？"师己以实告。桓子喟然叹曰："夫子罪我以群婢故也夫！"

孔子想要离开之时，子路性格冲动，便请老师快点离开。子路以为鲁国君臣都没什么用，不如我们离开吧。孔子却说，鲁国快要行郊礼，需要将祭肉分给大夫，如果他们还记得将祭肉分给大夫的话，那似乎鲁国君臣还是记得一些礼仪，我们还可以不用离开。可是，结果是怎么呢？当时鲁国的执政季桓子顾着齐国的美女音乐，三天不听政，到行郊礼时又忘记将祭肉分给大夫，在没有祭肉的情况下，孔子决定离开。但他没有立即离开鲁国之境，而选择住在屯。屯是鲁国的边境地方，古代的诸侯，不可离开自己的国土。如果孔子离开了鲁国，鲁君想要追孔子也是不可能的，所以他就停在那个边境城市。但是，季桓子并没有去追孔子，而是派遣了师己去送行。

师己其实不姓师，应该是一个乐师叫己，古代的乐师应该都是失明的，就是说这个季桓子派了一个盲人来送行。师己是怎么来到屯的，我就不知道了。师己跟孔子说，错不在你，为什么你要走呢？错也是季桓子的错，你不需要走的。孔子不作回应，只是问他，自己可否唱首歌。孔子十分喜欢唱歌，如果生活在这个年代，他应该会去参加"中年好声音"一类的电视节目。当时孔子54岁，也符合参加"中年好声音"的年龄。那首歌的旋律如何并不知道，歌词是这样的，孔子唱道："彼妇之口，可以出走；彼妇之谒，可以死败。盖优哉游哉，维以卒岁。"意思是什么呢？季桓子接受了齐国的美女和音乐，荒怠于朝政，所以我决定要离开。师己听到这首歌之后就离开了，季桓子问师己，孔子跟你说了什么？师己如实告知，但不知道歌词是读出来还是唱出来。然后，季桓子深深慨叹，明白了孔子的离开是因为自己沉溺于齐国美女。

这便是孔子的抉择。如果他留在鲁国，或许仍可以继续去做一些事情，但是他的原则就是鲁国君臣已经沉溺于齐国美女，这让孔子觉得需要离开，以期访寻更好的圣王贤君。

孔子离开卫国，也很值得我们参考。《史记·孔子世家》记载卫灵公问孔子如何行军作战，怎么排阵遣兵，孔子便说："俎豆之事,则尝闻之矣;军旅之事,未之学也。"俎豆,就是说我会祭祀的事情,但是打仗的事情我没有学过,实际上就是不想回答卫灵公。第二天,卫灵公跟孔子说话的时候看见蜚雁经过,卫灵公只顾抬头看鸟,没有看孔子,孔子便离开了卫国。为什么呢?眼神接触,目光集中是很重要的,只顾着看鸟而不看孔子,难道蜚雁比起孔子(贤人)更加吸引人吗?结果是孔子离开了。各位可能会以为孔子很小气,吃不了祭肉便离开鲁国,人家不看你便离开卫国,其实不然!这里说的是原则问题。卫灵公看见贤人的时候只顾着问打仗,又不把目光集中在贤人身上,说明他是一个做事不专心的人。所以,我说孔子的离开代表着原则性的问题,孔子的人生抉择对我们很有启迪的作用。

孟子的面对时君

孟子也很有性格,孔子和孟子都希望游说诸侯,然后让诸侯重用自己,这是他们的想法。那么,孟子会否想要奉承诸侯呢?是绝对不会的。看孟子以下三次面对诸侯便可知。

孟子见梁惠王。王曰:"叟!不远千里而来,亦将有以利吾国乎?"孟子对曰:"王!何必曰利?亦有仁义而已矣。"(1.1节录)

孟子见梁襄王,出,语人曰:"望之不似人君,就之而不见所畏焉。"(1.6节录)

齐宣王问曰:"齐桓、晋文之事可得闻乎?"孟子对曰:"仲尼之徒无道桓文之事者,是以后世无传焉,臣未之闻也。无以,则王乎?"(1.7

节录）

  孟子见梁惠王，梁惠王称孟子为"叟"，即老人家的意思，那么究竟这个时候梁惠王多大了，年纪多大的人才可以叫别人为老人家。实际上，我们看到应该是两位老人家之间的对话，一个老人家叫另一个老人家为老人家。梁惠王问孟子这么远到来，有没有什么好处给我们呢？孟子对此不加理会，只说我们是讲仁义的。第二段的梁襄王，是梁惠王的儿子，孟子见过梁襄王后，跟别人说靠近他而没让人感到有任何敬畏之情，作为人君这肯定大有问题。

  第三段我们应该都耳熟能详，齐宣王问孟子，齐桓公、晋文公这些春秋五霸有没有听过啊？孟子回答，指出我们这些学习孔子道理的人，是不会去讨论齐桓公、晋文公的事情的，所以后世不会将事情传授下来，故无从得听。孟子建议齐宣王，不如我们谈谈王道的事情。这里一方面可以看到孟子的勇敢，另一方面也可以看到齐宣王的宽宏大量。试想想，我原本问的是春秋五霸的事情，然后你跟我说没有学过相关的内容，转而讨论王道的事情。孟子的游说很成功，但也不要忘记齐宣王的积极配合。所以，我们说孟子的勇敢，也要配合当时的诸侯才可以。同样的情况置于今天，让我们跟领导这样说，对话完毕，能否安全地走出来也存在疑问。

  孟子的回应，让我们细想孔子是否真的没有说过齐桓公、晋文公呢？其实不是。在《论语》里，能够找到孔子对齐桓公、晋文公的评论，孔子甚至觉得管仲辅佐齐桓公是挺好的。因此，孔门后学是不可能不知道齐桓公、晋文公的，可见孟子乃是故意不回答齐宣王的，这也能看见孟子的勇气。当你面对在上位者的时候，骨气是如何彰显出来的，孟子便给了我们最佳的示例。

孔子因祭肉和眼神接触而分别离开鲁国和卫国，孟子也有类似的情况。孟子离开齐国的时候，以下为《孟子·公孙丑下》的记载。

孟子去齐。尹士语人曰："不识王之不可以为汤武，则是不明也；识其不可，然且至，则是干泽也。千里而见王，不遇故去，三宿而后出昼，是何濡滞也？士则兹不悦。"

高子以告。

曰："夫尹士恶知予哉？千里而见王，是予所欲也；不遇故去，岂予所欲哉？予不得已也。予三宿而出昼，于予心犹以为速，王庶几改之！王如改诸，则必反予。夫出昼，而王不予追也，予然后浩然有归志。予虽然，岂舍王哉！王由足用为善；王如用予，则岂徒齐民安，天下之民举安。王庶几改之！予日望之！予岂若是小丈夫然哉？谏于其君而不受，则怒，悻悻然见于其面，去则穷日之力而后宿哉？"

尹士闻之，曰："士诚小人也。"（4.12）

尹士是齐国的大臣。孟子离开齐国，导火线是燕国内乱时齐国在发动战争一事上的取态。当时燕国内乱，齐国派兵攻伐燕国，然后有人说好像孟子有鼓励齐王出兵。其实孟子没有鼓励齐王出兵，他说可以替天行道的就有资格出兵了，至于谁人有能力替天行道，他并没有说过齐国具备这个资格。今天，我们经常看见一些军事大国常常出兵到不同的地方,说自己是在维持世界秩序,替天行道,实际上背后也不过是一些经济利益。孟子肯定是反对出兵的,儒家并不好战。结果,齐宣王还是出兵了,我们可以说孟子和齐宣王两个人是因为了解而分开的,到最后孟子也决定离开齐国。

有些人就劝孟子不要离开,有些人就骂孟子为什么要离开,尹士来到主要就是想说这些话。尹士批评孟子说,如果孟子不知道齐宣王做不了商汤、周武王,而仍然赴齐的话,那就是不明白齐宣王;知道他做不了却仍执意前来,那孟子就是为了工资。从很远的地方来到齐国,别人不重用便说要走。孟子也没有立刻离开齐国,而是在一个名为昼的齐国边境城市住了三晚,孟子的想法和孔子一样,都是希望君主能够回心转意,作出挽留。尹士不明白,只是质疑孟子何以走得那么慢,要走便当走得快些,尹士对此表示不满。孟子的学生高子将尹士的意见转告给了孟子,孟子便说尹士是真的了解我吗?从很远的地方来到齐国,见齐宣王,这个是孟子所想的,但齐宣王不予以重用,到最后孟子只能离齐,此非孟子之所愿,乃迫不得已。孟子以为自己在昼住了三晚,对自己来说仍然是很快的,为的是希望齐宣王在这三天改过,如果齐宣王改过的话,便会回来追我。只要一出这个边境,齐宣王便不可能来了。孟子也表明即使最后只能离齐,但也是不舍得齐宣王的!这里也可以看到孟子和齐宣王之间有一种升华了的感情,非常神秘。孟子以为齐王如能重用自己,不但齐国的老百姓能够安居乐业,甚至是天下子民皆能安定。孟子指出自己每天都盼望得到齐王重用,自己并非小气的人,不必在脸上摆出很生气的样子给别人看,然后要在一天之内便离开齐国。尹士听到孟子的回应后，便知道自己错怪了孟子，说自己才是小人。

孟子本不欲离齐，而齐宣王也有重用孟子的想法，但最后结果是孟子只能离开。这可能又牵涉了孟子在齐国的角色与身份。齐国有一个名为稷下学宫的地方，齐国付钱让有学问的人在此论学，但讨论的内容并不会用在施政的层面上。孟子生平的其中一个争议点，乃是究竟孟子有没有做过齐国稷下学宫的学士。根据钱穆先生在《先秦诸子系年》的考证，钱先生以为孟子没有做过，这与孟子的人格不相符。

周游列国，可以反映孔子和孟子的出处进退。如果有一张表格给孟子填写偶像是谁的话，他的偶像必然是孔子，孟子的人生抉择，也是参考孔子的。对我们来说，孔孟的人生抉择，比起《论语》《孟子》二书本身，更加值得我们去参考。

孟子这样说过，"可以仕则仕，可以止则止，可以久则久，可以速则速，孔子也"。可以做官的时候做官，要停止不做的时候就不做，可以多做一点的就多做，可以少做一点的就少做，能够对自己的遭际仕途做到收放自如，唯有孔子。孟子继而指出，自己的愿望就是希望做到跟孔子一样。

孔孟已死与孔孟不死

读《论》《孟》究竟对我们有什么影响，或者说在二十一世纪重读《论》《孟》有何用！那就得看你是否愿意和二书扯上关系。就以上述的"可以仕则仕，可以止则止，可以久则久，可以速则速"为例,在孟子的时代,为什么说可以做久一点就做久一点,可以不做就不做,是什么意思呢?是否继续在仕途上努力,孟子用了孔子的生平作为参考,其实,孔子不能现身说法,无法直接向孟子授宝。那么,孟子受到孔子影响,更大程度上是出于孟子的意愿。没有孟子自愿向孔子学习,孔子也不可能影响到孟子。

孔子和孟子,他们一生的愿望就是改变当时的世代,孔子要做的是拯救礼崩乐坏的社会,孟子是希望国君可以行王道仁政。如果我们以这个为目标的话,他们两个到最后是成功还是失败呢?就当时而言,孔、孟皆是失败的。但在我们今天看来,要怎么去衡量孔子和孟子有没有成功呢?我们用一个四字词语来评论:功在后世。当然,"功在后世"肯定不是孔子和孟子希望听到的话,他们更希望在当时已经成功。功在后世就是说他们在世的时候失败了,虽然这也是事实。而且,对孔子来说,他的失败当由他第一天做的时候就知道了。时人对孔子的评价,说他是一个"知其不可为而为之"的人。这是一个很荒谬的描述,明知道不行,但是你还要做,就是知道结果是失败的,但是还要去做。

如果孔子要拯救的是当时礼崩乐坏的社会,那么无论孔子在鲁国,抑或是及后的周游列国里,他应该都是失败的。但是,孔子在六十八岁回到了鲁国后,整理典籍,继续教导学生,实际上在接下来的岁月里影响了更多的人。一个孔子虽然失败,但是如果他能够将自己的心得、自己的想法,利用书籍的方式流传下来,那便影响到更多的人。孟子的做法也是跟孔子一样,这也是《论》《孟》对后世十分重要的影响。

不知道大家有没有看过北京大学李零教授的《丧家狗》。书中提及活孔子和死孔子,真孔子和假孔子,他是这样说的,说孔子到底是怎样的一个人呢?他引用了一个美国学者的话,他说传教士塑造的儒家和近人尊孔,都是"人造儒教",其实我们想一下有什么不是人造的嘛!孔子、孟子死后,《论语》和《孟子》都是经过后人的整理和注释,孔子说过的话应该有千千万万条,我们今天看到的《论语》,便是孔子话语的选集之一。清代孙星衍著有《孔子集语》,就是将《论语》以外的孔子话语收集进来。其实,在《论语》里所采用的孔子话语,应该跟在《论语》外的一样多,甚至是不在《论语》的更多。我们今天看见在先秦两汉的传世文献与出土文献,皆有许多孔子所说的话。诚然,有些话语未必出自孔子,这固然是一个大问题,但是如果以为《论语》里面孔子说的便是一切,那也肯定是错误的,并不可能。

我们透过任何一本书,然后建构对某个人的认识,其实不过是片面之词。所以李零说传教士塑造的儒家和近人的尊孔,都是人造儒教。我们应该可以说,汉以来或者是宋以来,大家顶礼慕拜的孔子,其实是一个人造孔子。现在的孔子,更加是假得不能再假。活孔子和死孔子,就是不一样。前者是真孔子,后者是假孔子。

以李零说法为基础,我们再联想另一个问题。本书(《孔孟以后的孔孟》)里提到五四运动的时候要打孔家店,其实打孔家店能打到什么,五四运动的时候是不是要将孔子推翻?其实不是。我们先不去谈五四运动,纯粹简单想想,例言之,鲁迅的反对传统礼教是不是真的反对所有的礼教呢?其实不是。自孔子出现以后,至今已经历了2500年，有许多推崇孔子的人不过是为了自己，然后重新包装孔子的生平与话语。孔子从诸子百家之一，发展成为圣人孔子，甚至是"至圣"的过程，我们可以说是"造圣"。孔子在世的时候，《论语》的记载清清楚楚表明他拒绝自己成为圣人。可是，他的学生子贡，以至战国时代的孟子，直到西汉时候的司马迁，一直将孔子放置于圣人的位置上。成为圣人对孔子是没有好处的，只是对后来的人有好处，这也是我们说孔子后来被"摆上神台"的一个情况。

孔孟并称而孟实附庸

我们时常将"孔、孟"连言，与他们有关的书也是连言"《论》《孟》"。接下来我想问各位一个问题，假设你是一个古代的皇帝，你是否真的会推崇《孟子》呢？我敢说，推崇《孟子》的皇帝多半没有看过《孟子》；反之，有一个皇帝我肯定他曾看过《孟子》，那就是明代开国皇帝明太祖朱元璋。他看过了，所以才删掉了《孟子》的部分章节。

还记得我们刚刚看过的三条《孟子》吗？如果只是看了这三条（梁惠王、梁襄王、齐宣王）的话，帝王可以不把此书删掉吗？还有其他的章节也同样十分大胆，有一次，孟子咄咄相逼，最后齐宣王连话都说不出来，只能是"王顾左右而言他"，因为齐宣王已经被逼得无路可走了。如果是一个古代的拥有绝对权力的皇帝，怎么可能会推崇《孟子》呢！

因此，并称"孔、孟""《论》《孟》"，其实《孟子》有没有帝王全看，我是深表怀疑的。朱元璋真的看了《孟子》，他发现《孟子》有大量章节，尤其是我们刚刚看到的那些，基本上是全部删掉的，所以明朝的时候出版了一本书叫《孟子节文》，就将《孟子》里朱元璋觉得可以的就继续流传，不行的就删掉。

或者我们会想，这样的删改《孟子》，会否使被删的章节失传呢！这难度很大，因为古人还有一种能耐，那便是背诵。所以，当权者可以删节原书，但不可能使书轻易地失传。说到古人背诵能力很强，便不能不说清代的顾炎武，他可以背诵《十三经注疏》。此书共有九百万字，九百万字都能背；区区一部《孟子》，古代读书人谁不会背诵呢？后来，明朝也恢复了《孟子》的地位，所以真要消灭《孟子》，也没有那么容易。

起初，《孟子》书地位的提高，不能不提汉代的赵岐。赵岐指出孟子仰慕孔子，以他为榜样，然后《孟子》一书就是模仿圣人而创作的。赵岐为了提升《孟子》的地位，于是便说孟子是"命世亚圣之大才者也"，第一次有人将孟子视之为"亚圣"。

"亚圣"并非理所当然地是孟子，这个位置是要争夺的。第一代的亚圣是颜渊，但是颜渊没有著述，他的学说不便流传，可能是后来败下阵来的主因。孟子的强项便是因为有《孟子》一书。在孔庙，我们会看到四配十二哲，正中间供奉的固然是孔子的神位或雕塑，然后两旁有四配，四配是哪四个呢？四配即是说在祭祀孔子的时候，同时也去祭祀这四个人，因此十分珍贵。四配是孟子、曾子、子思、颜渊。四配里的其三，我想孔子是可以接受的，颜渊、子思、曾子皆无问题。颜渊和曾子是孔子的学生，所以在祭祀孔子的时候顺便祭祀他俩，尚可接受；子思是孔子的长孙，一并祭祀，也可以说得通。但是孔子不认识孟子，所以在祭孔时也要分些祭品给孟子，这孔子可不一定愿意。

《孟子》书的中心

孟子是战国人，到了宋代才爬上了四配的位置，过程艰辛。《孟子》本来是一部子书，后来得以成为经书，有赖于五代十国时后蜀国主孟昶的提拔。孟昶姓孟，因而提拔了一位姓孟的名人，这是《孟子》第一次真真正正成为经书的时候。

到了宋代，《孟子》越来越受重视，但是《孟子》受到重视的角度跟赵岐的重视很不一样。赵岐编辑《孟子》的时候，将见梁惠王、见齐襄王等放置于全书开首的部分，这是赵岐的角度，他觉得游说诸侯是全书最重要的地方。到了宋代，阅读和分析《孟子》的重点改成了讨论心性的部分，关键的篇章可能是孟子与告子的对话，说的是性善的内容。

究竟什么是《孟子》书的中心呢？孟子最重要的是他所表现出来的勇气。游说诸侯，跟诸侯据理力争，需要的是孟子的勇气。孟子的知言养气理论，是他众多学说里的重中之重。反之，性善说不是不重要，但不要忘记孟子的性善说旨在为了王道仁政论而服务，关注的依然是政治。

我们也可以从另一角度去想这个问题，我们说《孟子》被删乃在明太祖朱元璋的时候，以下这些都是被删掉的，例如：

《尽心篇》，删"民为贵，社稷次之，君为轻。"十字。(14.14)

《尽心篇》，删"吾今而后知杀人亲之重也：杀人之父，人亦杀其父；杀人之兄，人亦杀其兄。然则非自杀之也，一间耳"七句。(14.7)

《离娄篇》，删"君之视臣如手足，则臣视君如腹心；君之视臣如犬马，则臣视君如国人；君之视臣如土芥，则臣视君如寇雠"六句。(8.3)

臣子视国君如寇雠，这个肯定是不行的，所以就把它删了。

切己之学

我们在二十一世纪再读《论》《孟》究竟有什么功用呢？很多时候是我们内化了《论》《孟》的名句也不自知。其实你已经读了，例如"见贤思齐，见不贤而内自省"，见到好的就学，见到不好的就反省自己有没有同样的过错。其实我们都已经在做，例言之，每当过年的时候，家长带着小朋友去亲友家里拜年，看见别人家的小朋友品学兼优，然后我们便会对着自己的小孩说："你学学别人，看别人这么好，你要用心读书。"看看别人读书读得这么好，而我也要加倍努力学习，这便是"见贤思齐"。我们都在做这种行为，在用这个道理，只是没有将四字说出而已。

又如这句"知之为知之，不知为不知，是知也"，意思就是知道的便知道，不知道的便说不知道，这才是真正的知。还有另一句说"小不忍，则乱大谋"，希望我们也有一定的耐心，才不会这么容易做错事。

以上都是中国人常用的道理，只是用了而不自知。又如孟子，有一些名句也是我们经常会用的,例如说"老吾老,以及人之老;幼吾幼,以及人之幼,天下可运于掌",施政者说老人的政策是怎样的,青少年的政策是怎样的,做得好的时候就天下可运于掌。如果这个地方的老人政策出现了问题,青少年政策出现了问题,那个地方就会很混乱。施政者理论上是会吟听的。

又如说我们看见孟子和齐宣王的讨论,齐宣王单纯是在追求快乐,而孟子以为关键在于能否"与民同乐"。"与民同乐"知易行难。此外,孟子还有一个很重要的道理,就是那个制民恒产,意思就是要让老百姓吃饱穿暖之后才说教化,所以他说"有恒产者有恒心,无恒产者无恒心"。譬如在香港这样的状况里面,现在轮候公共房屋,要多少年才可以成功呢?七八年,十年也有。试想想,老百姓没有恒产,哪会有恒心呢?因此,香港的住屋问题亟需解决。话是这么说,怎么去做就要倚靠施政者的努力。《孟子》书里的名句,例如"富贵不能淫,贫贱不能移,威武不能屈,此之谓大丈夫",我想许多时候我们都知道这些话,但是我们有没有付诸行动,就是个人的问题了。

今天的讲座要如何总结呢?其实就是回到一开始说的那句话,我们在二十一世纪重读《论》《孟》,还是应该按照程颐的说法:"凡看《语》《孟》,且须熟读玩味。须将圣人言语切己,不可只作一场话说。"我们要将《论语》《孟子》所说的道理,看成是跟自己有着密切关系。读书跟做人,二者当合而为一,才能体悟到二十一世纪重读《论》《孟》对我们人生的好处。今天就谈到这里,谢谢各位。

后　记

孔子和孟子生活在距今两千多年前的先秦时代。他们的学说，随着他们的离去，无论后世学者付出了何等的努力，也不可能还原。

孔、孟将如何诠释其思想、主张、著作的权利留给了后来的人。或许有人会不同意这样的说法，但事实上孔孟也无力阻止后人如何诠释他们的作品。汉代是孔子正式成圣的时代，汉武帝罢黜百家，独尊儒术，将儒家学说定于一尊。孔子有这样想过吗？这是他在周游列国时的追求吗？汉武帝的推尊就是孔子的学说吗？

孟子的偶像是孔子，东汉的赵岐也说《论语》与《孟子》二书的关系，乃是"孟子之书则而象之"。不单二书相似，二人的生平也相似。赵岐指出孟子"夙丧其父"，夙是早的意思，那么是有多早呢？史书里没有明确的记载。让我们先看看孔子。《史记·孔子世家》也说得不清楚，记得比较简单："丘生而叔梁纥死。"似乎是孔子年幼的时候。《礼记·檀弓上》提到"孔子少孤，不知其墓"，与《史记》说法相仿。《孔子家语·本姓解》则云"孔子三岁而叔梁纥卒"，指叔梁纥在孔子三岁时去世。孟子处处仿效孔子，而我们对于孟子父亲的认识也非常有限，于是不少著作里的孟子年表，便都说孟父也是在孟子三岁时辞世。这是事实吗？今天已经无从稽考。但这事情告诉我们，孔孟并称，孟子什么都跟孔子相似，这显然就是一种创造。

孔、孟留给我们无限的空间,什么是经典?经典是可以跨越时代界限,到了今天依然可为世人资取的智慧与道理。孔孟已死,但孔孟不死。我们可以取用孔孟的智慧,作为今天行事的依据。反复要说的,仍然是"切己"二字。不单是孔孟,任何典籍,任何古圣贤的大道,如果我们只是诵读,而不与自身产生关系,那便是读书而不是学习为人。钱穆先生与一众先贤创办新亚书院,订立了新亚学规,共有二十四条,以下为第一、二条:

一、求学与作人,贵能齐头并进,更贵能融通合一。

二、做人的最高基础在求学,求学之最高旨趣在做人。

作人也好,做人也好,说的是为人处世的态度。才德兼备,齐头并进,这是我们对年青人的期许,也是学问达到切己后的效果。

孔孟学说无疑是知易行难的。人生的许多问题,我们都解决不了,行难并不代表不可行。目标是100分,我们从0分开始,难道终其一生只能达到80分便是失败吗?知其而不可为而为之,说的便是目标要远大。能够视此为目标,持之以恒地迈步前进,那便是不同程度的成功。这也是一种"切己"的学习。不单是孔孟的道理,时在今天,我以为孔孟的人生抉择更值得我们去欣赏和学习。面对纷纭复杂的世事,或进或退,如何去取。孟子向孔子取经,我们兼向孔孟学习。此路不通,不通的不就是只有这条路吗?路有千万条,只要我们走的是不偏不倚的正路,向着目标前进,便可说是诵读孔孟在今天的意义了。